ÉCHAPPÉES SUR L'OCCULTISME

Copyright © 2018

Éditions Unicursal Publishers
www.unicursalpub.com

ISBN 978-2-924859-55-1

Première Édition, Ostara 2018

Tous droits réservés pour tous les pays.

C. W. LEADBEATER

ÉCHAPPÉES SUR L'OCCULTISME

Classiques Théosophiques

UNICURSAL

C.W. LEADBEATER

ÉCHAPPÉS SUR L'OCCULTISME

Ancien et Moderne

CHAPITRE PREMIER

INTRODUCTION

L'assemblée générale de la Section américaine de la Société théosophique, tenue à Chicago (Illinois) en septembre 1909, assemblée à laquelle j'eus le privilège d'assister, fut pour moi le point de départ d'une tournée de conférences à travers l'Amérique. Cette tournée, qui dura deux ans, fut entreprise sous les auspices de la Section ; elle avait été patiemment organisée et préparée jusque dans ses plus petits détails par les soins du généreux et infatigable secrétaire de cette Section, M. Alexandre Fullerton.

Il fut décidé qu'avant de visiter les branches du Far-West, je passerais six mois à Chicago ; que là, je ferais une série de vingt-six conférences à Steinway-Hall, le dimanche soir, et parlerais pendant la semaine aux réunions des diverses branches.

Cette série de conférences avait pour but de, faire connaître au public, et dans leurs grandes lignes, les principaux enseignements de la théosophie, d'aider aussi les hommes à réaliser un peu la portée et l'étendue de la théosophie, en leur montrant qu'elle comprend toutes choses, qu'elle est la vérité puissante qui fait le fond de tous les systèmes de la pensée religieuse, même de ceux qui diffèrent tant les uns des autres sur le plan physique, le Bouddhisme, le Christianisme, et les Mystères antiques ; qu'enfin elle offre la seule explication rationnelle et cohérente des phénomènes se rattachant à la clairvoyance, à la télépathie, au mesmérisme, au spiritisme, aux rêves et aux apparitions.

Les titres des conférences furent les suivants :

1902

1.	5	*Octobre*	L'homme et ses corps.
2.	12	"	De la nécessité de la réincarnation.
3.	19	"	La loi de cause et d'effet.
4.*	28	"	La vie d'outre-tombe : le Purgatoire.
5.*	2	*Novembre*	La vie d'outre-tombe, le Ciel.
6.*	9	"	La nature des preuves théosophique.
7.	16	"	La télépathie et la "mind cure".
8.	23	"	Les aides invisibles.
9.	30	"	La clairvoyance : ce qu'elle est.
10.	7	*Décembre*	La clairvoyance dans l'espace.
11.	14	"	La clairvoyance dans le temps.
12.*	21	"	La clairvoyance : comment on la développe.
13.	28	"	Théosophie et Christianisme.

1903

14.	4	*Janvier*	Le bouddhisme ancien et moderne.
15.*	11	"	Théosophie et Spiritisme.
16.*	18	"	Explication raisonnée des apparitions.
17.	25	"	Les rêves.
18.	1er	*Février*	Explication raisonnée du mesmérisme.
19.	8	"	Magies blanche et noire.
20.	15	"	Usages et abus des pouvoirs psychiques.

21.	*22*	"	Les mystères antiques.
22.	*1er*	*Mars*	Végétarisme et occultisme.
23.	*8*	"	Naissance et croissance de l'âme.
24.	*15*	"	Comment construire le caractère.
25.	*22*	"	La théosophie dans la vie quotidienne.
26.	*29*	"	L'avenir qui nous attend.

Les numéros (*) 4, 5, 6, 12, 15 et 16 ont déjà paru presque sans aucun changement dans mon livre : *De l'autre côté de la mort*. La conférence sur les "Aides invisibles", les quatre conférences sur la "Clairvoyance" et la conférence sur les "Rêves" se trouvent traitées tout au long dans les livres que j'ai déjà publiés sous ces mêmes titres. Les sept premières conférences ont été publiées sous forme de brochures. Le reste est réuni [1] ici à l'exception du numéro 23 qui n'était qu'un abrégé de certains chapitres de *l'Homme visible et invisible* et du *Crédo chrétien*, et ne faisait que poser brièvement un sujet traité complètement et d'une manière parfaite par Mme Besant dans *Naissance et évolution de l'âme*. Le numéro 18 est en grande partie le résumé d'un livre du même titre par M. Sinnett, auquel le lecteur devra se reporter pour de plus amples détails.

Cette série de conférences présentait dans son ensemble, envisagé du point de vue théosophique, un exposé populaire et nécessairement un peu superficiel de la plupart des manifestations de l'occultisme, connues aujourd'hui du monde occidental ; elle donnait aussi quelques aperçus des manifestations plus complètes, plus parfaites et courantes il y a deux mille ans. Il me semble donc que ces conférences pourront être utiles aux membres de la Société théosophique, en servant de point de départ à leurs méditations sur ces divers sujets, et c'est dans cet espoir que je les leur présente sous cette forme. Elles paraissent ici telles qu'elles furent données,

---

1 Y compris la septième (Note du Traducteur (NDT)).

sauf quelques répétitions qui ont pu être évitées en réunissant les conférences, et quelques citations plus complètes que dans l'original. Je n'ai pas essayé de changer leur style de conférences pour leur donner l'aspect d'articles, car cela m'aurait demandé plus de temps que je n'en avais à ma disposition pendant cette tournée un peu fatigante, et cela aurait eu pour conséquence d'en retarder indéfiniment la publication.

La conférence sur le "Monde invisible" avait été faite lors d'une visite précédente à Chicago, mais elle a été reproduite ici parce qu'elle est en quelque sorte une synthèse des premières conférences publiées ailleurs, et sert d'introduction utile à plusieurs de celles qui la suivent.

"L'Évangile de la Sagesse" fut donné à l'assemblée dont j'ai parlé au début, avant la première conférence de cette série je l'ai mise à la fin, parce qu'elle me semble ainsi mieux à sa place, et termine le livre en affirmant un fait dont la proclamation au monde occidental est, à mon avis, la plus grande partie de la mission de la théosophie à savoir cette grande vérité : que toutes choses concourent ensemble au bien final, que le Père Céleste veut que nous soyons heureux, et que nous le serons dans la mesure où nous connaîtrons Sa Volonté et où nous travaillerons joyeusement à l'accomplir.

Antiquité

ANTIQUITÉ

CHAPITRE II

THÉOSOPHIE ET CHRISTIANISME

Beaucoup de personnes qui se sentent attirées vers la théosophie, et dont l'intérêt est éveillé par son caractère rationnel comme par la façon dont elle explique des choses inexplicables autrement, hésitent cependant à l'étudier plus profondément, de peur de la trouver en contradiction avec la croyance dans laquelle elles ont été élevées, et qu'elle ne les éloigne de leur religion.

On ne voit pas clairement, si une religion est vraie, comment l'étude d'une autre forme de vérité pourra l'éloigner d'elle; mais quoique cette crainte soit illogique, elle existe, il est impossible d'en douter. Elle est pourtant sans aucun fondement, car la théosophie n'attaque aucune forme de religion et ne s'oppose à aucune; au contraire, elle les explique et les concilie toutes. Elle déclare que toutes les religions sont des tentatives d'expression des mêmes vérités fondamentales, différant dans la forme extérieure et dans les termes, puisqu'elles furent données par des Instructeurs différents, à des périodes différentes de l'histoire du monde et à des races d'hommes profondément différentes. Mais elles s'accordent toujours sur les points essentiels et donnent des instructions identiques sur tous les sujets de quelque importance.

Nous affirmons en théosophie que cette vérité qui fait le fond de toutes les croyances, est elle-même à la portée de l'homme; c'est à cette vérité que nous donnons le nom de Théosophie ou de Sagesse Divine, et c'est elle que nous essayons d'étudier.

Telle est donc l'attitude de la théosophie à l'égard de toutes les religions; elle ne les contredit pas mais les explique. Tout ce qu'elles ont d'irrationnel ou de visiblement faux, la théosophie le rejette, comme abaissant la Divinité, et par suite indigne d'elle. Tout ce qu'elles ont de rationnel, elle le reprend et le fait ressortir, les combinant ainsi en un tout harmonieux. Nul ne doit craindre que nous attaquions sa religion; au contraire il se peut que nous l'aidions à la comprendre mieux qu'auparavant. Il n'y a rien dans la théosophie qui soit, de quelque manière que ce soit, opposé au véritable christianisme primitif, bien qu'il ne soit peut-être pas toujours possible de la concilier avec les interprétations que fournit, de cette vérité, la théologie dogmatique moderne; ce qui est tout à fait différent.

La plupart des gens ne font jamais intervenir la raison dans leurs croyances religieuses; ils espèrent vaguement que tout cela s'arrange d'une façon ou d'une autre; bien plus, nombre de fidèles pensent qu'il est mal de discuter un point quelconque du dogme, car ils croient que ces choses dépassent l'entendement humain. Quand les gens commencent réellement à réfléchir, invariablement ils commencent à douter, parce que la théologie moderne ne présente pas ses doctrines d'une façon logique, et ils s'aperçoivent alors bien vite que beaucoup de points sont irrationnels et incompréhensibles. Après quoi, sentant trop souvent que la base de leur foi est ébranlée, ils se mettent à douter de tout.

À ces âmes qui cherchent ainsi la lumière, je recommande l'étude de la théosophie, car je suis convaincu qu'elle les sauvera des sombres abîmes du matérialisme, en leur présentant la vérité sous un jour nouveau, en leur rendant ce qu'il y avait de plus sublime dans leur foi, et cela sur la base nouvelle et plus sure de la raison et du sens commun.

Afin de vous montrer clairement qu'il n'y a, en réalité, aucune opposition entre le christianisme et la théosophie, laissez-moi vous exposer les principes fondamentaux de cette dernière. Pour que vous ne supposiez pas que je les enveloppe pour l'occasion d'un vêtement chrétien inaccoutumé, je les emprunterai à un petit ouvrage que j'ai récemment écrit pour ceux qui débutent dans cette étude. Dans mon livre : *Une esquisse de la théosophie*, je présente trois grandes vérités fondamentales, les quelques corolaires qui s'ensuivent, et, finalement, les résultats qui découlent des croyances théosophiques.

LES TROIS GRANDES VÉRITÉS

Ces trois grandes vérités sont :

1° Dieu existe et Il est bon.
2° L'homme est immortel et devant lui s'étend un avenir dont la gloire et la splendeur n'ont pas de limites.
3° Une loi divine de justice absolue gouverne le monde, de sorte que tout homme est réellement pour lui-même son juge, le dispensateur de sa gloire ou de son obscurité, l'arbitre de sa propre vie, sa récompense, son châtiment.

À chacune de ces grandes vérités s'en rattachent quelques autres qui leur sont subordonnées et qui les expliquent. De la première il résulte que :
1° En dépit de toutes les apparences, les choses tendent au bien d'une façon définie et intelligente ; toutes les circonstances, quelque défavorables qu'elles puissent sembler, sont en réalité exactement ce dont nous avons besoin ; tout ce

qui nous entoure tend, si nous le comprenons bien, non à nous faire obstacle mais à nous aider.
2° Puisque toutes choses tendent ainsi à être utiles à l'homme, c'est manifestement son devoir d'essayer d'en comprendre le plan.
3° Quand il l'a compris, c'est aussi son devoir de travailler intelligemment à l'exécution de ce plan.

De la deuxième vérité il résulte que :
1° L'homme véritable est une âme dont le corps est la propriété.
2° Il lui faut donc considérer toutes choses du point de vue de l'âme, et dans tous les cas où une lutte extérieure se produit, il lui faut réaliser son identité avec ce qu'il y a de plus élevé et non avec ce qu'il y a de plus bas.
3° Ce que l'homme appelle communément sa vie n'est qu'un jour de sa vie véritable et plus étendue.
4° La mort est une chose de bien moins d'importance qu'on ne le croit généralement, puisqu'elle n'est nullement la fin de la vie, mais simplement le passage d'une période de vie à une autre.
5° L'homme a derrière lui une évolution immense, dont l'étude est des plus intéressantes, des plus fascinantes, et des plus instructives.
6° Il a aussi devant, lui une évolution splendide, dont l'étude est encore plus fascinante et plus instructive.
7° Toute âme humaine atteindra certainement le but, si loin qu'elle paraisse s'être écartée de la voie de l'évolution.

De la troisième grande vérité il résulte que :
1° Chaque pensée, chaque parole, chaque action produit un résultat défini ; non une récompense ou un châtiment imposé du dehors, mais un résultat inhérent à l'action elle-

même, qui présente avec elle le rapport de l'effet à la cause, l'un et l'autre étant les deux parties inséparables d'un seul tout.

2° Il est à la fois du devoir et de l'intérêt de l'homme d'étudier attentivement la loi divine, de façon à pouvoir s'y adapter et à l'utiliser comme nous utilisons d'autres grandes lois de la nature.

3° Il est nécessaire que l'homme atteigne la parfaite maîtrise de lui-même, de façon qu'il puisse intelligemment orienter sa vie en accord avec la loi.

Ce n'est pas là un crédo théosophique que je formule, car ces principes ne sont pas proposés comme articles de foi, mais sont présentés comme des faits précis que beaucoup d'entre nous ont reconnus tels, grâce à des recherches personnelles, et que peuvent vérifier tous ceux qui consentent à prendre la peine de se préparer à ces études.

Nous ne vous demandons d'accepter que ce que nous savons être vrai. De temps en temps nous abordons, il est vrai, des sujets trop élevés pour que nous autres étudiants puissions en avoir la connaissance directe. Dans ce cas ce que nous disons est présent sur l'autorité d'étudiants plus avancés, qui en savent beaucoup plus que nous. Mais quand il en est ainsi, nous le disons toujours nettement, en maintenant clairement la distinction entre ce que nous savons nous-mêmes, et ce que nous croyons seulement sur la foi des meilleures autorités. Nous ne faisons que vous présenter le système pour que vous l'examiniez. S'il vous parait raisonnable, acceptez-le et examinez-le soigneusement. Étudiez-le, suivez les règles de vie qu'il recommande. C'est une vie très élevée dont l'essai n'entraînera pour vous aucun mal.

Y A-T-IL DES CONTRADICTIONS ?

Tels sont les principes de la théosophie. Contredisent-ils en quoi que ce soit ceux du christianisme ? J'ose dire qu'il n'y a en eux rien qui soit le moins du monde en opposition avec le véritable christianisme primitif bien compris, quoiqu'il y ait quelques affirmations qui ne sauraient être mises d'accord avec les erreurs de la théologie populaire moderne. Laissez-moi essayer de vous le montrer.

Les principaux points de notre système que l'orthodoxie moderne trouverait contestables, sont les doctrines de la réincarnation et du karma qui y sont implicitement contenues. Le terme karma signifie la loi divine de justice éternelle, d'après laquelle tout homme doit inévitablement supporter les conséquences de ses propres fautes, personne d'autre ne pouvant en aucun cas lui enlever sa responsabilité.

La théologie moderne attache beaucoup d'importance aux textes. À la vérité, elle me semble reposer presque entièrement sur un ou deux textes. Elle prend ces textes, leur donne une interprétation particulière, souvent en opposition absolue avec le sens évident d'autres textes de la même bible. Il est évident qu'il y a des contradictions dans la bible, comme il doit nécessairement y en avoir dans un livre de cette importance, écrit à des périodes si différentes de l'histoire du monde, et par des gens de connaissances et de civilisations si variées.

Il est impossible que toutes les affirmations qu'il renferme soient littéralement vraies, mais nous pouvons essayer de lire à travers elles, et de trouver ce que le premier instructeur a réellement enseigné à ses disciples. Puisqu'il y a beaucoup de contradictions et beaucoup d'interprétations, c'est le devoir de tout chrétien sérieux de peser avec soin les différentes versions de sa religion et consultant, sa raison et son bon sens de décider laquelle lui parait la meilleure. Tout chrétien en somme fait ce choix, et décide s'il sera catholique romain, membre de l'Église anglicane, méthodiste ou salutiste, quoique chacune de ses sectes prétende posséder le véritable christianisme "non altéré", et justifie ses prétentions en citant des textes. Comment donc l'homme du monde décide-t-il entre toutes ces prétentions rivales ? Ou bien il accepte aveuglément la foi de nos pères et ne l'examine pas du tout, ou bien il l'examine et se décide ensuite selon son propre jugement. Dans ce dernier cas, il serait absurde et illogique à lui de se refuser à examiner tons les textes, au lieu de baser sa croyance sur un ou deux. S'il examine impartialement tous les textes, il en trouvera certainement beaucoup en faveur de la vérité théosophique.

Comment les divergences se produisent

Ne vous croyez pas déloyal envers le fondateur du Christianisme si vous admettez l'existence d'interprétations différentes de la possibilité qu'elles contiennent toutes des erreurs. Les divergences se produisent toujours nécessairement à mesure que la religion s'étend : Si vous y réfléchissez sans parti pris vous verrez qu'il ne peut en être autrement. Dans chaque religion il y a toujours au début un grand Instructeur lui-même qui expose la vérité qu'il apporte au monde avec toute l'assurance d'une connaissance personnelle et directe. Cet Instructeur est entouré de disciples enflammés par la présence du Maître, qu'ils en reçoivent une certitude égale à la sienne. Peut-être d'ailleurs quelques-uns, sous l'influence de son magnétisme, développent-ils la faculté de vérifier par eux-mêmes et directement certaines vérités. Puis le Maître les quitte, et la génération des disciples s'éteint. La religion passe aux mains de ceux qu'ils ont instruits, et qui n'ont, eux, généralement aucun moyen de connaître par eux-mêmes la vérité, mais qui modèlent leur foi sur la doctrine laissée par ceux qui les ont précédés. Enfin on fixe la doctrine par l'écriture de peur qu'elle ne soit oubliée ou défigurée, et c'est ainsi que les Écritures prennent naissance. Il est difficile de formuler un texte sur le sens duquel il soit impossible à qui que ce soit de se méprendre, et c'est ainsi que bientôt apparaissent les interprétations distinctes. Des instructeurs différents interprètent de façons diverses, les sectes apparaissent, et des sentiments d'hostilité s'élèvent entre elles. Une église se forme, c'est-à-dire un groupe d'hommes qui pensent qu'eux seuls possèdent la nouvelle vérité et dont c'est l'intérêt direct de maintenir une interprétation spéciale de cette vérité. Puis la nouvelle église acquiert des biens ; il s'établit ainsi des intérêts d'argent, et des considérations absolument étrangères au véritable esprit religieux (souvent même absolument hostiles) entrent inévitablement en ligne de compte. Alors suit la cristallisation des dogmes et avec elle apparaissent l'étroitesse, la bigoterie, la frivolité et comme conséquence la corruption ; et tout cela ne provient pas d'un vice spécial ou de la négligence des gens responsables, mais se produit naturellement au cours de l'histoire.

Nous voyons bien comment cela est arrivé pour l'Indouisme et le Bouddhisme ; si nous pouvons seulement regarder d'un œil impartial, nous verrons que cela s'est produit aussi pour le Christianisme. Cependant beaucoup de braves gens orthodoxes penseraient, je le sais, qu'il est impie et athée de le dire ; mais il ne peut être impie d'exposer ce que l'histoire nous dit être vrai. Puisque évidemment les choses se sont passées ainsi, il nous faut remonter aux doctrines primitives si nous voulons retrouver et étudier le véritable Christianisme, et voir comment les enseignements étaient interprétés dans les premiers temps. En procédant ainsi nous verrons que la religion alors enseignée n'était nullement la théologie inerte de nos jours, mais une religion bien plus spirituelle et philosophique, et qui correspond en beaucoup de points à la vérité que l'on retrouve au fond de toutes les religions et que nous étudions aujourd'hui sous le nom de Théosophie.

II. — THÉOSOPHIE ET CHRISTIANISME

Réincarnation

Comme je l'ai déjà dit, les principaux points dans cette esquisse de la théosophie auxquels le théologien orthodoxe se refuserait à souscrire sont la réincarnation et l'action automatique et inévitable de la justice divine. Aucune de ces doctrines n'est enseignée dans l'Église actuelle et cependant nous allons trouver un certain nombre de témoignages qui nous montrent qu'elles n'étaient pas inconnues aux premiers temps. Il y a peu d'allusions directes à la doctrine de la réincarnation dans les Écritures telles que nous les possédons aujourd'hui, mais il y en a une ou deux auxquelles on ne saurait se méprendre. D'abord une affirmation claire et nette du Christ lui-même qui, naturellement, doit trancher la question d'une façon définitive pour tous ceux qui croient à la vérité historique de *l'Évangile* et à l'inspiration des Écritures. Il vient de parler de Saint Jean-Baptiste et de demander quelle opinion on a de lui en général, et il termine la conversation par ces mots catégoriques :

"Si vous voulez recevoir ce que je dis, il est cet Élie qui devait venir." Je sais bien que le théologien orthodoxe croit que le Christ n'avait pas l'intention de dire cela, mais tout simplement qu'il essayait d'expliquer qu'elle avait été une figure de Saint Jean-Baptiste. Mais comme réponse à une explication aussi alambiquée, je vous demanderai seulement ce qu'on penserait d'un homme qui, dans la vie journalière, essaierait de se débarrasser d'une affirmation gênante, d'une façon aussi maladroite. Le Christ connaissait parfaitement l'opinion populaire à ce sujet ; il savait très bien qu'on le croyait lui-même une réincarnation d'Élie ou de Jérémie, et même quelquefois d'un autre prophète ; il savait aussi que le retour d'Élie avait été prédit et que le peuple attendait cet évènement d'un jour à l'autre. En faisant donc une pareille déclaration il devait bien savoir comment ses auditeurs l'interprèteraient. "Si vous voulez recevoir ce que je dis", c'est-à-dire si vous pouvez le croire, cet homme est ce même Élie que vous attendez.

Voilà donc une déclaration absolument nette, et supposer qu'en la faisant, le Christ ne voulait pas dire ce qu'il disait, mais voulait exprimer quelque chose de vague et de symbolique, c'est l'accuser de tromper sciemment le peuple, en lui faisant une déclaration qui ne pouvait être interprétée que dans un sens. Ou bien le Christ l'a dit, ou il ne l'a pas dit. S'il ne l'a pas dit, que devient alors l'inspiration de *l'Évangile* ? S'il l'a dit, la réincarnation est un fait. Ce passage se trouve dans saint Matthieu, chapitre II, verset 14.

Une autre allusion à cette doctrine se trouve dans l'histoire de l'aveugle-né que l'on amène au Christ pour qu'il le guérisse. Les disciples lui demandent : "Maître, qui est ce qui a péché, est-ce cet homme ou ses parents, qu'il soit ainsi né aveugle." Cette question sans aucun doute, implique pour ceux qui la posaient, la croyance, à la doctrine théosophique. Vous pouvez voir qu'ils ont en vue l'idée de cause et d'effet et de justice divine. Il s'agissait d'un homme né aveugle, affliction naturellement terrible et pour l'enfant lui-même et pour ses parents. Les disciples comprennent que ce devait être le résultat de quelque péché ou de quelque folie, et ils demandent aussitôt qui avait commis le péché, cause d'un résultat aussi déplorable. Était-ce le père qui avait été assez coupable pour mériter le châtiment d'avoir un fils aveugle ? ou était-ce parce que dans quelque existence précédente, cet homme lui-même avait péché, qu'il s'était attiré ce sort digne de pitié ? Il est évident que, dans ce dernier cas, les péchés qui avaient mérité un tel châtiment, n'avaient pu être commis qu'avant la naissance, donc dans une vie antérieure. De sorte que les deux fondements de l'enseignement théosophique auxquels nous avons fait allusion se trouvent sous-entendus dans cette seule question.

La réponse du Christ vaut la peine qu'on s'y arrête. Nous savons qu'en d'autres occasions, il ne se faisait pas faute de critiquer avec force les doctrines inexactes on les pratiques blâmables. En maintes occasions il parle très énergiquement en s'adressant aux Scribes, aux Pharisiens et à d'autres encore. Si donc la réincarnation et l'idée de justice divine avaient été des doctrines fausses ou ridicules, nous devrions nous attendre à ce qu'il saisit immédiatement cette occasion de blâmer ses disciples de les admettre. Au contraire il accepte leurs suggestions comme tout à fait naturelles ; il ne les blâme en aucune façon mais explique simplement que dans le cas présent, aucune des hypothèses suggérées n'est la véritable cause de l'affliction. "Ni cet homme ni ses parents n'ont péché ; mais c'est afin que les œuvres de Dieu soient manifestées en lui."

Il y a plusieurs années un pasteur anglais écrivit un livre remarquable appelé : *De la mort au jour du jugement*, et dans lequel il montrait que la réincarnation était le grand enseignement secret de la religion chrétienne, qu'il en résolvait toutes les difficultés et en faisait un système rationnel et cohérent. Récemment un ministre méthodiste a publié en Amérique un livre appelé : *La naissance est une chance nouvelle*, dans lequel il discute le même sujet mais d'un autre point de vue. Sa théorie de la réincarnation ne s'accorde que partiellement avec la nôtre, puisqu'il nie que l'âme ait actuellement aucune existence intelligente en dehors de ses différents corps physiques, mais il est intéressant de voir qu'en se plaçant à des points de vue aussi différents, des hommes d'opinions variées en arrivent à reconnaître la nécessité de cette doctrine.

Un paragraphe du premier de ces livres vaut la peine d'être cité ici, pour montrer comment la nécessité de la réincarnation frappe tout chrétien orthodoxe qui réfléchit sans parti pris. "L'Écriture sainte affirme distinctement", dit-il, "que nous serons jugés, puis récompensés ou châtiés suivant les actions que nous aurons commises ici-bas..." Nous ne pouvons donc supposer par la suite des conditions meilleures que celles qui nous sont faites actuellement, car cela nécessiterait, pour ceux qui seront condamnés aux peines éternelles un avancement à une vie plus glorieuse, de laquelle ils retomberaient plus tard dans la honte éternelle. Nous ne pouvons pas non plus supposer que ces conditions seront inférieures à celles dont nous jouissons actuellement, car ce serait abaisser les justes.

Nous ne pouvons pas enfin supposer des états différents, un état d'avancement pour les justes et de recul pour les méchants, car il faudrait alors un enfer où les créatures mauvaises seraient condamnées à faire le mal jusqu'au jugement final. Toutes ces suppositions anticipent le jugement final, et on ne peut trouver dans les Écritures, aucune autorité qui les justifie.

Il est donc évident que s'il y a, pour l'âme, après la mort, une existence active, les conditions dans lesquelles cette âme doit être placée ne sauraient différer de celles qui existent sur terre. Puisque ces conditions ne sauraient différer de notre condition présente, nous sommes inévitablement amenés à cette conclusion qu'elles doivent être les mêmes, que s'il y a, pour l'âme, une existence après la mort, ce doit être dans un corps humain et sur cette terre. La conclusion à laquelle nous arrivons est qu'après la mort l'âme repasse par la naissance, et reparaît sur terre dans le corps d'un petit enfant, et que le temps qui s'écoulera entre la mort et le jour du jugement se passera dans des existences successives sur terre."

L'auteur entreprend alors de montrer que "non seulement cette conclusion est autorisée par les Écritures, mais que toutes les doctrines chrétiennes sont basées sur elle, qu'elle est la note dominante de l'enseignement du Christ, la raison de notre existence ici-bas, et le seul moyen par lequel nous puissions arriver au salut." Il ajoute encore : "Si l'on accepte cette théorie, la moyenne des universalistes (que tous seront finalement sauvés) devient possible." (*De la mort au jour du jugement* par Gérald d'Arcy, p. 13.)

De plus cette doctrine fait disparaître de nombreuses et très importantes difficultés. Pensez aux inégalités de ce monde. Regardez autour de vous dans n'importe quelle grande ville, et vous verrez les uns vivre dans l'opulence, et les autres mourir de faim ; les uns jouir de tous les avantages que conférant l'instruction supérieure, l'art, la musique, la philosophie, et développer ainsi le côte moral de leur nature, alors que d'autres vivent dans le vice et n'ont aucune chance de progrès moral en cette vie. Prenez le cas d'un enfant né dans un des bas quartiers d'une grande ville, dans une atmosphère de crime, d'un père ivrogne et d'une mère voleuse. Cet enfant depuis sa naissance n'a vu que péché et crime ; il n'a jamais connu le bon côté de la vie et il ne sait rien de la religion. Quelle chance de progrès a-t-il, qui soit le moins du monde comparable à celle que nous avons eue, nous ? À quoi lui servent notre art, notre musique, notre littérature, notre philosophie ? Si vous pouviez l'arracher tout d'un coup à son entourage, et le mettre au milieu de nous, il ne comprendrait pas du tout notre vie parce qu'il n'a pas été élevé pour cela. Ses chances ne sont donc point égales aux nôtres.

Si maintenant vous sortez des limites de la civilisation, vous trouvez des races de sauvages dans les diverses parties du monde ; quelles chances ont-elles ? On ne peut imaginer que ces hommes-là se développeront aussi complètement que nous, et alors, comment expliquer cela ?

LES TROIS HYPOTHÈSES

Il y a trois hypothèses, trois explications possibles de la vie. Il y a d'abord l'hypothèse matérialiste suivant laquelle le plan de l'univers n'existe pas, tout étant l'œuvre du hasard. Nous sommes nés par hasard, nous mourons par hasard, et tout finit à la mort. Ce n'est pas là une théorie si séduisante que nous désirions l'accepter sans y être forcés ; mais y sommes-nous forcés ? Je ne le crois pas, et, en somme, tous les faits tendent à prouver le contraire. À quoi servirait le progrès que nous voyons autour de nous s'il ne tendait pas vers un but déterminé ?

La seconde hypothèse est celle du caprice divin. Dieu met un homme ici, un autre là, parce que cela lui plaît et quoique leurs chances de progrès soient tout à fait inégales, leur destinée éternelle dépend de la façon dont ils réussiront l'un et l'autre à atteindre un niveau très élevé de moralité. Cette théorie n'essaie pas d'expliquer les inégalités et c'est exactement la même récompense céleste qu'elle offre au petit nombre qui en est supposé digne, sans tenir compte des souffrances endurées ici-bas. La plupart des religions occidentales, il est vrai, suggèrent aujourd'hui quelques modifications à cette théorie qui d'ailleurs n'est nullement l'enseignement véritable du christianisme à son début. Pour un homme qui réfléchit cependant, un Dieu qui nous a placés au milieu d'un entourage respectable, dans lequel nous pouvons difficilement faire le mal, et qui, en même temps, a placé un autre homme dans une situation où il lui sera presque impossible de faire le bien, ce Dieu dis-je ne peut-être un Dieu juste. Aussi quelques-uns des hommes les plus religieux se sont-ils vus, à regret, forcés d'admettre : ou bien que Dieu n'est pas tout puissant et ne saurait empêcher la misère et le péché qui nous entourent, ou bien qu'il n'est pas bon et ne se soucie pas des souffrances de ses créatures. En théosophie nous maintenons au contraire qu'il est à la fois bon et puissant, et nous réconcilions cette croyance avec ce qui se passe autour de nous grâce à cette doctrine de la réincarnation. Je ne connais pas d'autre théorie qui rende cette réconciliation possible ; et, à mon avis, la seule hypothèse qui nous permette de croire avec raison (et sans pour cela fermer les yeux à ce qui est évident) que Dieu est un père tout puissant et bon, mérite au moins qu'on l'examine attentivement avant de la rejeter avec mépris pour déclarer bien haut que Dieu ne possède pas ces qualités. Remarquez qu'il n'y a absolument pas d'autre alternative : ou bien la réincarnation est vraie, ou bien l'idée d'une justice divine n'est qu'un rêve.

Comment l'orthodoxie résout-elle ce problème difficile ? Généralement elle essaie à peine de le résoudre, et se contente de suggérer vaguement que la justice divine n'est pas la justice humaine. Cela est sans doute parfaitement vrai, mais en tout cas la justice doit être supérieure à la nôtre et non inférieure ; elle doit être plus étendue et envisager des considérations qui sont bien au delà de notre portée, et ne doit pas être au contraire quelque chose de si inférieur à la nôtre qu'elle nécessite des atrocités telles, que nous, hommes, ne voudrions pas les commettre.

Mais quelle est notre troisième hypothèse ? Que nous suggère la théorie de la réincarnation ? Ceci : la vie de l'homme est beaucoup plus longue qu'on ne le croit ; l'homme est une âme et a un corps, et ce que nous appelons la vie n'est qu'un jour de la vie véritable et plus élevée de cette âme. L'homme se lève le matin, apprend la leçon du jour, et quand il est fatigué, il se couche pour dormir ; le lendemain il revient comme un enfant à l'école et apprend une autre leçon. Il revient maintes et maintes fois sur cette terre pour apprendre un nombre de leçons de plus en plus grand, pour acquérir des qualités nouvelles et plus élevées, et ainsi l'évolution s'accomplit.

De cette manière nous comprenons que les âmes moins évoluées ne sont que des enfants des classes inférieures, et qu'il ne faut pas les croire méchantes ou vicieuses, car ce sont simplement des frères plus jeunes. Pensez à l'enfant dans une classe enfantine : il joue la plupart du temps ; on ne lui donne pas tout de suite un travail de classe difficile, parce qu'à ce degré il ne pourrait le comprendre, et l'enseignement lui serait inutile, voire même nuisible. C'est la même chose pour l'âme ; elle ne peut recevoir l'enseignement supérieur d'abord ; il faut qu'elle commence par les chocs les plus forts et les plus rudes du monde extérieur, ceux qu'elle reçoit dans la vie sauvage. Il faut qu'elle soit stimulée par ces secousses vigoureuses et persistantes avant de pouvoir répondre aux vibrations beaucoup plus subtiles des niveaux supérieurs, alors lorsqu'elle sera au milieu d'une civilisation avancée, ceux-ci lui offriront des chances variées de développement rapide. Ainsi à pas lents, et au moyen de vies nombreuses, cette âme atteindra notre niveau à nous ; mais elle ne s'arrêtera pas là. Il y a eu, dans le monde, des hommes qui ont dépassé leurs semblables de toute la tête, et, plus. Ils nous montrent ce que nous deviendrons. À eux seuls ils sont une preuve de la réincarnation, car il n'est pas possible de concevoir qu'une vie unique fasse d'un sauvage un Emerson, un Platon ou un Shakespeare. Si nous acceptons la réincarnation nous pourrons expliquer d'une façon rationnelle la présence simultanée dans le monde, du criminel et du philanthrope, ce qu'aucune autre hypothèse ne permet.

Pour bien comprendre la réincarnation, il faut considérer en même temps la grande doctrine théosophique du karma : la loi de Cause et d'Effet, et réaliser que, si un homme détruit l'équilibre de la nature, cela retombe sur lui avec juste autant de force qu'il en avait lui-même déployée. C'est d'après cette loi qu'il renaît. Et s'il se trouve à un certain endroit ou dans un certain entourage c'est parce qu'il a agi de façon à s'attirer ces conditions dans une vie antérieure. Cette partie fondamentale de la doctrine théosophique ne doit jamais être oubliée. Bien que l'homme ne se souvienne pas des détails de sa vie passée, son âme garde les qualités développées dans cette existence précédente. L'homme est exactement tel qu'il s'est fait. Nul effort n'est perdu.

Ainsi le monde entier n'est qu'un immense système gradué d'évolution. Quand le sauvage aura eu autant de vies et autant d'expériences que nous, il en sera très probablement au point où nous en sommes aujourd'hui, car il y a des milliers d'années, nous étions comme lui. Il est plus jeune et voilà tout.

Nous ne devons pas plus l'en blâmer que nous ne reprochons à un enfant de cinq ans de n'en pas avoir dix.

Remarquez aussi combien il est consolant de savoir que l'on a toute l'éternité devant soi pour se développer. Le commandement du Christ à ses disciples était : "Soyez parfaits comme votre Père céleste est parfait". Mais il est impossible d'atteindre cette perfection en une seule vie, et l'on ne peut réaliser le commandement qu'avec de nombreuses vies devant soi. Grâce aux occasions innombrables que la réincarnation nous offre, nous aussi pourrons avancer et nous élever au niveau des saints, des sages, des philosophes, des sauveurs de l'humanité. Mais ce n'est qu'à la lumière de cette doctrine que ce développement nous apparaît possible, voire même certain.

Parmi les Pères de l'Église on verra que cette doctrine était comprise, du moins jusqu'à un certain point. Les allusions directes ne sont pas nombreuses, sans doute parce qu'on la considérait comme faisant partie des enseignements secrets plutôt que faisant matière d'une discussion publique. Cette doctrine secrète je vais en parler présentement ; mais auparavant considérons l'autre grande doctrine de justice divine.

Loi de Cause et d'Effet

Comme ces mots sont souvent sur les livres de théologique, on pourrait croire que nous n'avons nul besoin de justifier vis-à-vis d'eux notre théorie. Et cependant la plupart des enseignements religieux proposent aujourd'hui une théorie d'après laquelle nous pourrions échapper à la conséquence de nos actes. La théologie moderne s'occupe même avant tout du moyen d'échapper à la justice divine, moyen qu'elle se plaît à appeler "le salut" ; et ce salut dépend entièrement de ce que l'homme croit ou de ce qu'il dit croire. Toute la théorie du salut semble basée sur une compréhension erronée de quelques textes de l'Écriture. En théosophie nous ne croyons pas à ce qu'on appelle le courroux divin. Nous pensons que c'est blasphémer d'attribuer à la Divinité, la colère et la cruauté, défauts tout humains. Il arrive souvent qu'on se laisse aller à la colère, mais après réflexion on sait bien qu'on a eu tort. Croire que notre Père éternel qui est tout amour puisse être capable d'actes que même nous-même n'approuvons pas, nous semble donc un monstrueux avilissement de l'idéal divin. Cela nous parait être un reste de sauvagerie primitive et de fétichisme, un reste de cette idée que les principales puissances de la Nature sont de mauvais démons qu'il faut se rendre favorables.

En théosophie nous respectons trop la Divinité pour vouloir accepter quoi que ce soit d'aussi contraire à sa dignité. Loin d'admettre cette superstition dégradante nous avons la certitude que Dieu est un Père tout amour, toute puissance, et que sa volonté se propose, non notre condamnation, mais notre progrès. Nous croyons à la théorie d'un développement continu et du salut final pour tous, et nous pensons que les progrès d'un homme ne dépendent pas de ce qu'il croit, mais de ce qu'il fait.

Il y a beaucoup de passages des Écritures qui viennent confirmer cette théorie. Vous vous rappelez peut-être la grave et solennelle exhortation que saint Paul adresse aux Galates, dans le sixième chapitre de son Épitre. "Ne vous abusez point; on ne se joue pas de Dieu; car ce que l'homme aura semé, c'est ce qu'il moissonnera." En écrivant aussi aux Romains il parle du "juste jugement de Dieu qui rendra à chacun selon ses œuvres." Et ce n'est pas seulement l'apôtre qui parle ainsi, mais le Maître enseignait exactement la même doctrine. Vous vous souvenez qu'au cinquième chapitre de l'*Évangile selon saint Jean* il dit que "ceux qui auront fait de bonnes œuvres ressusciteront pour la vie" et non ceux qui auront cru à quelque doctrine particulière.

Un autre passage très frappant se trouve dans le tableau que fait le Christ du jugement dernier au vingt-cinquième chapitre de l'*Évangile selon saint Matthieu*. Puisque lui-même, suivant l'enseignement théologique sera le juge à ce moment, son exposé des faits doit être correct, et son explication de la base sur laquelle reposera le jugement, doit être précisée et définitive. Il dit que toutes les nations seront amenées devant le roi, qu'elles seront divisées en deux classes, les unes à droite, les autres à gauche, et les raisons de cette classification sont clairement et nettement données. Après avoir étudié la théologie moderne, on pourrait croire que la seule question importante sera sûrement: "Avez-vous cru au Christ, ou à certaines doctrines?" ou bien "avez-vous accepté les enseignements de l'Église?" et que tout dépendra de la réponse à cette question. Le croyant orthodoxe doit donc être très surpris de voir qu'aucune de ces questions n'entre en ligne de compte. Le Christ ne demande nullement ce que ces gens ont cru, ou croient actuellement. Le jugement est, entièrement basé sur les actes non sur les croyances. La seule question posée est : Ont-ils nourri ceux qui avaient faim, vêtu ceux qui étaient nus, secouru l'étranger et celui qui était malade ou dans la peine ? — c'est-à-dire, ont-ils fait leur devoir vis-à-vis de leurs semblables dans un esprit de charité ou de compassion ? Il est parfaitement évident que d'après ce tableau du jour du jugement (rappelez-vous que c'est un tableau tracé par le Juge lui-même), un Bouddhiste, un Indien un Mahométan, un "païen" de n'importe quelle catégorie aurait autant de chance de gagner la vie éternelle au ciel que le Chrétien le plus fanatique. Il semble que le théologien moderne ne lise jamais sa *bible*, ou plutôt que son attention Soit exclusivement portée sur certains textes, ainsi que sur les déductions que lui et ses prédécesseurs en ont tirées, et qu'alors il soit absolument aveugle à la signification claire et évidente de beaucoup d'autres textes d'égale importance.

L'ENSEIGNEMENT INTÉRIEUR

On peut dire en tout cas qu'aujourd'hui les doctrines de réincarnation et de justice divine ne sont enseignées dans aucune des églises ; comment cela se fait-il ? Nous répondrons que c'est parce que le christianisme a oublié beaucoup de ses enseignements primitifs, parce qu'il se contente d'une partie, d'une toute petite partie de ce qu'il possédait à l'origine. On pourra dire que du moins l'Église possédant les Écritures primitives, l'enseignement qu'on, en a tiré ne saurait avoir beaucoup varié. Comme on l'a montré, l'enseignement moderne semble se baser exclusivement sur certains fragmenta de ces Écritures, séparés de leur contexte, et interprétés de façon à contredire beaucoup d'autres passages. Sur ces quelques textes mal appliqués on a construit l'édifice peu sûr d'une doctrine irrationnelle et on a négligé en grande partie l'enseignement de l'Église primitive.

Ces Écritures elles-mêmes nous parlent à chaque instant de quelque chose d'autre que ce qu'elles expriment, de quelque chose de plus que ce que l'on donnait au public. C'est la mode aujourd'hui de nier qu'il ait pu exister un enseignement ésotérique du christianisme. Ses instructeurs actuels se vantent même qu'il ne contienne rien qui ne soit à la portée de l'intelligence la plus médiocre et des plus ignorants. Si cette assertion reposait sur des faits, ce serait là un grave reproche à faire au christianisme, car cela signifierait que cette religion n'offre rien à l'homme qui réfléchit. Toutes les grandes religions ont toujours reconnu qu'elles avaient affaire à des catégories très différentes d'individus, et qu'il était par conséquent absolument nécessaire de se mettre au niveau de chacune d'elles.

Une religion doit pourvoir aux besoins d'un grand nombre de gens simples et, illettrés, absolument incapables de comprendre un système élevé de philosophie ou de métaphysique. Il lui faut donc avoir un plan simple et net d'enseignement moral, disant à ces gens comment il faut vivre, et leur montrant clairement et avec force que leurs joies ou leurs souffrances dans l'autre vie dépendront de leur vie actuelle. Mais il y en a beaucoup que ce simple enseignement ne satisfera pas, dont l'intelligence cherchera le plan de l'univers, qui se demanderont comment l'homme arrive à être ce qu'il est, quel est l'avenir qui l'attend. Les réponses à toutes ces questions entraîneront nécessairement beaucoup de développements tout à fait en dehors de la portée des gens incultes qui se contentent d'une foi plus simple. Il se pourrait même qu'une grande partie de cet enseignement plus élevé ne fît que troubler et égarer l'homme qui n'est pas encore prêt à le recevoir. De plus, savoir c'est pouvoir, et par conséquent une connaissance plus complète de ces faits supérieurs placerait entre les mains de l'étudiant une puissance plus étendue que celle de l'ignorant, pour le bien comme pour le mal.

Il s'ensuit donc qu'il faut inévitablement être très circonspect en exposant l'enseignement supérieur dans sa plénitude ; et il est tout naturel que les instructeurs exigent certaines garanties de ceux qui le reçoivent et qui ne devront l'employer que pour le bien de l'humanité.

Dans toutes les religions du monde il y a toujours eu cet enseignement supérieur et jusqu'à un certain point secret. Faut-il supposer que le christianisme seul fasse exception à la règle ? Dans ce cas il serait de son propre aveu une religion imparfaite. Mais il n'en est pas ainsi, car le christianisme a en lui aussi ses mystères et son enseignement secret. Et, tout naturellement, cet enseignement est précisément le même que celui des autres religions du monde. En effet toutes ont tenté d'exprimer la même grande vérité cachée en chacune d'elles et envisagée à des points de vue différents.

Allusions à cet enseignement

Il est vrai que cet enseignement secret paraît être aujourd'hui tout à fait perdu, du moins chez les sectes protestantes. Et cependant on voit clairement, même dans les Écritures qui nous restent, des allusions fréquentes à cette connaissance supérieure. Que veulent dire par exemple les allusions constantes du Christ aux mystères du Royaume de Dieu, et cette affirmation constante à ses disciples que l'interprétation véritable et complète ne peut être donnée qu'à eux seuls, qu'aux autres il faut parler en paraboles ? De plus il se sert de termes techniques employés dans l'enseignement bien connu des Mystères antiques, et ce n'est qu'avec quelques notions de cet enseignement que l'on peut, — en beaucoup de cas — trouver un sens rationnel à plusieurs de ses discours.

Qu'il ait existé un enseignement ésotérique du christianisme n'est donc pas une question de sentiment, mais de fait, et il est inutile, si l'on ne veut pas y croire, de clamer contre le sens clair et évident des documents historiques. La meilleure manière d'aborder la question est, en premier lieu, de chercher ce qu'a dit le Christ lui-même à ce sujet; puis de recueillir les témoignages dans les écrits de ses successeurs immédiats, les Apôtres; et enfin de voir si l'on retrouve la même idée dans les Pères de l'Église qui suivirent les Apôtres. Je crois qu'un tel examen entrepris sans idée préconçue, convaincra l'étudiant qu'un enseignement secret existait, et qu'il était bien connu d'eux. Il y avait à l'origine beaucoup plus d'évangiles que les quatre qui nous restent, et même ces quatre-là avant d'être fixés dans leur forme actuelle ont probablement passé par beaucoup de mains qui les ont mutilés. Cependant il reste encore des traces que les plus sectaires ne sauraient méconnaître. Le Christ lui-même, en plusieurs occasions, s'exprime sans équivoque. Par exemple au quatrième chapitre de l'*Évangile selon saint Marc* vous trouverez cette déclaration : "Et quand il fut en particulier, ceux qui étaient autour de lui avec les douze apôtres l'interrogèrent touchant le sens de cette parabole. Et il leur dit : "Il vous est donné de connaître le mystère du royaume de Dieu; mais pour ceux qui sont du dehors, tout se traite par des paraboles". Et quelques versets plus loin vous trouverez : "Et il ne leur parlait point sans similitude; mais lorsqu'il était en particulier il expliquait tout à ses disciples. "Ces mots même sont cités plus tard par Origène comme faisant allusion à l'enseignement secret conservé dans l'Église. Car les Pères ont toujours soutenu que les paraboles contenaient une signification triple : 1° le sens extérieur et apparent qui revêt généralement la forme d'une histoire, pour qu'on puisse se le rappeler plus facilement; 2° une interprétation intellectuelle comme celle qui est donnée dans le chapitre que j'ai cité, à la parabole du semeur, et 3° une signification profonde, mystique et spirituelle qui n'était jamais écrite dans aucun cas, mais était expliquée oralement par l'instructeur sous le sceau du secret.

Vous remarquerez aussi qu'au seizième chapitre de l'*Évangile selon saint Jean*, le Christ dit à ses disciples : "J'aurais encore plusieurs choses à vous dire, mais elles sont encore au-dessus de votre portée". Rappelez-vous que ceci fut dit par lui, d'après le récit évangélique, la veille de sa mort.

Quand donc leur a-t-il dit les choses qu'il avait encore à leur révéler ? Ce doit être après sa résurrection, pendant le temps qu'il demeura avec ses disciples, "leur parlant de ce qui regarde le royaume de Dieu". Les Écritures ne nous rapportent rien de ces enseignements. Cependant il est impossible de supposer qu'ils aient été oubliés. Ils ont dû assurément être transmis dans les traditions les plus précieuses, oralement, comme les enseignements secrets de toutes les religions. Dans un des grands Évangiles gnostiques, la "Pistis Sophia" on nous dit que le Christ apparut à ses disciples non pas seulement pendant quarante jours mais pendant onze ans après sa résurrection. Il est fait quelques allusions à la nature des enseignements donnés, quoi ceux-ci soient le plus souvent si obscurs et si mystiques qu'il soit difficile de les comprendre sans la clef de l'Initiation.

Le Royaume du Ciel

Ce nom même de Royaume de Dieu ou de Royaume du Ciel employé dans le passage que l'on vient de citer, est un terme technique appartenant aux Mystères, et désignant la réunion de ceux qui y étaient initiés. Vous en trouverez mainte et mainte preuve en lisant sans parti pris les passages dans lesquels le Christ en fait usage : Par exemple au treizième chapitre de l'*Évangile selon saint Luc* vous verrez qu'on pose au Christ la même question : "N'y a-t-il que peu de gens qui soient sauvés ? et il leur dit : "efforcez-vous d'entrer par la porte étroite, car je vous dis que plusieurs chercheront à entrer et qu'ils ne le pourront." Le protestant ordinaire non instruit ne craint pas d'affirmer que cela s'applique à la porte du Ciel. Il veut que nous croyions qu'un grand Sauveur du monde enseigne à son peuple que la voie du salut sera fermée à beaucoup de ceux qui cherchent sincèrement à échapper à la damnation éternelle. Si l'on pouvait croire à cette horrible invention, cette affirmation serait révoltante au-delà de toute expression, et prouverait, ou bien que la Divinité est incapable de diriger son univers, ou bien que la direction de cet univers est aux mains d'un démon ironique et cruel.

Une telle atrocité n'a jamais été proférée par le Christ et ne pouvait pas l'être. Le mot "sauvé" ou plutôt "sauf" comme on devrait l'écrire, a un sens technique qui, s'il est bien compris, rend le passage clair et lumineux. Sa parfaite compréhension n'offre aucune difficulté à l'étudiant en théosophie. Il sait en effet que dans le cours de l'évolution humaine il viendra un moment où un nombre considérable d'êtres humains cesseront pour un temps d'appartenir à notre système actuel d'évolution. En effet ils ne seront pas suffisamment développés pour profiter des occasions qui seront alors offertes au genre humain. Dans les conditions qui prédomineront alors, aucune incarnation d'un type inférieur à elle, ne sera possible. Les hommes seront ainsi, pour un temps, arrêtés dans leur progrès, mais se remettront à l'œuvre plus tard, avec un autre courant d'évolution humaine, et auront ainsi l'occasion de parcourir à nouveau les différents degrés de développement dont ils n'ont pas su profiter entièrement la première fois. Ce n'est là qu'un moyen employé par la nature clémente pour aider ceux qui sont en retard dans leurs études à l'école de la vie, et s'ils perdent la place qu'ils avaient dans cette évolution particulière, c'est seulement parce qu'elle les a dépassés, et qu'ils auraient perdu leur temps en essayant d'y demeurer davantage.

L'homme à qui cela arrive est simplement dans la position d'un écolier qui est tout à fait au-dessous de ses camarades. Continuer à travailler avec eux, serait pour lui une source de fatigue, de surmenage, et une perte de temps. Tandis que quitter cette classe et travailler avec la classe inférieure sera non seulement plus facile, mais lui permettra, en refaisant les mêmes études, d'apprendre à fond les leçons dont il n'avait pu jusqu'alors venir à bout.

L'homme ordinaire n'a encore, en aucune façon, dépassé le niveau où il pourrait lui arriver d'être rejeté hors du courant de l'évolution. Mais l'étudiant qui a reçu la première grande initiation "qui est entré dans le courant" comme on dit en Orient, n'a point à craindre un tel retard, aussi dit-on souvent de lui qu'il est "sauvé" ou "élu". C'est dans ce sens, et dans ce sens seulement qu'il nous faut comprendre le mot "sauvé" ici ou ailleurs, dans les Écritures ou dans les Crédos : Quand nous comprendrons cela nous réaliserons aussitôt la force et la vérité de la remarque du Christ, que la porte de l'initiation est étroite et difficile à franchir, et que, beaucoup s'efforcent longtemps de l'atteindre, sans pouvoir y arriver.

Le chemin qui mène à la vie

Un autre passage qui confirme ce que nous disons se trouve au septième chapitre de l'*Évangile selon saint Matthieu*, dans lequel le Christ une fois de plus donne à ses disciples ce conseil : "Entrez par la porte étroite; car la porte large et le chemin spacieux mènent à la perdition, et il y en a beaucoup qui y entrent; mais la porte étroite et le chemin étroit mènent à la vie, et il y en a peu qui le trouvent." Ici encore l'étudiant en occultisme n'a aucune peine à reconnaître des images qui lui sont très familières.

Il ne sait que trop combien étroit et pénible est le chemin qui mène à la "vie éternelle", c'est-à-dire qui permet d'échapper à la nécessité des naissances et des morts, à la réincarnation. Il sait aussi combien est large et comparativement facile la voie lente de progrès adoptée par l'homme ordinaire et qui le conduit à la mort et à la naissance des milliers de fois avant de l'amener à une existence permanente dans un état supérieur. Il est vrai que beaucoup suivent cette voie plus longue mais plus aisée, et il y en a peu, à présent, qui trouvent le sentier plus court mais plus escarpé de l'initiation. Si la porte étroite voulait dire la porte du ciel, par laquelle peu seulement entreront, ce serait une fausse et barbare interprétation des faits, absolument en contradiction avec d'autres textes où il est clairement fait allusion au monde céleste.

Quand l'écrivain biblique essaie vraiment de peindre ce monde céleste, nous voyons qu'il parle d'une "grande multitude que personne ne pouvait compter, de toutes nations, de toutes tribus, de tous peuples et de toutes langues. Ils se tenaient devant le trône et devant l'agneau, vêtus de robes blanches, et ils avaient des palmes à la main". Les écrivains initiés ont toujours connu cette sublime vérité que la destruction finale n'est pas possible, mais que le succès final est certain pour tous, car tels sont les desseins de Dieu. Par conséquent, lorsqu'il s'agit de la destinée ultime des êtres, il n'y a pas seulement une faible espérance de salut pour quelques-uns, mais la certitude absolue qu'aucun ne sera perdu.

On a peine à comprendre comment l'orthodoxie moderne peut parler du Christ comme du Sauveur du monde, et en même temps affirmer qu'Il ne le sauve pas, qu'Il ne réussit même pas à sauver un habitant sur dix mille et qu'Il lui faut abandonner tout le reste au diable. Est ce qu'on trouverait une telle proportion suffisante s'il s'agissait d'efforts humains? Une pareille doctrine n'est à la vérité qu'un blasphème, et tout chrétien honnête devrait la rejeter immédiatement de ses conceptions religieuses. Nous vous apportons un évangile plus large, un crédo plus noble. Oui le Christ est vraiment le Sauveur du monde, car tout homme est sauvé par le Christ en lui, ce Christ en nous qui est vraiment notre espérance, comme l'ont dit les écritures car sans cette étincelle divine eu nous, comment pourrions-nous jamais nous réunir à la Divinité? Nous savons donc qu'un jour tous les hommes réaliseront leur propre divinité, et s'élèveront ainsi à "la mesure de la stature parfaite du Christ". Nous savons que l'évolution aboutira au succès et non à l'échec, à un succès glorieux et superbe, et que toutes les âmes finiront par atteindre le but.

Difficultés des riches

Un autre passage auquel cette explication seule peut donner un sens rationnel se trouve au dix-neuvième chapitre de l'*Évangile selon saint Matthieu*. On se rappelle qu'en une certaine occasion, un jeune homme vint trouver le Christ et lui demanda comment il pourrait gagner la vie éternelle, voulant dire naturellement, comme je l'ai déjà expliqué, être délivré de la nécessité des naissances et des morts. Le Christ lui fait la réponse habituelle, qu'aurait fait n'importe quel grand instructeur : "Observe les commandements." Mais le jeune homme explique qu'il a déjà toute sa vie observé tous les commandements exotériques, et qu'il voudrait savoir ce qu'il faut faire de plus pour hâter ses progrès. Le Christ, dans sa réponse, emploie un de ces termes techniques bien connus de la communauté essénienne dans laquelle lui-même avait été instruit, car il lui dit : "Si tu veux être parfait, vends ce que tu as et donne-le aux pauvres, après cela viens et suis-moi." Être parfait" signifie atteindre un certain niveau d'initiation, appartenir à une certaine classe du royaume du ciel ; et la remarque du Christ ne fait que répéter l'enseignement des sages Orientaux, que la pauvreté et l'obéissance sont nécessaires à ceux qui veulent entrer dans les rangs des initiés supérieurs.

Le jeune homme est embarrassé, ne se sentant nullement préparé à abandonner ses biens ; le Christ se met alors à discourir sur les difficultés que rencontre le riche quand il cherche à atteindre les degrés supérieurs du sentier. Il se sert même d'une comparaison très forte : "Il est plus aisé pour un chameau de passer par le trou d'une aiguille, qu'il ne l'est pour un riche d'entrer dans le royaume de Dieu." Si ces mots étaient acceptés dans le sens où ils le sont généralement par la théologie, ce serait là une affirmation bien ridicule puisqu'elle semblerait impliquer qu'aucun riche ne peut être vertueux et ne peut gagner une place au ciel. Les orthodoxes disent cependant les prendre dans ce sens. Il semble pourtant qu'ils devraient eux-mêmes reconnaître combien une pareille supposition est absurde. Mais lorsque nous comprenons que le Royaume du Ciel signifie la fraternité des Initiés, nous voyons aussitôt que les préoccupations, les soucis inséparables de l'administration d'une grande fortune sont un obstacle sérieux sur la route du candidat qui veut atteindre la voie étroite et escarpée, et nous reconnaissons la sagesse du conseil donné par le grand instructeur : "Vends ce que tu as et donne-le aux pauvres ; après cela viens et suis-moi."

Un autre passage qui indique clairement la même connaissance de la part du Christ de tous les termes techniques, se trouve au septième chapitre de l'*Évangile selon saint Matthieu* où il fait entendre ces paroles remarquables : "Ne donnez point les choses saintes aux chiens et ne jetez point vos perles devant les pourceaux." Aujourd'hui de telles épithètes appliquées à des êtres humains nous sembleraient tout à fait malsonnantes et impropres. Mais il faut se rappeler encore une fois que c'étaient là des termes techniques désignant simplement ceux qui étaient du dehors, ou au-dessous d'un certain niveau. Le théologien ordinaire doit se trouver bien embarrassé pour expliquer un tel langage dans la bouche du Christ mais quand nous comprenons la véritable nature de ces termes, ils nous paraissent aussitôt admissibles.

Saint Paul l'Initié

Si nous passons des paroles du Christ à celles de saint Paul, nous verrons que les écrits de ce dernier sont remplis d'enseignement occulte, d'allusions aux mystères qui complètent l'enseignement extérieur, et de termes techniques bien connus, se rattachant à ces mystères. Quiconque veut se donner la peine de lire les chapitres II et III de la *première épitre aux Corinthiens*, le voit clairement, une fois qu'on lui a signalé la véritable interprétation des mots. Saint Paul parle aussi du "degré de perfection" et de l'enseignement qui ne peut être donné qu'à ceux qui ont atteint ce degré ; il dit : "Nous prêchons la sagesse entre les parfaits", puis "nous prêchons la sagesse de Dieu qui était un mystère, la sagesse cachée que Dieu avait destinée avant les siècles, pour notre gloire, et qu'aucun des princes de ce monde n'a connue." — Cette dernière affirmation suffirait à elle seule pour prouver, à l'étudiant impartial, l'existence de l'enseignement intérieur de l'Église. Car il serait évidemment faux de dire cela de l'enseignement chrétien ordinaire des Écritures, qui était alors, comme aujourd'hui, à la portée "des princes de ce monde"

On a parfois essayé d'adapter ces remarques aux mystères de la sainte communion, que l'on célébrait seulement en présence de ceux qui appartenaient à l'Église. Mais il est évident que cela ne saurait être le sens, car en examinant de plus près cette même épitre, on verra que les Corinthiens auxquels saint Paul s'adresse étaient déjà membres de l'Église et célébraient l'eucharistie. Malgré cela il leur parle comme à des "enfants en Christ", et dit qu'il ne peut leur donner que le lait des premiers enseignements. Ce mystère inconnu à tous n'était donc pas la célébration de la sainte communion. La plus grande partie du langage dont se sert l'apôtre ne saurait d'ailleurs s'expliquer en ce sens, car il parle maintes et maintes fois de "ce qu'il y a de plus profond en Dieu, que l'Esprit nous a révélé", de "la sagesse cachée, la sagesse qui est un mystère".

Il emploie encore beaucoup d'autres termes techniques, comme par exemple, lorsqu'il parle de lui-même comme d'un "architecte", d'un "dispensateur des mystères de Dieu".

Un autre passage qui montre clairement cela, se trouve au troisième chapitre de son *épitre aux Philippiens*, dans laquelle il se dépeint comme "faisant tous ses efforts pour parvenir, s'il le peut, à la résurrection des morts". Quelle pouvait donc être cette résurrection que lui, le grand Apôtre, croyait nécessaire de s'efforcer d'atteindre ? Elle ne pouvait être sûrement ce que l'on entend généralement par ce mot, car la résurrection d'entre les morts au dernier jour arrivera à tous, bons ou méchants; il n'y a aucun effort à faire pour y parvenir. Ce qu'il s'efforce d'atteindre est, sans aucun doute, cette initiation à laquelle nous avons déjà fait allusion, l'initiation qui libère l'homme de la vie et de la mort, qui l'élève au-dessus de la nécessité de la réincarnation sur terre. Nous verrons que, quelques versets plus loin, il recommande à tous ceux "qui sont parfaits" de faire les mêmes efforts que lui; il ne donne pas cet avis aux membres ordinaires de l'Église, parce qu'il sait que cela ne leur est pas possible.

Beaucoup d'autres citations comportant une interprétation analogue pourraient être empruntées aux écrits de saint Paul; mais passons maintenant à ceux que l'on appelle les Pères de l'Église, ces écrivains qui suivirent la période apostolique. Nous verrons qu'ils savaient bien ce que saint Paul voulait dire quand il parlait ainsi des mystères, car eux-mêmes en parlent souvent, dans les mêmes termes. Ainsi un des premiers et des plus grands, saint Clément d'Alexandrie, emprunte mot pour mot à un document néo-pythagoricien, une phrase entière pour dire "qu'il n'est pas légitime de révéler aux profanes les mystères du Verbe". Ce dernier mot n'est que la traduction du grec Logos, et dans cette phrase, saint Clément, l'insère à propos des déesses d'Eleusis mentionnées dans le document primitif.

LES TROIS DEGRÉS DANS L'ÉGLISE

De nos jours l'Église considère comme sa plus grande gloire d'avoir produit les saints, présente la liste de ses saints comme une preuve de la vérité de ses enseignements et comme leur résultat. Cependant, au début, ce qui semble actuellement le but final de ses efforts, n'était qu'une préparation. Elle comportait alors trois grands ordres ou degrés, par lesquels ses enfants devaient passer, et ces degrés s'appelaient respectivement la Purification, l'Illumination et la Perfection.

Aujourd'hui elle consacre uniquement ses efforts à la production d'hommes vertueux, et elle présente le saint comme son but et sa gloire la plus haute; mais en ce temps-là, quand elle avait fait d'un homme un saint, ce n'était que le commencement de son œuvre; c'est alors seulement qu'il devenait apte à profiter de l'enseignement et de l'entraînement qu'elle pouvait lui donner à cette époque, mais qu'elle ne peut plus lui donner aujourd'hui, ayant oublié son antique science. La Purification conduisait l'homme à la sainteté; l'Illumination lui donnait ensuite la science que l'on enseignait dans les mystères, et ceci le conduisait vers l'état de Perfection et d'union avec le Divin. Aujourd'hui elle se contente de la Purification préliminaire, et n'a plus d'Illumination à donner.

Saint Clément d'Alexandrie

Lisez ce que saint Clément dit à ce sujet, et qui est cité dans Les Platoniciens chrétiens d'Alexandrie, par le Dr C. Bigg, page 62 : "La pureté n'est qu'un état négatif; ce qui fait sa principale valeur c'est qu'elle est la condition de l'intuition. Celui qui a été purifié dans le baptême, puis initié aux petits mystères (c'est-à-dire qui a acquis l'habitude de la maîtrise de lui-même, et de la réflexion), devient mûr pour les grands mystères, pour l'Epopteia ou Gnose, la connaissance scientifique de Dieu". Cette dernière prétention paraîtrait étrange au point de vue de l'orthodoxie moderne. J'imagine que peu de prédicateurs prétendraient de nos jours avoir une connaissance scientifique de Dieu, ou même auraient la moindre idée de ce qu'une pareille expression signifie. Et, on la trouve cependant dans les écrits d'un des premiers et des plus grands des Pères. Nous n'avons qu'à examiner l'enseignement théosophique pour voir exactement ce qu'il veut dire, et pour comprendre (autant que l'intelligence humaine peut à présent le comprendre) ce que signifient les doctrines de la Trinité, de l'incarnation du Christ, et de sa présence au cœur de l'homme. La connaissance scientifique de Dieu est encore à la portée de l'étudiant respectueux et sincère ; ce n'est pas une simple formule, mais un fait précis, lumineux.

On peut voir clairement quelle valeur saint Clément attribuait à cette connaissance transcendante, d'après une autre citation tirée de ses écrits, et reproduite dans le Mysticisme chrétien par W. R. Inge, page 86 : "La connaissance, dit saint Clément, est supérieure à la foi. La foi est une connaissance sommaire des vérités d'intérêt immédiat, et qui convient aux gens pressés ; mais la connaissance est une foi scientifique. Si le gnostique (le chrétien philosophe) avait à choisir entre la connaissance de Dieu et le salut éternels et qu'il fût possible de séparer des choses aussi inséparablement unies, il choisirait sans la moindre hésitation, la connaissance de Dieu." Voilà une déclaration suffisamment nette. Saint Clément pensait évidemment que la foi était bonne pour ceux qui n'avaient pas le temps d'étudier eux-mêmes à fond la science précise, et qui devaient se contenter d'en accepter les sublimes vérités sur parole, exactement comme nous le faisons actuellement pour les sciences du plan physique.

Si chacun de nous avait une vie de loisirs il pourrait, sans aucun doute, prendre la chimie ou l'astronomie et l'étudier directement pour lui-même ; s'il n'a pas le temps nécessaire, il accepte avec reconnaissance les conclusions auxquelles sont arrivés ceux qui l'ont étudiée. Quand il s'agit de cette science supérieure de la vie que l'on appelle religion, on entend par foi l'acceptation des résultats de l'expérience des autres, mais assurément, comme le dit saint Clément, la connaissance directe est infiniment préférable.

L'idée que l'homme puisse atteindre cette perfection, ou cette déification, ainsi qu'ont dit souvent dans les écrits des Pères de l'Église, serait probablement tenue pour sacrilège pour la plupart de nos théologiens modernes ; elle était cependant admise par les premiers Pères qui savaient que cette perfection est accessible. Le professeur Harnack remarque que "la déification n'est autre que l'idée du salut enseignée dans les mystères", et plus loin que, après Théophile, Irénée, Hippolyte et Origène, on trouve cette idée de déification dans les Pères de l'Église primitive, qui lui donnent une place importante. Nous la trouvons chez Athanase, chez les Cappadociens, chez Apollinaire, Éphraïm Syrus, Épiphane et autres, et aussi chez Cyrile, Sophronhis et les théologiens grecs ou russes plus récents.

Ce que dit Origène

Le disciple le plus célèbre de saint Clément fut Origène, dont la renommée s'étendit au loin et qui fut peut-être le plus brillant et le plus érudit des Pères de l'Église. Il affirme très nettement l'existence de l'enseignement secret de l'Église ; car dans sa fameuse controverse contre Celse, il déclare que le système d'enseignement ésotérique et exotérique commun à tous les philosophes, avait été également adopté par le Christianisme. Il parle aussi très clairement de la différence entre la foi ignorante de la multitude inculte et la foi rationnelle et plus élevée fondée sur la connaissance précise. Il établit une distinction très nette entre "la foi irrationnelle du peuple" qui conduit à ce qu'il appelle le "Christianisme somatique" (c'est-à-dire la forme matérielle de la religion) et le Christianisme spirituel qu'offre la Gnose ou Sagesse. Il fait clairement entendre que par christianisme somatique, il veut dire la foi qui repose sur le récit évangélique. Parlant de l'enseignement basé sur ce récit historique il dit : "Quelle meilleure méthode pourrait-on trouver pour aider les masses ?"

Dans le livre de M. Inge cité plus haut, se trouve, page 89, une citation où Origène enseigne que "le gnostique ou sage n'a plus, besoin du Christ crucifié, l'évangile éternel ou spirituel qui est sa possession, lui explique clairement toutes choses concernant le fils de Dieu lui-même, à la fois les Mystères que révélaient ses paroles et les choses dont ses actes étaient les symboles. Ce n'est pas qu'Origène nie la vérité du récit évangélique ou qu'il en doute, mais il sent que des évènements qui ne se sont passés qu'une fois n'ont aucune importance, et il ne considère la vie, la mort, et la résurrection du Christ, que comme la manifestation d'une loi universelle, exécutée non pas dans ce monde éphémère des ombres, mais dans les conseils éternels du Très-Haut... Il considère que ceux qui sont réellement convaincus des vérités universelles révélées par l'incarnation et la rédemption, n'ont plus besoin de se soucier de leurs manifestations spéciales dans le temps."

Nous voyons donc ici des allusions fréquentes et précises à un enseignement secret, bien supérieur à tout ce que connaît l'église moderne, et conduisant ceux qui l'étudiaient à un niveau bien plus élevé que celui qu'atteignent aujourd'hui les disciples de l'orthodoxie. Qu'est devenu ce magnifique héritage du Christianisme ? Pourquoi cet enseignement merveilleux a-t-il été perdu, et comment pourrait-on le regagner ? Heureusement il n'a pas été perdu ; les grands docteurs gnostiques, qui l'enseignèrent d'une façon si poétique, furent rejetés hors de l'Église comme hérétiques par la volonté de la majorité ignorante qui se refusait à faire entrer dans son système religieux tout ce qui dépassait sa compréhension, et dont l'acquisition demandait des années de labeur et d'étude.

Cependant il a été conservé quelque chose des enseignements gnostiques ; les orthodoxes s'efforcèrent avec une pieuse fureur d'en détruire toute trace, mais on a découvert un livre, qu'ont peut-être gardé jusqu'à nos jours ceux que l'on appelle communément des sauvages, et qui se sont cependant montrés en cette occasion moins sauvages que les défenseurs orthodoxes de la foi. Et ainsi, peu à peu, nous arrivons à connaître quelque chose de ces enseignements admirables, et (ce à quoi l'étudiant en occultisme doit naturellement s'attendre) nous y trouvons précisément ces mêmes vérités que la Théosophie présente à nouveau au monde occidental actuel. Ceux qu'intéresse l'étude de ce côté particulier de l'enseignement de la Religion Sagesse, ne pourront mieux l'aborder qu'à l'aide des écrits de M. Mead, de Londres, le plus érudit de nos écrivains théosophiques. Il a passé bien des années à étudier soigneusement cet étonnant mélange de croyances et d'opinions, rassemblé autour du berceau de la Chrétienté, et ses écrits montrent clairement que cette religion chrétienne est sortie naturellement et logiquement des croyances de la période qui précéda sa naissance. Il prouve surabondamment que ce n'est pas une révélation d'en haut, une présentation nouvelle d'un fait nouveau, mais simplement un résultat parfaitement naturel de ce qui avait pénétré.

Quiconque désire comprendre ce qu'est vraiment le Christianisme, ce que ses enseignements signifient réellement, et quel est son rôle dans la vie et le développement du monde, ne saurait faire mieux que d'entreprendre par une étude attentive des ouvrages de M. Mead.

La Théosophie explique

En attendant, il n'est pas besoin des études que comporte une telle recherche pour convaincre une personne à l'esprit ouvert, que la Théosophie offre la solution de tous les problèmes qui se rattachent à la doctrine chrétienne Prenez par exemple le dogme de la Trinité, qui, tel qu'il est expose, parait incompréhensible et absurde. Aidez-vous d'un diagramme tel que celui qui a été publié dans la dernière édition de mon petit livre sur le *Crédo chrétien*, et aussitôt l'obscurité sera éclairée comme par la lumière du soleil, et on verra que les déclarations étranges et apparemment incompréhensibles, ont un sens évident, plein d'intérêt et parfaitement clair.

Lisez par exemple le *Crédo* de saint Athanase, ce document chrétien si mal interprété ; à la lumière des diagrammes théosophiques, ses phrases jusqu'alors si peu comprises, apparaîtront lumineuses et limpides comme le cristal. Et alors, cette formule, que beaucoup ont rejetée comme étant désespérément inintelligible, se révèle maintenant comme l'exposé de la nature et de la puissance d'un Dieu plus fort, plus grandiose, que celui qui n'ait jamais été présenté. Les articles appelés "damnatoires" si souvent décriés, ont naturellement leur place, et l'on voit tout de suite qu'ils ne sauraient soulever aucune objection quand on a compris leur signification réelle.

Il n'y a absolument pas d'autre manière de rendre intelligible la plus grande partie de ces enseignements anciens. Si nous ne sommes pas préparés à accepter l'explication théosophique, il faut abandonner tout espoir de trouver un sens rationnel au fond de ces grands symboles d'une des grandes religions du monde. Mais l'enseignement théosophique introduit l'ordre dans le chaos ; il permet aussitôt de séparer les dogmes qui sont l'expression de vérités universelles, des additions dont la théologie bornée des moines ignorants les a entourés. Il en est de même pour la plupart des autres dogmes de l'Église ; non seulement la puissante doctrine de la Trinité est éclaircie, mais le salut, la conversion, la régénération, la sanctification sont expliqués, et, du point de vue théosophique, ce ne sont plus seulement de simples mots entourés d'un vague brouillard, mais des faits précis, réels, qui font tous partie d'un système cohérent. Pour les comprendre l'étudiant devrait lire le livre de Mme Besant : *Le Christianisme Ésotérique* [2], qui versera un flot de lumière sur un grand nombre de questions auparavant obscures. Ce qui vaut mieux encore, il y verra que le Christianisme ne contredit nullement les autres grandes religions du monde, qui toutes expriment la même grande vérité, cette Divine Sagesse que, de nos jours, nous appelons Théosophie.

---

2   Éditions Adyar.

Nous recommanderons vivement l'étude des enseignements théosophiques au chrétien sincère qui a été conduit, d'une façon ou d'une autre, à réfléchir aux enseignements de l'Église, et a été naturellement amené à les mettre en doute, sous la forme où ils sont généralement présentés. Plus d'un homme qui commence à douter se trouve entraîné très loin sur cette route désolée; il ne trouve plus rien qui puisse servir de base solide à aucune croyance, il ne sait pas où chercher la consolation et la lumière. À celui-là notre conseil sera: "Ne rejetez pas votre religion, mais essayez plutôt de comprendre ce qu'elle est réellement. Alors vous retrouverez tout ce qu'il y avait de beau, de vrai et de consolant dans la foi de votre enfance, mais vous le retrouverez reposant sur une base très différente. Votre foi ne sera plus fondée sur l'autorité, que ce soit celle d'un livre ou celle d'une Église, car une telle foi peut toujours être renversée si l'on s'aperçoit que ce livre ou cette Église ne présente pas la certitude historique telle qu'on l'avait conçue. Vous retrouverez votre foi, mais fondée alors sur le roc inébranlable de la raison et du bon sens, de sorte que plus vous l'examinerez de près, plus vous serez convaincu de sa vérité, plus vous comprendrez sa beauté."

L'ÉVANGILE THÉOSOPHIQUE

En parlant ainsi, nous ne nous appuyons pas sur une théorie, mais sur l'expérience. Pour nous, qui avons étudié la théosophie, elle a apporté tout cela et davantage: elle a vraiment été la bonne nouvelle venue d'en haut, qui nous a montré la lumière là où auparavant régnaient les ténèbres; elle nous a rendu la vie plus facile à supporter, la mort plus facile à affronter; elle nous a donné non seulement l'expérience mais la certitude glorieuse du progrès à venir.

C'est pour cette raison que nous vous la présentons, c'est pour cette raison que nous vous prions instamment de l'examiner. Nous n'avons nul désir d'opérer des conversions au sens ordinaire du mot. Nous ne sommes pas poussés, tel un pauvre missionnaire ignorant, par une théorie qui ne laisserait espérer, pour nos auditeurs ou lecteurs, aucun moyen d'échapper aux souffrances éternelles, si ceux-ci se refusent à croire ce que nous croyons. Nous savons très bien que tous les hommes atteindront le but final de l'humanité, qu'ils croient ou non ce que nous leur disons. Nous savons que le progrès de chacun est absolument certain, mais qu'on peut rendre sa route aisée ou pénible. Celui qui persiste dans l'ignorance, trouvera probablement la route difficile et pénible ; s'il apprend la vérité au sujet de la vie et de la mort, de Dieu et de l'homme et de leurs rapports, il saura accomplir le voyage de façon à rendre sa route plus aisée, et aussi (ce qui est beaucoup plus important), à pouvoir tendre une main secourable à ses compagnons plus ignorants que lui.

Voilà ce que vous pouvez tous faire, et ce que vous ferez tous, nous l'espérons. Nous qui sommes théosophes, nous ne vous demandons pas une foi aveugle. Nous vous présentons simplement cette philosophie, nous vous demandons de l'étudier, croyant que si vous le faites, vous trouverez ce que nous avons trouvé nous-mêmes : le repos, la paix, l'aide, et le pouvoir d'être utile dans le monde. Nous vous disons surtout : n'étudiez pas seulement la vérité théosophique, mais essayez de vivre la vie que la théosophie recommande. Aujourd'hui, comme autrefois, ceux qui "font la volonté du Père qui est aux Cieux" vérifieront la véracité de la doctrine. Nous dirons donc, à ceux qui doutent de notre enseignement : acceptez-le provisoirement : comme hypothèse, mais vivez-le, et vous verrez ensuite si vous vous en trouvez mieux ou plus mal. Essayez d'appliquer la fraternité qu'il enseigne, de montrer le désintéressement qu'il exige ; voyez ensuite par vous-mêmes si c'est ou non un progrès sur les autres genres de vie. Essayez le désintéressement et l'aide vigilante, et voyez si vous ne trouverez pas, là, l'accès à de nouveaux champs d'activité, à de nouvelles possibilités de bonheur.

Nous qui étudions tout cela, nous savons que nous ne faisons que débuter, et cependant nous vous disons avec la plus grande confiance : "Venez vous joindre à nous dans notre étude, vous ressentirez la paix et la confiance que nous ressentons ; grâce à votre connaissance de la théosophie, votre vie deviendra meilleure et plus pure, et surtout, plus secourable et plus utile à vos semblables."

CHAPITRE III

LES MYSTÈRES ANTIQUES

Chaque nation, chaque race, chaque religion a toujours eu ses mystères. Mais le sens dans lequel nous employons ce mot aujourd'hui ne nous donne guère une idée juste de ce qu'il signifiait dans les temps anciens. C'est vers ces temps anciens que nous désirons ce soir diriger notre pensée.

Ce mot: "mystère" signifie: "ce qui est caché"; mais quand nous l'entendons employer à propos de questions religieuses, il nous semble suggérer beaucoup plus que cela. Nous avons été élevés dans une certaine foi religieuse d'après laquelle les enseignements peuvent être compris par le moins intelligent. Si cette prétention était vraie, ce serait, de la part d'une telle religion, un aveu de faiblesse, car cela équivaudrait à dire qu'elle n'aura rien à donner à l'homme qui réfléchit. Mais cela n'est pas juste du Christianisme primitif, comme je l'ai montré dans ma première conférence. Ce christianisme-là avait son enseignement intérieur, comme toutes les grandes fois religieuses, de sorte qu'il pouvait être utile seulement à une seule classe d'hommes, mais à tous. Cependant, cette idée fausse que l'on a imprimée dans notre esprit d'une façon si persistante, nous conduit à éprouver quelque défiance vis-à-vis des religions plus sages qui ont pourvu aux besoins de tous, et à les accuser de cacher inutilement une partie de la vérité ou de ne la donner au monde qu'à regret.

Autrefois, on ne pensait nullement ainsi ; on reconnaissait que : seuls ceux qui avaient atteint un certain niveau moral, étaient prêts à recevoir l'instruction supérieure ; et ceux qui désiraient la recevoir se mettaient à l'œuvre afin de s'en rendre dignes. On a aujourd'hui une tendance à exiger toute la connaissance, sans avoir fait aucun effort pour s'y préparer, et à se plaindre qu'elle ne soit donnée que parcimonieusement, parce que les Grands Êtres dans leur sagesse, prévoient le danger qu'il y aurait à présenter certaines vérités à l'esprit de ceux qui ne sont pas préparés à les comprendre. Savoir, c'est pouvoir ; et il est nécessaire que les gens fassent preuve de leurs aptitudes avant qu'on leur confie le pouvoir ; car le but est toujours l'évolution humaine, et ce ne serait pas servir les intérêts de cette évolution que de publier au grand jour les vérités occultes.

On admet en général qu'il serait dangereux de mettre de la dynamite entre les mains d'un enfant qui joue, et nous avons autour de nous des preuves abondantes que les quelques fragments de vérité occulte devenus publics, ont été bien mal employés. On accepte de plus en plus volontiers l'idée que la pensée et la volonté sont des forces, que la suggestion est un fait ; qu'en résulte-t-il ? Ne voyons-nous pas d'innombrables réclames offrant, moyennant finances bien entendu, de nous enseigner le moyen de réussir dans nos affaires en exerçant une pression illégitime sur nos semblables, pour nous enrichir à leurs dépens ? L'homme peu avancé interprète toujours mal la moindre parcelle de connaissance supérieure et s'en sert toujours mal. Pour celui qui la comprend, il y a dans l'idée que nous sommes un avec la Divinité, une grande consolation et un motif puissant de se bien conduire ; et cependant cette même vérité a servi de prétexte à la plus grossière sensualité, parmi les Védantins peu évolués. L'histoire de l'Atlantide est un exemple frappant des conséquences terribles qui peuvent résulter du mauvais usage de la science occulte.

LES MYSTÈRES D'ÉLEUSIS

L'existence d'un enseignement secret se justifie donc pleinement, et on s'explique sa présence dans toutes les grandes religions du monde. Mais quoiqu'on puisse le retrouver dans toutes, quand on parle de Mystères notre pensée se reporte vers un ou deux seulement d'entre elles; d'abord vers les mystères de Bacchus et d'Éleusis, qui se rattachaient à la religion de la Grèce antique, et en second lieu vers les Mystères plus anciens encore de l'Égypte et de la Chaldée.

Les ouvrages sur les Mystères sont peu nombreux, et ne nous donnent que peu de renseignements. Celui de Thomas Taylor est peut-être le meilleur, quoiqu'il contienne bien des inexactitudes. Son livre révèle cependant une intuition si profonde qu'il est bien difficile de ne pas croire que Taylor ait été lui-même en relation avec les écoles des Mystères dans quelque incarnation précédente. Jamblique, initié lui-même, nous a laissé un écrit, mais il nous donne encore moins de détails que Taylor; peut-être d'ailleurs, était-il lié et contraint au secret.

Un auteur français du nom de Foucart a récemment publié quelque chose sur le sujet; enfin un chapitre du livre de M. Mead, *Orphée*, résume tout ce qui est connu des savants, et ce chapitre devrait être lu par tous ceux qui s'intéressent à ce côté de la vie antique.

Les renseignements que je vais vous fournir ont été obtenus d'une façon toute différente, non par l'étude des fragments littéraires qui nous restent, mais par la recherche directe, et par le souvenir. J'ai déjà eu l'occasion de dire que quelques-uns des membres de notre société s'occupant d'observer minutieusement les archives des incarnations passées, afin d'étudier les lois qui président aux renaissances, et de voir comment les actions d'une vie produisent leurs résultats inévitables dans la suivante. Au cours de ces recherches il apparut que plusieurs de ces membres avaient joué un rôle dans ces Mystères, et y avaient été régulièrement initiés. Il ne faut naturellement pas confondre ces initiations avec celles qui séparent les étapes du Sentier de Sainteté, car ces dernières se trouvent à un niveau beaucoup plus élevé, et tous les mystères n'en étaient que la préparation.

Il y avait cependant des degrés distincts dans les Mystères, et le néophyte faisait le serment de garder le silence sur ce qu'il voyait. Cette promesse le lie encore aujourd'hui, bien qu'elle date d'il y a deux mille ans ; mais ceux à qui la promesse a été donnée peuvent relever le disciple de son serment, et cela a été fait en ce qui concerne certaines parties de l'enseignement. La raison en est que le monde a aujourd'hui quelque peu évolué : on tente donc une nouvelle expérience, et bien des choses que l'on enseignait sous le sceau du serment sont maintenant publiées dans la littérature théosophique. Beaucoup de ces choses étaient considérées comme secrètes et sacrées ; aujourd'hui, si elles ne sont plus secrètes, elles n'en sont pas moins toujours sacrées. Si je ne peux donc pas vous dire tout ce que les anciens Mystères d'Éleusis révélaient à l'étudiant, je puis cependant vous en donner une esquisse assez complète.

Le premier point sur lequel je désire insister est que l'accusation d'indécence que leurs ennemis portèrent si souvent contre eux, ne repose sur aucun fondement, tout au moins ne peuvent-ils s'appliquer à leur période de prospérité. Il ne faut jamais oublier que la plupart des renseignements que nous possédons sur les Mystères, nous viennent de vieux écrivains chrétiens peu scrupuleux et âprement hostiles. Or, bien que ces auteurs se défendent avec indignation contre l'insinuation que leur Église ne possède pas de mystères dignes de ce nom, et assurent que les leurs sont tout aussi bons, aussi profonds, et d'une aussi grande portée que ceux de leurs rivaux païens, ils n'en portent pas moins les accusations les plus extravagantes et les plus abominables sur la moralité de ceux qui participent à des rites autres que les leurs.

Les procédés des moines

C'est à peine si nous pouvons nous figurer jusqu'à quel point nous sommes mal renseignés sur ces controverses des origines de l'Église, ne les connaissant que par un côté, et combien nous sommes à la merci de sectaires malveillants et peu scrupuleux. Nous avons eu en Europe un âge sombre qui a duré plusieurs siècles, pendant lequel la sauvagerie des chrétiens fit disparaître toute science, toute connaissance, et à peu près toute espèce d'art; une période pendant laquelle seuls les moines et les prêtres savaient lire, de sorte que tout ce que nous possédons d'histoire des temps primitifs, tout ce que nous avons de littérature classique nous est venu par leur intermédiaire, puisque eux seuls copiaient les manuscrits. Aujourd'hui, avec la presse, toutes les connaissances sont répandues à profusion; aussi avons-nous peine à nous imaginer la puissance dont les moines du moyen âge disposaient. On peut parfois retrouver çà et là quelques vieux manuscrits, mais la grande majorité de toute cette littérature des temps anciens a passé par la censure de l'Église au temps de son plus grand fanatisme.

Un autre point important est celui-ci: ces moines n'avaient aucune idée de ce que nous entendons aujourd'hui par probité littéraire. Pas un qui ne fût disposé à citer sans autorisation, des passages entiers, car ils ne voyaient aucune raison de ne pas se servir de matériaux utiles, quel que fût l'endroit où ils les trouvaient, et ils ne mentionnaient le nom de l'auteur que lorsqu'ils croyaient que cela pouvait ajouter de la force à leurs arguments. Souvent aussi, lorsqu'ils avaient à dire une chose qu'ils jugeaient bonne, ils l'attribuaient à quelque auteur bien connu, afin d'attirer davantage l'attention du lecteur. En citant, dans leurs controverses, des passages de leurs adversaires, ils n'essayaient nullement d'être justes envers leurs ennemis, ou d'exposer leur cas avec impartialité. Ils avouent eux-mêmes qu'ils ne citent que ce qui vient à l'appui de leur argument du moment, qu'ils utilisent tout ce dont ils croient pouvoir faire quelque chose d'édifiant, et ignorent le reste. C'est ainsi que nous n'avons que des exposés très partiaux des opinions véritables de leurs adversaires, et de cette façon, nous obtenons de ce que ceux-ci enseignaient ou croyaient, une idée à peu près aussi fausse que celle que nous aurions de la théologie catholique, si nous nous en rapportions, pour essayer de la comprendre, à la parole du protestant le plus enragé.

Nous savons qu'il y avait, au sujet des mystères, une controverse particulièrement violente, et que les auteurs chrétiens n'hésitaient jamais à se servir de toutes les armes pour faire triompher leur argument. S'il existait une calomnie populaire, ils s'en emparaient avec empressement, et l'amplifiaient; peut-être même la croyaient-ils, en leur esprit prévenu. C'est ainsi qu'ils acceptèrent et répétèrent ces accusations d'indécence concernant la célébration des mystères, et qui n'avaient aucun fondement.

Quelquefois, dans leurs répliques, nous apprenons, par hasard, ce dont l'opinion populaire les accusait eux et nous commençons à voir quelle créance il faut accorder à de tels récits. La rumeur publique rendait l'Église chrétienne coupable des crimes les plus abominables ; l'accusation la plus commune consistait à répandre que les chrétiens offraient des sacrifices humains dans leurs réunions secrètes, et allaient jusqu'au cannibalisme. Cette assertion qu'ils tuaient et mangeaient des enfants revient à maintes reprises, et il n'est pas difficile de voir comment elle prit naissance. Les chrétiens célébraient l'eucharistie, les portes closes, et en parlaient comme d'une réunion dans laquelle ils se partageaient le corps et le sang du Fils de l'Homme. Il est aisé de voir comment une telle phrase a pu être mal interprétée par les ignorants, et combien les simples rumeurs publiques sont indignes d'arrêter l'attention de l'historien, dans une querelle de théologie.

Pendant la longue période d'épanouissement des mystères, la discipline la plus sévère fut imposée aux candidats, et la plus grande pureté fut conservée ; mais il est probable qu'au jour de la décadence de la Grèce et de Rome, les mystères mêmes eurent leur part de la corruption générale, de même que, on se le rappelle, les agapes chrétiennes dégénèrent en de folles et répréhensibles orgies. Les mystères bachiques en vinrent, à la fin, à n'être plus que des festins ; lorsqu'on considéra Bacchus ou Dionysos comme le dieu du vin, au lieu de reconnaître en lui la manifestation du Logos, source de toute vie et de toute force. La force et la vie avaient il est vrai quelquefois, pour symbole, le vin, ou plutôt le jus du raisin, et c'est ainsi que l'interprétation populaire et erronée prit naissance. Mais cela n'arriva que vers la fin de l'Empire, alors que tous les véritables mystères avaient disparu à l'arrière-plan, et qu'il ne restait plus que leur coque extérieure. Il ne faut pas les juger d'après ce qu'ils étaient devenus à cette époque, pas plus que nous ne devons juger la grande nation romaine d'après le misérable état dans lequel elle était tombée lors de la décadence. Voyons plutôt ce qu'ils étaient à l'apogée de leur gloire et de leur utilité.

Ce qu'étaient les Mystères

Comme on le sait généralement, il existait deux classes de mystères les Mystères majeurs et les Mystères mineurs. Ce qu'on ne sait pas généralement, c'est qu'il y eut toujours, après eux et au-dessus d'eux, le véritable Mystère du Sentier, auquel les précédents conduisaient. L'enseignement occulte a toujours été identique, et la porte du Sentier est toujours ouverte à tous ceux qui sont prêts à la franchir. Les qualités requises n'ont jamais varié, car elles ne sont pas imposées arbitrairement, mais sont essentiellement nécessaires à l'avancement. Aujourd'hui le Sentier et quelques-unes de ses étapes, ainsi que les qualités requises, sont décrits dans des livres et dans des conférences, tout comme ils le furent, il y a bien longtemps, dans la littérature indoue. Mais, en Grèce et à Rome, aucune information précise ne semble avoir été donnée sur ces points, et l'existence même de la possibilité d'un tel avancement, n'était certainement pas connue des initiés des Mystères majeurs, avant qu'ils ne fussent prêts à entendre l'appel mystique intérieur.

Mais un grand nombre de gens étaient admis aux Mystères dont nous parlons. Un auteur classique mentionne même une réunion de trente mille initiés, ce qui, si l'on considère la population relativement restreinte de la Grèce, nous montre clairement que l'organisation des Mystères n'était nullement aussi exclusive qu'on le suppose généralement. Nos recherches nous ont prouvé que tous les gens d'un esprit sérieux et réfléchi, étaient naturellement attirés vers eux comme vers le centre de la science religieuse. On se demande parfois comment de grands peuples, tels que les Romains et les Grecs, pouvaient se contenter de ce que nous appelons communément leur religion, chaos de mythes invraisemblables, dont beaucoup ne sont même guère décents, présentant des dieux et des déesses très humains par leurs actes et leurs passions, et se querellant entre eux. À la vérité personne ne s'en contentait, et ce ne fut jamais ce que nous appelons une religion, bien que tout cela fût sans doute accepté littéralement par le peuple ignorant. Mais tous les hommes cultivés et réfléchis étudiaient l'un ou l'autre des divers systèmes philosophiques, et la plupart étaient même initiés aux écoles des mystères Cet enseignement supérieur dirigeait leur vie et remplaçait ce que nous entendons par religion, à moins qu'ils ne fussent franchement agnostiques, comme le sont la plupart des gens cultivés de nos jours.

De plus c'était par l'enseignement des mystères que les hommes apprenaient pour la première fois ce que signifiaient vraiment les mythes de la religion exotérique ; car, à l'origine, ces mythes avaient un sens qui, pour l'étudiant théosophe, est parfois bien transparent. Dans mon livre : De l'autre côté de la mort [3], j'ai expliqué la signification que l'on donnait dans les Mystères aux histoires de Tantale et de Sisyphe ; le mythe de Tityos est visiblement un symbole des conséquences de certaines passions dans le monde astral, tandis que la légende de Perséphone ou Proserpine est évidemment une parabole occulte figurant la descente de l'âme dans la matière.

Rappelez-vous comment l'histoire nous raconte que Proserpine fut enlevée pendant qu'elle cueillait la fleur de Narcisse, et vous aurez aussitôt l'idée d'un rapport avec cet autre mythe. Narcisse était, dit la fable, un jeune homme d'une extrême beauté qui tomba amoureux de son image renvoyée par l'eau d'un étang ; il fut tellement attiré par cette image qu'il tomba dans l'étang, se noya et fut ensuite changé par les dieux en une jolie fleur. On voit aussitôt qu'une telle histoire ne pouvait avoir qu'un sens symbolique, et à la lumière de la doctrine philosophique des æons, il n'est pas difficile de l'interpréter. Tous les systèmes analogiques de philosophie nous enseignent que l'âme n'était pas, à l'origine, immergée dans la matière, et ne devait pas l'être nécessairement, si elle n'avait pas été attirée par son image dans les états inférieurs de la matière, si souvent symbolisés par l'eau. Trompée par ce reflet, elle s'identifie avec la personnalité inférieure, et elle est, pour un temps, complètement plongée dans la matière ; le germe divin demeure cependant, et bientôt elle se dégage comme une fleur qui s'épanouit. Or remarquez que c'est lorsque Proserpine se baisse vers Narcisse qu'elle est saisie et emportée par le Désir, qui est le roi de ce monde inférieur ; et, bien que les efforts de sa mère réussissent à l'arracher à la captivité complète, elle est cependant obligée par la suite de passer une moitié de sa vie dans le monde inférieur et l'autre moitié dans le monde supérieur, c'est-à-dire en partie dans les incarnations, et en partie hors d'elles.

---

3   La traduction de cet ouvrage sera probablement publiée ultérieurement comme aussi : *Le côté caché des choses* du même auteur. (NDT)

Les Mystères mineurs

C'est là un exemple de la manière dont ces fables étranges, et en apparence sans but, étaient reprises par renseignement des mystères et rendues par lui lumineuses et belles. Les explications concernant la vie astrale étaient données dans les Mystères mineurs, dont c'était principalement le sujet. Le centre de leur culte et de leur activité était à Agra, et ceux qui étaient initiés s'appelaient les Mystes et portaient comme robe mystique, une peau de faon tachetée, symbolisant le corps astral. Tout clairvoyant reconnaîtra immédiatement la justesse d'un tel emblème, et les étudiants théosophes qui ont examiné les illustrations de mon livre : *L'homme visible et invisible* [4], se rappelleront les stries et les taches indiquant les diverses passions et émotions, et les changements rapides comme l'éclair, qui sont les caractéristiques de ce corps. La même idée était exprimée par la peau de léopard que revêtait le prêtre égyptien initié, pour offrir le sacrifice, et par la peau d'antilope ou de tigre si souvent portée par les Yoguis orientaux.

D'une façon générale, les Mystères mineurs se rapportaient surtout au monde astral, et les Mystères majeurs au monde céleste. Ils enseignaient bien plus encore, mais ils commençaient par montrer d'une façon très nette, que certains résultats découlent inévitablement de certaines actions, et que, par conséquent, la vie de l'homme sur le plan physique est surtout importante comme préparation à ce qui doit suivre. Les Mystères mineurs montraient, d'une façon vivante, la partie astrale de ces résultats, accompagnant leur enseignement de frappantes leçons de choses, tirées de la vie réelle. Aux premiers jours, quand l'hiérophante qui dirigeait les études, décrivait l'effet de quelque vice ou de quelque crime particulier, il se servait de ses pouvoirs occultes pour présenter, sous forme de matérialisation, quelque bon exemple du résultat fatalement produit

---

4   Éditions Adyar.

par ses paroles; parfois même, nous dit-on, il donnait à la victime le pouvoir de parler, et d'expliquer l'état dans lequel elle se trouvait, pour avoir négligé sur terre les lois éternelles qui gouvernent les mondes. Quelquefois il matérialisait, pour l'édification des néophytes, une image vivante de quelque victime de sa propre folie.

Aux jours de la décadence, il n'y eut plus d'hiérophante capable de produire ces démonstrations occultes, et en conséquence, elles furent remplacées par des acteurs qui représentaient les victimes, ou parfois par des images terribles, projetées an moyen de miroirs concaves, ou même par des statues habilement exécutées ou par des automates. Tous ceux qui y assistaient savaient très bien que ce n'étaient là que des représentations, et personne ne fut jamais conduit à les prendre pour des réalités. Cependant quelques-uns de nos écrivains ecclésiastiques ne comprirent pas cela, et certains ont dépensé beaucoup de temps et se sont évertués avec beaucoup d'ingéniosité à découvrir des "tromperies" qui n'avaient jamais trompé personne, les intéressés encore moins que les autres. Un certain Hippolyte qui parait avoir été le Robert Houdin de l'époque, déploie un zèle remarquable dans ce genre d'exercice, et la façon dont il explique que l'on pouvait produire des lueurs mystérieuses, ainsi que ses suggestions relativement à l'usage d'encre invisible, sont d'une lecture très divertissante.

Nous devons donc admettre que le but principal des Instructeurs, dans les Mystères Mineurs était d'informer leurs élèves, d'une façon complète, des résultats précis produits dans la vie astrale par les pensées et les actes physiques. Cependant ils donnaient quelques enseignements sur la cosmogonie. On expliquait très à fond l'évolution de l'homme sur la terre, en s'aidant de scènes et de figures à l'appui, produites au début par la matérialisation, mais imitées plus tard de diverses manières. Les directeurs semblent toujours avoir reconnu deux classes parmi leurs élèves, et avoir choisi parmi eux, ceux qu'ils jugeaient capables de subir un entraînement spécial pour développer leurs facultés psychiques.

Ceux-ci recevaient des instructions spéciales sur la façon d'employer le corps astral comme véhicule, et on leur enjoignait certains exercices pour développer en eux la clairvoyance ou la prévision.

Les initiés avaient un certain nombre de proverbes ou d'aphorismes qui leur étaient particuliers, et dont quelques-uns étaient vraiment très caractéristiques et d'un ton très théosophique. "La mort c'est la vie ; la vie c'est la mort", est une maxime qui se passe d'interprétation pour l'étudiant théosophe, qui comprend, au moins dans une certaine mesure, combien la vie est plus réelle et plus active sur n'importe quel autre plan que dans cette prison de chair. "Quiconque recherche le réel pendant la vie, le recherchera après la mort ; quiconque recherche l'irréel pendant cette vie, le recherchera aussi après la mort", est encore une maxime parfaitement d'accord avec les faits de l'existence *post mortem* que nous fait connaître si pleinement la théosophie, et qu'affirme énergiquement cette grande vérité sur laquelle nous avons si souvent besoin d'insister : que la mort ne change en rien l'homme réel, mais que ses dispositions et ses façons de penser demeurent exactement ce qu'elles étaient auparavant.

Les Mystères majeurs

Si nous considérons maintenant les Mystères majeurs, nous voyons que le centre de leur célébration était Éleusis, près d'Athènes. Leurs initiés s'appelaient "Epoptaï" et leur robe de cérémonie n'était plus une peau de faon mais une toison d'or, d'où tout naturellement le mythe de Jason et de ses compagnons. Cette toison symbolisait le corps mental, et le pouvoir de s'en servir délibérément. Ceux qui ont vu l'éclat radieux de tout ce qui appartient au plan mental, qui ont remarqué les tourbillons innombrables produits par l'émission incessante de formes-pensées, et leurs chocs incessants et qui savent que, parmi les couleurs, le jaune brillant manifeste spécialement l'activité intellectuelle, reconnaîtront que c'était là une représentation assez exacte.

Dans cette classe, comme dans la classe inférieure, il y avait deux sortes d'initiés : ceux auxquels on pouvait apprendre à se servir du corps mental, et à former autour de lui le véhicule temporaire, mais résistant, de matière astrale, parfois appelé "*mayavi rupa*"; et ceux, en très grande majorité, qui n'étaient pas encore préparés à ce développement, mais qui néanmoins pouvaient être instruits de ce qui touche le plan mental, y compris les pouvoirs et les facultés appropriés. De même que dans les Mystères mineurs on apprenait quel était le résultat exact, après la mort, de certaines actions et de certains genres de vie sur le plan physique, de même dans les Mystères majeurs on apprenait comment les causes générées dans l'existence terrestre, produisent leurs résultats dans le monde céleste.

Dans les Mystères mineurs, la nécessité et les moyens d'arriver au contrôle des désirs, des passions et des émotions, étaient clairement mis en évidence ; dans les Mystères majeurs le même enseignement était donné pour le contrôle du mental. On continuait aussi à présenter l'autre aspect de l'enseignement théosophique, celui de la cosmogénèse et de l'anthropogénèse, et on poussait cette étude beaucoup plus loin. Au lieu de n'être instruit que des grandes lignes de l'évolution, par la réincarnation et les races antérieures à travers lesquelles l'homme a progressé en ce monde, les initiés recevaient alors une description complète du système tel que nous le connaissons maintenant, y compris les sept grandes chaînes, et leur rapport avec l'ensemble du système solaire. Leurs expressions différaient des nôtres, mais les enseignements étaient essentiellement les mêmes ; là où nous parlons de vagues et d'effusions de vie divine, ils parlaient d'æons et d'émanations, mais sans aucun doute ils avaient une connaissance exacte des faits, et ils représentaient à leurs élèves, sous forme de visions, les processus cosmiques et leurs analogies terrestres. Comme dans le cas des états post mortem, ces représentations furent d'abord produites par des méthodes occultes, et plus tard, quand celles-ci firent défaut, on eut recours à des mécanismes ou à des images dont les résultats étaient bien inférieurs.

Pour enseigner, par la loi des correspondances, la vérité de l'évolution cosmique, on se servait de tableaux ou de modèles, et l'on montrait ainsi le développement du germe, comme nous pourrions le faire au moyen d'un Microscope. Il se peut donc que la représentation théâtrale de quelques-uns des processus de la reproduction ait donné lieu, par une fausse interprétation, à l'idée d'indécence ; et ainsi fut semée la graine d'où germèrent plus tard les sottes et fausses accusations de chrétiens ignorants et d'esprit étroit.

On s'est demandé parfois pourquoi l'on se donnait tant de peine pour expliquer les processus compliqués de l'évolution passée, qui, après tout, n'ont aucune influence évidente sur la vie pratique. On ne peut que répondre que l'homme a besoin de savoir comment il en arriva à être ce qu'il est, pour comprendre l'avenir qui s'étend devant lui, et apprendre d'après son progrès dans le passé, le moyen d'avancer dans les vies à venir. On se rend compte de l'importance que les Grands Êtres, fondateurs des religions, attachent à ces choses, en congelant que dans toutes les religions du inonde, même dans celles des sauvages, on trouve, ne fût-ce que sous la forme de mythes extravagants el obscurs, les traces de tentatives d'explication de l'origine du monde et de celle de l'homme. Nous en avons un exemple dans la première partie du livre de la *Genèse* qui raconte les choses selon la tradition juive. Dans le message le plus récent que nous ayons reçu de la Grande Fraternité qui surveille et dirige les évènements de ce monde, nous voyons une fois de plus quelle position importante est assignée à l'origine de l'homme et du système cosmique, d'après l'étendue consacrée à ces sujets dans l'œuvre monumentale de Mme Blavatsky : *La Doctrine secrète*.

Les symboles usités

Parmi les nombreux faits intéressants qui se rattachent aux mystères, se trouve l'emploi, dans les cérémonies, d'instruments symboliques, sur la signification desquels il est peut-être nécessaire de nous étendre un peu. L'un d'eux était le thyrse, baguette terminée par une pomme de pin, et que fréquemment l'on disait creuse et remplie de feu. Le même instrument symbolique se retrouve dans l'Inde où l'on emploie généralement une tige de bambou à sept nœuds. Quand un candidat avait été initié, on l'appelait souvent : "celui qui a été touché par le thyrse", montrant par-là que ce n'était pas seulement un emblème, mais que cet emblème avait une utilité pratique.

Ce thyrse représentait la moelle épinière se terminant au cerveau, et le feu qui y était enfermé était le serpent de feu sacré, que l'on appelle en sanscrit "kundalini". L'instructeur le magnétisait et le posait sur le dos du candidat afin d'éveiller la force latente en celui-ci. Il est probable qu'on s'en servait aussi pour produire la transe hypnotique, et il est très possible que le feu qu'il renfermait n'était pas seulement du magnétisme animal mais de l'électricité. La force latente de *kundalini* se rattache étroitement au développement occulte, et à diverses méthodes de magie pratique, et toute tentative faite pour l'éveiller ou l'employer sans un maître qualifié, est dangereuse.

Les jouets de l'enfant Bacchus ou Dionysos forment un autre groupe de symboles intéressants. Comme je l'ai dit, Dionysos était un des noms donnés au Logos, et son enfance signifie simplement le début de la manifestation. On le représente enfant, jouant avec une toupie, une boule, un miroir et des dés. Vous pensez sans doute que ce sont là des symboles incompréhensibles, mais si vous pouviez les *voir*, vous comprendriez aussitôt que ces jouets représentent la matière dont sont construits les mondes. La toupie c'est l'atome qui tourbillonne constamment, et ces atomes sont les briques avec lesquelles est construit l'édifice du système solaire. Les dés ne sont pas des dés ordinaires, mais sont tous différents, car ce sont les cinq solides [5] platoniciens, les seuls solides réguliers qui existent : le tétraèdre, le cube, l'octaèdre, le dodécaèdre et l'icosaèdre. Eux aussi peuvent être considérés, quoique d'une autre façon, comme des matériaux de construction. Ils représentent les atomes des différents plans de sa nature, non pas la forme réelle de ces atomes, et ils indiquent à l'étudiant en occultisme pratique certaines qualités fondamentales de ces atomes, et la direction dans laquelle leur force peut se déverser. Nous pouvons en faire une série de sept en ajoutant le point au commencement, et la sphère à la fin ; nous aurons alors un ensemble d'une signification profonde et cachée. La boule avec laquelle joue l'enfant est naturellement la terre, son miroir est la matière astrale qui reflète toutes choses en les renversant, et que, pour cette raison, on symbolise si souvent par l'eau, comme dans l'histoire de Narcisse. Il est très intéressant de remarquer combien tous ces points, d'abord étranges et incompréhensibles, deviennent aussitôt clairs et lumineux lorsqu'on les étudie et qu'on en pénètre le sens. L'étudiant théosophe notera avec intérêt que la représentation de la terre par une boule, indique, chez les instructeurs, la connaissance de sa sphéricité ; et que l'atome dessiné par Mme Besant dans *la Sagesse Antique* [6] est assez bien représenté par une toupie.

---

5   Pour les rapports qui existent entre les solides Platoniciens des Mystères et la loi de périodicité des éléments dans la chimie moderne, voir *Chimie occulte*, par A. Besant et C. W. Leadbeater, 1909 (NDT).
6   Consulter, pour les détails *La Chimie Occulte*, par A. Besant et C. W. Leadbeater.

L'ÉCOLE PYTHAGORICIENNE

Beaucoup d'anciennes écoles de philosophie travaillaient parallèlement à celles des Mystères. L'école pythagoricienne surtout semble se rapprocher des idées théosophiques modernes. Elle partageait ses étudiants en trois degrés qui correspondaient à peu près exactement à ceux des premiers chrétiens, qui, eux, les appelaient respectivement : Purification, Illumination, et Perfection, cette dernière comprenant ce que saint Clément appelle la connaissance scientifique de Dieu.

Dans les systèmes pythagoriciens, le premier ordre était celui des "Akoustikoï" ou Auditeurs, qui ne prenaient aucune part aux discussions ou aux discours, mais gardaient un silence absolu aux réunions pendant deux ans, et se contentaient d'écouter et d'apprendre. À la fin de cette période, s'ils avaient d'autre part donné satisfaction, les étudiants pouvaient entrer dans le second ordre des "Mathematikoï". Les mathématiques qu'on y apprenait ne se bornaient pas à ce que nous désignons aujourd'hui sous ce nom. Nous étudions aujourd'hui cette science pour elle-même ; pour eux, elle n'était que la préparation à quelque chose de plus vaste, de plus élevé et de plus pratique. La géométrie, telle que nous la connaissons actuellement, était enseignée au dehors, dans la vie ordinaire, comme préparation. Mais à l'intérieur de ces grandes écoles, on allait jusqu'à l'étude et à l'intelligence de la quatrième dimension, jusqu'aux lois et aux propriétés de l'hyperespace.

Cet enseignement ne peut être compris que dans son ensemble, et non par fragments, et il faut le considérer comme une introduction au développement astral. Il permettait à l'homme de comprendre toutes les octaves de vibrations, ce domaine immense dont la science ne sait rien encore, les rapports occultes entre les nombres, les couleurs et les sons, les diverses sections à trois dimensions du grand cône de l'espace, et la forme véritable de l'univers. Il y a beaucoup à gagner dans les mathématiques, pour ceux qui les entreprennent du bon côté ; elles nous aident à voir de quelle façon les mondes sont construits, car, comme on l'a dit autrefois : "Dieu géométrise."

Le troisième degré des Pythagoriciens était celui des "Physikoï", non des physiciens au sens moderne du mot, mais des étudiants de la véritable vie intérieure, qui apprenaient à reconnaître la vie divine sous tous ses voiles, et étaient ainsi à même de comprendre son évolution. On exigeait de tous ces élèves une vie de la plus grande pureté. Dans quelques-unes des écoles la vie de l'étudiant était divisée en cinq étapes qui correspondent assez bien aux cinq stages du Sentier de Probation tels qu'ils sont décrits dans notre littérature.

Les Mystères grecs reçurent différents noms suivant l'endroit, mais ce qu'on vient d'en dire s'applique à tous. Il y avait en Crète les mystères de Zeus ; en Argolide ceux d'Héra ; à Athènes ceux d'Athénée ; en Arcadie, ceux d'Arténius ; à Égine ceux d'Hécate ; en Phrygie ceux de Rhéa. Il y avait aussi ce qu'on appelait le culte des Kabeiroï, en Égypte, en Phénicie et en Grèce ; enfin les mystères très intéressants de Mithra en Perse, et ceux d'Iris et d'Osiris en Égypte.

Les Mystères d'Égypte

A ces derniers se rattachèrent beaucoup de choses qui sont spécialement intéressantes pour nous. Le fameux *Livre des Morts* était un de leurs manuels. Les chapitres que l'on a retrouvés dans divers tombeaux, n'en représentent qu'une très petite partie, et encore bien défigurée. L'ensemble devait former une espèce de guide du plan astral et renfermait un certain nombre d'instructions destinées à aider les trépassés dans les régions inférieures de ce monde nouveau pour eux. L'esprit égyptien semble avoir procédé d'une façon extrêmement ordonnée et formaliste ; l'auteur dresse un tableau de toutes les variétés imaginables d'entités qu'un mort peut rencontrer, et combine avec soin le charme spécial ou parole magique qu'il croit le plus efficace pour vaincre l'entité si elle se montre hostile.

Les initiations égyptiennes étaient toutes organisées suivant le même plan général. Le candidat était revêtu d'une robe blanche, emblème de la pureté qu'on exigeait de lui, et que symbolisait également le bain préliminaire, d'où l'on tira l'idée du baptême chrétien. Il était amené devant une assemblée de prêtres initiés, dans une sorte de caveau ou de souterrain. On mettait d'abord à l'épreuve la clairvoyance qu'on lui avait appris à développer, et on lui faisait lire, à cet effet, une inscription gravée sur un bouclier d'airain dont on lui présentait le côté nu. Puis on le laissait veiller seul. On lui avait appris certains mantrams ou mots magiques, qui étaient censés devoir maîtrise certaines classes d'entités, et, pendant sa veillée, on faisait passer devant lui diverses apparitions, les unes terrifiantes, les autres pleines de séduction, afin d'éprouver son courage et son sang-froid. Il chassait toutes ces apparitions, se servant pour chacune du mantram ou du signe approprié ; mais à la fin, toutes venaient l'assaillir à la fois, et on lui avait appris à se servir, dans ce dernier effort, du mantram le plus puissant (celui que l'on appelle en Orient le Raja mantram) au moyen duquel on pouvait vaincre toute espèce de mal. Il n'apparaît pas clairement que la majorité des candidats égyptiens ait su, comme nous le savons aujourd'hui, que tous ces charmes et tous ces mantrams n'étaient donnés que pour aider la volonté de l'homme, ce que, sans aucun doute, les initiés supérieurs comprenaient parfaitement. À vrai dire, suffisent seuls le courage et la pureté parfaite quand ces vertus s'allient à la connaissance acquise.

D'autres cérémonies des Mystères égyptiens sont intéressantes pour les nations occidentales, une partie de leur rituel se trouvant mêlée d'une façon curieuse à nos enseignements religieux, quoique absolument détournée de son sens et matérialisée. Bien qu'au temps relativement récent dont nous parlons, le rituel fût dépouillé de beaucoup de son ancienne splendeur, il n'en était pas moins encore très impressionnant. À un moment, le candidat se couchait sur une croix de bois bizarrement creusée, et, après certaines cérémonies, il tombait en transe. Son corps était alors emporté dans les caveaux, sous le temple ou la pyramide, tandis que lui-même, "descendait aux enfers", ou dans les régions inférieures, c'est-à-dire, comme nous dirions aujourd'hui, il passait dans le plan astral. Il passait là par des expériences variées; une partie de sa tâche était de "prêcher aux esprits en prison"; et il restait dans cet état pendant trois jours et trois nuits (ce qui était un symbole des trois rondes et des intervalles qui les ont séparées, temps pendant lequel l'homme accomplissait la première partie de son évolution, et descendait dans la matière). Puis après "trois jours et trois nuits passées au cœur de la terre", le matin du quatrième jour, "il ressuscitait d'entre les morts", c'est-à-dire que son corps était sorti du caveau et placé de façon à ce que les rayons du soleil levant tombassent sur son visage, et il s'éveillait : ce qui symbolise l'éveil de l'homme dans la quatrième ronde, et le commencement de son dégagement hors de la matière, sur l'arc ascendant de l'évolution.

On donnait alors au candidat un aperçu du plan bouddhique, une lueur de cette conscience supérieure qui lui permettait de sentir l'unité cachée en tout, et de réaliser ainsi la divinité en tout, et c'est alors qu'il "montait aux cieux". Beaucoup d'autres étapes de la vie de l'initié ont été mêlées à l'histoire du Christ, par les auteurs de cette dernière, mais ont été horriblement mal comprises et défigurées par les ignorants. On s'est évertué à les limiter et à les matérialiser de façon à en faire des évènements historiques dans la vie d'un seul homme. Mais l'étudiant philosophe comprend que, comme Origène l'a si bien dit : "Des évènements qui ne se sont passés qu'une fois ne sauraient avoir aucune importance, la vie, la mort et la résurrection ne sont que les manifestations d'une loi universelle, exécutée non pas dans ce monde éphémère des ombres, mais dans les conseils du Très-Haut."

Avec le temps, les Mystères connurent la corruption; la lainière, la vie intérieure se retirèrent d'eux en grande partie; mais ils ne moururent pas en entier. Malgré l'Église, il y eut, à travers les âges les plus sombres, lorsque tous ceux que l'on soupçonnait d'hérésie étaient persécutés sans pitié, et où il semblait que toute science fût morte, et tout progrès intellectuel impossible, il y eut, dis-je, néanmoins, des sociétés à demi secrètes qui continuèrent en partie l'œuvre des Mystères. Il y eut les Templiers, les Rose-Croix, les Chevaliers de la Lumière, les frères d'Asie, et beaucoup d'autres sociétés occultes. Il est vrai que beaucoup d'entre elles paraissent n'avoir possédé qu'une science bien faible et bien voilée. Et cependant, alors comme toujours, Ceux qui savent veillaient dans l'ombre, et tous ceux qui cherchaient ardemment la vérité parvenaient à la découvrir.

De nos jours, cette recherche est évidemment beaucoup plus facile qu'auparavant. Le monde se trouve aujourd'hui dans des conditions très différentes; la découverte de l'imprimerie a permis de répandre partout la science, et Ceux qui se trouvent dans l'ombre et dirigent les destinées du monde, ont jugé bon de soulever un petit coin du voile, de mettre sous les yeux des hommes, ouvertement et sans réserve, une parcelle au moins de ce qui, si longtemps, avait été jalousement tenu secret. Le monde, en général, a évolué, et on espère qu'un peu plus de connaissance peut nous être confié en toute sécurité; comme l'a dit le Christ autrefois : "Beaucoup de prophètes et de rois ont désiré voir les choses que nous voyons et ne les ont pas vues, ont désiré entendre les choses que nous entendons et ne les ont pas entendues." De tout cela nous jouissons librement dans la Société théosophique, mais si on nous le donne libéralement, ce n'est pas une raison pour le mépriser et nous montrer ingrats. Nous ne devons qu'en estimer davantage ce bien qui nous appartient; notre responsabilité, quant à l'usage que nous en ferons, n'en est que plus grande.

Les occasions qui nous sont offertes sont plus importantes que celles de nos ancêtres, veillons à nous en montrer digne : Ne les faisons pas servir à des fins égoïstes, ni à notre gain personnel, comme les habitants de l'Atlantide, mais, à mesure que nous obtenons plus de puissance et de connaissance, prenons soin de nous laisser guider toujours par un amour plus grand, de façon à nous servir de ce que nous apprenons pour le développement de l'humanité et pour le bien de nos semblables.

CHAPITRE IV

LE BOUDDHISME

Il est évidemment impossible de présenter de façon adéquate, en une conférence d'une heure, une des grandes religions du monde, surtout lorsque cette religion est probablement inconnue à beaucoup des auditeurs. Je ne me propose donc pas de vous donner les détails, ni même la charpente du sujet ; ceux qui en ont le désir pourront aussi bien les trouver dans n'importe quelle encyclopédie. Je voudrais avant tout m'efforcer de vous faire connaître un peu la vie de cette religion, et, plutôt que de citer des livres, vous montrer son action opérant aujourd'hui comme une force vivante sur ceux qui acceptent ses enseignements.

J'ai travaillé pendant plusieurs années parmi les Bouddhistes de Ceylan et de Birmanie, comme membre de la Société théosophique, et j'ai été reçu membre de l'église bouddhiste du Sud par le Grand Prêtre Hikkaduwe Sumangala. Bien qu'il me faille faire quelques citations, j'en abuserai le moins possible, et j'essaierai plutôt de vous donner mon impression personnelle sur cette grande religion. Il me faut d'abord vous raconter en quelques mots la vie de son fondateur ; j'esquisserai ensuite les grandes lignes de la religion, et en dernier lieu, je vous parlerai un peu de son action pratique.

Vie du Fondateur

L'histoire de la vie de son fondateur est une des plus belles qu'on ait jamais racontées, mais je ne peux vous en donner qu'un bref aperçu Ceux qui désireraient la lire, racontée, comme elle mérite de l'être, dans des vers éclatants et mélodieux, devraient lire *La lumière d'Asie*, par Sir Edwin Arnold. Et vraiment, dans sa poésie sublime, c'est certainement le plus bel exposé imaginable des principes de cette grande religion, que celui que nous a donné Sir Edwin Arnold dans ses vers incomparables. Et si j'ai le privilège de faire connaître ce livre à quelqu'un qui l'ignorerait encore, ce lecteur, assurément, contractera vis-à-vis de moi une dette de gratitude.

Je vous dirai donc brièvement que ce noble fondateur fut le prince Siddartha Gautama de Kapilavastu, ville située aux Indes, à environ cent milles au nord-est de Bénarès, à moins de quarante milles des derniers contreforts des monts Himalaya. Il était fils de Suddhodana, roi des Sakyas, et de son épouse la reine Maya. Il naquit en l'an 623 avant Jésus Christ et à sa naissance, comme à celle de tous les Grands Instructeurs se rattachent beaucoup de belles légendes. On raconte que des présages variés se manifestèrent : que par exemple, une étoile merveilleuse apparut, tout comme on le raconta plus tard pour la naissance du Christ. Son père le roi, comme cela était naturel pour un souverain indien, fit tirer l'horoscope de l'enfant immédiatement après sa naissance, et on lui prédit une destinée très remarquable et exceptionnelle. On assura qu'un grand choix s'offrirait à lui, que, dans l'une ou l'autre alternative, il surpasserait tous les hommes de son temps, que, selon la voie qu'il aurait choisie, il pourrait, ou bien devenir un roi d'un pouvoir temporel bien supérieur à celui de son père, une sorte d'empereur, de suzerain de toute la péninsule indienne, tel qu'il en a surgi de temps à autre dans l'histoire ; ou bien abandonner absolument tous les privilèges de sa naissance princière pour devenir un ascète errant, voué à la pauvreté et à la chasteté perpétuelles. Mais, s'il choisissait cette dernière destinée, il serait aussi le plus grand Instructeur religieux que le monde ait jamais vu, et les millions d'êtres qui le suivraient alors dépasseraient de beaucoup le chiffre des sujets de n'importe quel royaume terrestre.

Nous ne pouvons guère nous étonner que le roi Suddhodana se soit quelque peu épouvanté de cette existence de mendiant pour son premier-né, et qu'il ait préféré voir sa lignée royale se perpétuer et grandir en puissance. Aussi s'efforça-t-il, au début, de diriger le choix du prince vers les biens temporels, plutôt que vers les biens spirituels ; et sachant bien que l'acceptation de la vie spirituelle serait déterminée par la vue des peines et des souffrances du monde, ainsi que par le désir d'y apporter un remède, il résolut, dit l'histoire, d'écarter des yeux du prince tout ce qui pourrait le faire réfléchir sur ces tristes sujets. On nous dit qu'il résolut de cacher au prince la vieillesse et la mort, de le faire élever au milieu des plaisirs matériels, et de lui apprendre à se consacrer à la gloire et à la puissance de la maison royale. Le prince habitait un superbe palais, entouré de jardins vastes et magnifiques, dans lequel il était en réalité prisonnier sans s'en douter. Il avait autour de lui tout ce qui pouvait lui procurer de la joie ; on ne permettait qu'à tout ce qui était jeune et beau de l'approcher, et tous les malades et les malheureux étaient soigneusement tenus loin de sa vue.

Il semble donc avoir passé ses jeunes années dans ce monde étrange, fermé, et malgré tout charmant. Le jeune homme grandit, atteignit l'âge du mariage, et fut alors fiancé à Yasodhara, fille du roi Suprabuddha. On crut que ce nouveau lien suffirait à remplir la vie du prince, et cependant on raconte que, de temps à autre, le souvenir de ses vies antérieures venait à son esprit ; la vague intuition d'un devoir pressant encore inaccompli, venait troubler son repos. Bientôt son inquiétude s'accrut, et il semble qu'il ait demandé avec insistance à aller dans le monde extérieur pour connaître une autre vie que la sienne. On raconte comment, de cette façon, il se vit pour la première fois, en face de la vieillesse, de la maladie et de la mort ; profondément ému à la vue de ces choses qui nous semblent si ordinaires, mais qui étaient pour lui nouvelles et étrangères, il fut vivement affecté du triste sort de ses semblables. Ayant enfin rencontré un jour un saint ermite, il fut extrêmement impressionné par la sérénité et la noblesse de son aspect, et il comprit que celui-là, du moins, s'élevait au-dessus des maux inévitables de la vie. À partir de cette époque son désir de mener la vie spirituelle devint de plus en plus fort, bien qu'il eût épousé Yasodhara et eût un fils Rahula. Enfin, dans sa trente-neuvième année, il abandonna définitivement son rang princier, laissant toutes ses richesses à sa femme et à son fils, et, devenu ascète, il se dirigea vers la jungle.

Naturellement, à ce moment, lui, son père et tous les habitants de l'Inde, appartenaient à la belle religion indoue, et ce fut, par conséquent, quelques-uns des brahmanes ascètes les plus renommés qu'il alla trouver pour recevoir aide et direction dans sa nouvelle vie. Pendant six années, il passa en vain de l'un à l'autre, essayant d'apprendre d'eux la véritable solution du problème de la vie et le remède à la misère du monde. D'après leur enseignement, seuls l'ascétisme le plus sévère et les pénitences les plus rudes que l'on puisse s'imposer, donnaient l'espoir d'échapper aux souffrances et aux tristesses qui sont l'héritage de tous les hommes. Il essaya donc leurs systèmes les uns après les autres, aspirant toujours à quelque chose de plus grand, de plus vrai, et de plus réel. Finalement, un ascétisme aussi rigoureux et aussi continu, influa sur sa santé, et on raconte qu'un jour il s'évanouit de faim et faillit mourir. Il se remit et comprit que ce pouvait être là certainement une façon de sortir du monde, mais que ce n'était évidemment pas le moyen d'y ramener la vie ; et il se dit que, s'il voulait aider ses semblables, il lui fallait vivre assez longtemps pour trouver la vérité qui les libèrerait.

Il semble donc, dès le début, avoir adopté l'attitude la plus désintéressée. Il avait pour lui-même tout ce qui peut rendre la vie heureuse et cependant la souffrance muette des multitudes innombrables lui tenait tant à cœur, qu'aussi longtemps que cette souffrance n'était pas soulagée, nul bonheur n'était possible pour lui. Ce fut pour les multitudes, non pour lui-même, qu'il chercha le moyen d'échapper à la misère de la vie physique ; pour elles, non pour lui-même, qu'il sentit le besoin d'une vie plus élevée, que tous pourraient vivre.

S'étant ainsi aperçu que toutes les pratiques ascétiques ne servaient à rien, il résolut d'essayer de développer son esprit par la plus haute méditation. Il s'assit donc sous l'arbre Bôdhi, décidé à trouver, par la seule force de son âme, la vérité qu'il cherchait. Il resta là à méditer, passant en revue toutes choses, essayant de pénétrer au cœur de la vie et d'en trouver la cause, s'efforçant d'élever sa conscience à un niveau supérieur. À la fin, par un effort suprême, il réussit, et vit se dérouler devant lui le plan superbe de l'évolution, et la véritable destinée de l'homme. C'est ainsi qu'il devint le Bouddha, l'Illuminé, et il se mit en route pour partager, avec ses semblables, la connaissance merveilleuse qu'il avait conquise. Il prêcha sa nouvelle doctrine, commençant par un sermon qui a été conservé dans les livres sacrés de ses fidèles. Dans sa propre langue, le Pâli (qui est encore aujourd'hui pour les Bouddhistes, la langue sacrée, comme le latin est celle de l'Église catholique), ce premier sermon est connu sous le nom de Dhammachakkappavattana Sutta, que l'on a traduit : "La mise en mouvement des roues du charriot royal du Royaume de la Justice".

Vous pourrez en trouver la traduction littérale dans les livres de nos orientalistes modernes ; mais si vous voulez saisir l'esprit véritable de ces paroles, vous ferez bien de prendre le livre VIII du merveilleux poème de Sir Edwin Arnold. Je ne saurais dire si le poète donne, aussi exactement que les savants orientalistes, le sens littéral de chaque mot, mais je sais bien qu'il donne ce que nul autre n'avait encore donné en anglais : l'esprit qui pénètre toute cette sublime religion de l'Orient. J'ai vécu parmi les gens de ce pays, j'ai pris part à leurs fêtes religieuses, et je connais le sentiment de leur cœur ; la lecture de *la Lumière d'Asie* me remet devant les yeux, d'une façon vivante, toute la scène telle que je l'ai vue tant de fois, tandis que l'exactitude pédante et guindée de l'orientaliste n'éveille en moi aucun écho de la musique mystique de l'Orient.

En résumé, le Bouddha expose à ses auditeurs, ce qu'il appelait "La voie moyenne". Il déclare que les extrêmes dans chaque direction sont également déraisonnables ; élue, d'une part, la vie de l'homme du monde, complètement absorbé par ses affaires, poursuivant ses rêves de richesse et de puissance, est déraisonnable et défectueuse, parce qu'elle laisse de côté tout ce qui est réellement digne de considération. Mais il enseigna aussi que, d'autre part, l'ascétisme exagéré qui conseille à l'homme de tourner le dos au monde, de s'appliquer exclusivement et d'une façon égoïste à essayer de l'oublier complètement pour se tenir à l'écart, est également déraisonnable. Il affirme que la voie moyenne du devoir et de la vérité est la meilleure et la plus sure, et que, si la vie entièrement spirituelle est possible pour ceux qui sont prêts à l'adopter, il y a également une vie spirituelle, vertueuse et sincère, pour l'homme qui accomplit sa tâche et garde encore sa place dans le monde.

Le Bouddha fonda sa doctrine sur la raison et le sens commun ; il n'exigeait d'aucun une foi aveugle, mais disait à tous d'ouvrir les yeux et de regarder autour d'eux. Il déclarait que, malgré toute la souffrance et la misère du monde, le grand système dont l'homme fait partie, repose sur la justice éternelle, que la loi qui nous gouverne est une bonne loi, et que nous n'avons qu'à la comprendre et à nous y adapter. Il déclarait que l'homme cause ses propres souffrances en cédant continuellement au désir d'acquérir ce qu'il n'a pas, et qu'il arrive au bonheur et au contentement bien plus tôt en limitant ses désirs qu'en augmentant ses possessions.

Il prêcha cette "Voie moyenne" pendant quarante-cinq ans, avec le plus grand succès dans l'Inde entière, et il mourut enfin âgé de quatre-vingts ans dans la ville de Kusinagara en l'an 543 avant Jésus-Christ. Les dates que je donne ici sont celles des livres orientaux; bien que les orientalistes d'Europe aient d'abord refusé de les accepter, et aient essayé de prouver que la vie du Bouddha était beaucoup plus proche de l'ère chrétienne des découvertes plus récentes les ont forcés à les reculer, et la plupart reconnaissent aujourd'hui que les documents originaux avaient raison.

L'histoire et les édits du grand empereur bouddhiste Asoka ont beaucoup aidé à éclaircir cette question de chronologie, et le Mahawanso de Ceylan nous donne un récit détaillé et précis, que l'on trouve plus complet et plus précis à mesure que l'on approfondit son étude.

De sorte qu'aujourd'hui les dates de la vie du Bouddha sont généralement acceptées. Il est difficile de dire jusqu'à quel point nous pouvons accorder créance aux détails de cette vie. Il est probable que le respect et l'affection des admirateurs du Bouddha la recouvrirent d'un voile et d'une auréole de légende, comme cela s'est passé pour les autres grands instructeurs religieux. Cependant personne ne peut nier que nous avons là une fort belle histoire, racontant la vie d'un homme d'une sainteté parfaite, d'une pureté absolue et d'une clarté de vision spirituelle merveilleuse. Comme l'a très bien dit Barthélemy Saint-Hilaire : "Sa vie est absolument sans tache; son héroïsme constant égale sa conviction; il est un exemple parfait de toutes les vertus qu'il prêche; son abnégation, sa charité, sa douceur inaltérable ne l'abandonnent jamais un seul instant. Il prépare en silence sa doctrine pendant six années de labeur et de méditation; il la propage par la seule puissance de la parole et de la persuasion pendant plus d'un demi-siècle, et quand il meurt entre les bras de ses disciples, c'est avec la certitude du sage qui toute sa vie s'est attaché à ce qu'il y a de plus haut, et qui est assuré d'avoir trouvé la vérité."

Sa doctrine

Examinons maintenant les grands principes de sa doctrine. On lui demanda une fois s'il ne lui était pas possible de la résumer en une seule sutta, ou strophe de quatre lignes, et il répondit ce qui suit :
> Sabbapâpassa akaranam ;
> Kusalassa upasampadà ;
> Sa ohittaparyo dapanam ;
> Etam Buddhlina sâsanam."

et que l'on peut à peu près traduire ainsi :
> Cessez de faire le mal ;
> Apprenez à faire le bien ;
> Purifiez votre propre cœur,
> Telle est la religion des Bouddhas.

Comme on peut le voir, c'est là une définition très belle et très compréhensive. On recommande d'abord à l'homme de renoncer à toute activité qui soit mauvaise d'une façon ou d'une autre ; mais il ne doit nullement se borner à cela, il lui faut agir dans une autre direction et "apprendre à faire le bien". Puis, ayant ainsi réglé sa conduite en ce qui concerne le monde extérieur, on lui dit de purifier son propre cœur, et ce dernier commandement a une si grande portée qu'il s'étend à peu près à toute la vie spirituelle.

La base de l'enseignement du Bouddha fut toujours le sens commun et la justice. Il prétendait être écouté, simplement parce que ce qu'il disait était clair et compréhensible, et il recommanda si énergiquement cette attitude à ses disciples que, lors du concile oecuménique des moines bouddhistes tenu à Vaisâli, quand il s'agit de décider si certaines doctrines avaient réellement fait partie de l'enseignement du Bouddha, on adopta à l'unanimité la résolution suivante : "Cela seul peut être considéré comme ayant été enseigné par le Bouddha, qui n'est pas en contradiction avec la saine raison" (Schla-gintiveit: *Le Bouddhisme au Tibet*, p. 21). On ne peut s'empêcher de regretter que les conciles oecuméniques de l'Église chrétienne n'aient pas adopté semblable résolution, car alors les absurdités qui se sont cristallisées autour de la vraie croyance n'auraient jamais pu devenir cet édifice gigantesque mais sans fondement, de la théologie orthodoxe moderne.

Cette décision du Concile est d'ailleurs d'accord avec ce que le Bouddha lui-même avait répondu aux habitants du village de Kàlâma, quand ceux-ci étaient venus le trouver pour lui demander ce qu'ils devaient croire de toutes les doctrines variées répandues de par le monde. Sa réponse fut la suivante: "Ne croyez pas à ce qu'on vous dit, simplement parce qu'on vous le dit, ou aux traditions parce qu'elles nous ont été transmises depuis l'antiquité; ni aux rumeurs; ni aux écrits des sages, simplement parce que les sages les ont écrits; ni aux imaginations que vous supposez inspirées d'un Deva (c'est-à-dire aux inspirations soi-disant spirituelles); ni aux conclusions tirées de quelque hypothèse hasardeuse que vous avez pu faire; ni à ce qui vous semble amené nécessairement par la loi d'analogie; ni sur la simple autorité de vos instructeurs ou de vos maîtres. Mais croyez lorsque l'écrit, la doctrine ou la maxime est en accord avec votre jugement. Car voici ce que je vous ai enseigné: ne pas croire simplement parce que vous avez entendu, mais quand vous avez fait appel à votre propre jugement; agir alors d'après votre croyance et sans hésitation."

Ces paroles se trouvent dans le Kalama Sutta de l'Anguttara Nileya et il est certain que l'attitude qu'elles représentent est l'attitude la plus belle que n'importe quel instructeur puisse adopter.

Le Bouddhisme n'a donc pas de crédo; il nous demande de voir les choses telles qu'elles sont. C'est la seule religion au monde qui soit absolument sans dogmes, sans rites, sans prêtres. D'après ses enseignements, tout homme est, d'une façon absolue, le créateur de sa propre destinée, dans les limites des lois inflexibles de la justice.

Est bouddhiste celui qui suit les préceptes de Bouddha et mène la vie qu'il a prescrite, de sorte que parmi nous, il peut y avoir beaucoup de bouddhistes qui n'ont jamais lu un mot des merveilleux discours du Bouddha. Cette religion reconnaît, de plus, qu'il y a différentes catégories d'êtres humains, et que les uns ont besoin d'une connaissance plus parfaite que celle qui est à la portée des autres. J'ai eu l'occasion d'insister sur ce point en parlant du
Christianisme ; il en est de même du Bouddhisme. Le Bouddha lui-même dit, il est vrai, dans le Paranibbana Sulla, qu'il ne donne pas le poing fermé, comme certains instructeurs qui gardent pour eux une partie de leur science ; mais si évidemment il voulait dire par là qu'il enseignait libéralement, il est certain aussi que la véritable base de la grande loi ne peut être comprise que par ceux qui ont développé leur intelligence. Nous voyons qu'il parlait en paraboles et racontait des histoires aux masses ignorantes, tout comme le Christ ; mais il a prêché aussi le Sulla Pitaka pour les plus avancés, il a donné le Vinaya Pitaka pour servir de règle aux moines de son ordre, et enfin il a laissé l'Abhidharnma Pitaka, ou enseignement philosophique et psychologique pour les esprits supérieurs.

Tout en insistant sur la possibilité et le devoir de mener une vie pure au milieu du monde, il enseigna aussi que la vie supérieure est celle qui est consacrée à se développer spirituellement et à aider les hommes. Dans ce but il fonda le fameux ordre monastique du Sangha, dont je parlerai dans un instant.

Les quatre nobles vérités

Un des caractères intéressants de l'enseignement du Bouddha est la façon dont toutes choses sont classées et disposées sous différents titres qui aident la mémoire. Dans son premier sermon il commence par réciter les quatre nobles vérités. Elles représentent les quatre anneaux d'une chaîne d'arguments, et à chacune se rattache une explication détaillée; mais le tout est disposé de telle sorte qu'un seul mot évoque aussitôt à l'esprit de l'étudiant l'argument tout entier, il serait donc presque impossible à l'homme le moins intelligent qui aurait une fois appris la chaîne du raisonnement, d'en oublier un seul anneau. Les quatre vérités sont:

- La souffrance.
- La cause de la souffrance.
- La cessation de la souffrance.
- Le moyen d'arriver à la cessation de la souffrance. Il explique ainsi la première vérité.

La vie entière de l'homme du monde est: ou pleine de souffrance, ou peut-être, à tout moment, susceptible d'être assujettie à la souffrance. L'homme s'efforce constamment d'atteindre ce qu'il ne possède pas, et souffre s'il ne peut l'obtenir; ou bien il craint constamment d'être dépossédé de ce qu'il a déjà. L'homme souffre parce qu'il perd ceux qu'il aime ou ce à quoi il était fortement attaché; il souffre parfois parce qu'il désire l'affection qui ne lui est pas donnée, et parce que ce qu'il aime s'éloigne de lui. Il souffre de la crainte de la mort, ou bien pour lui-même, ou pour ceux qu'il chérit. Ainsi, d'un bout à l'autre, la vie de l'homme ordinaire est plus ou moins une vie de soucis et de souffrances.

Il passe ensuite à la seconde vérité et se met à rechercher ce qui cause la souffrance: après une analyse minutieuse, il en vient à conclure que la cause de toute souffrance est le désir inférieur. Si un homme ne désire ni richesse, ni gloire, il restera serein et impassible, que ces choses lui viennent ou qu'elles lui soient enlevées. Si son affection s'attache à ce qu'il a de plus élevé, s'il aime son ami et non seulement le corps physique de son ami, il ne pourra jamais être séparé de lui, une telle affection ne pourra ni décliner, ni finir. L'homme souffre parfois quand la vieillesse s'abat sur lui; mais ce n'est que lorsqu'il désire ardemment les facultés physiques dont il se sent alors dépourvu. S'il se rendait compte que l'âme ne change pas quand les facultés corporelles faiblissent, il n'aurait plus aucune raison de souffrir de l'usure de son vêtement terrestre.

Nous arrivons ainsi à la troisième noble vérité, la cessation de la souffrance, et naturellement la seule manière d'y échapper est d'éloigner les désirs inférieurs. Le Bouddha explique donc comment, en fixant nos pensées sur ce qu'il y a de plus élevé, en apprenant à nous détacher de ce qui est moins élevé, nous ne souffrirons plus et deviendrons calmes et sereins. Un homme peut vivre très heureux sur le plan physique s'il ne s'y laisse pas attacher par le désir. Contentez-vous de ce que vous avez, acceptez la vie ici-bas avec une philosophie sereine, et la souffrance cessera.

La quatrième noble vérité nous montre la manière dont nous pouvons arriver à cette absence de désirs. La vie qui y conduit, dit-il, renferme huit étapes, aussi est-elle constamment mentionnée dans la littérature indoue sous le nom de "Noble voie octuple". La première de ces étapes est la Croyance correcte ; mais il est nécessaire de bien comprendre ce mot. Aucune croyance aveugle en quoi que ce soit n'est exigée dans le Bouddhisme, au contraire, une telle foi est nettement condamnée. Un homme doit croire non parce qu'on lui dit qu'une chose est vraie, mais parce qu'il la trouve essentiellement rationnelle. Cependant, à moins qu'il ne soit assuré de la vérité de certains faits importants, il est peu probable qu'il fasse les efforts nécessaires pour avancer sur la voie de l'évolution.

La définition de cette Croyance correcte se rapproche beaucoup d'une des données théosophiques, car c'est la Croyance à la loi parfaite de justice, ou loi de cause et d'effet, et à la possibilité d'atteindre le bien suprême en suivant le sentier de sainteté. Ces postulats conduiront l'homme à la seconde étape, la Pensée correcte, d'où il passera naturellement à la troisième et à la quatrième qui sont la Parole et l'Action correctes. Une autre nécessité pour l'homme qui vit dans le monde est la cinquième étape, les Moyens d'existence corrects, ou légitimes, et pour savoir si la façon dont il gagne sa vie est honnête, l'homme n'a qu'à se demander si elle ne nuit à aucune créature.

La sixième étape s'appelle l'Énergie correcte ou l'Effort correct. Le mot, en Pâli, signifie aussi "forcer, c'est-à-dire que nous ne devons pas seulement nous contenter d'être bons passivement, mais nous efforcer d'être utiles à nos semblables.

La septième étape que l'on a traduite "le Souvenir correct" implique le souvenir et la discipline intérieure ; on doit se rappeler ce que l'on a fait de mal afin d'avoir soin d'éviter de retomber dans la même erreur.

Enfin la dernière étape s'appelle la Concentration ou Méditation correcte, c'est-à-dire la maîtrise absolue de la pensée qui est alors dirigée vers des objets élevés et désintéressés.

Ces huit étapes sont nécessaires, dit le Bouddha, pour que l'homme qui vit encore dans le monde se libère suffisamment de la puissance de ce monde pour pouvoir vivre sage et heureux.

À l'homme dans la vie ordinaire sont aussi donnés les Paneha Sila, ou cinq commandements, dont je parlerai tout à l'heure.

L'ORDRE DES MOINES À ROBE JAUNE

Le Bouddha a cependant d'autres règles pour le Sangha, règles qu'adopte l'ordre des moines à robe jaune. Ces moines sont, dit-on souvent, ceux qui aident le monde. Ce Sangha ressemble en beaucoup de points aux ordres monastiques chrétiens. Les moines y font vœu de pauvreté et de chasteté parfaites, mais avec cette différence qui est tout à l'avantage de la règle bouddhiste, qu'on ne leur permet pas de faire de vœux perpétuels. Nous savons qu'il arrive assez souvent en Europe qu'un homme entre dans un ordre monastique quelconque, sous l'influence de l'enthousiasme religieux, ou peut-être par dégoût du monde, ou après un grand chagrin. Plus tard, lorsque l'émotion s'est calmée, il s'aperçoit parfois qu'il n'a, en réalité, aucune vocation pour la vie religieuse, mais, ses vœux étant irrévocables, aucun changement n'est possible pour lui, et il en résulte souvent de grandes souffrances.

Dans le système bouddhiste, ce cas est pleinement prévu. Quiconque s'en est montré digne par sa vie peut se préparer à ce qu'on appelle "l'ordination" ou admission dans la confrérie des moines. Si après quelques mois ou années, il croit ne plus pouvoir obéir aux règles très strictes de la vie monastique, il peut quitter la robe et reprendre, dans le monde, la vie ordinaire, sans être pour cela l'objet d'aucun blâme. Personne ne l'en juge plus mal, il a simplement essayé de mener une vie à laquelle il n'était pas entièrement préparé ; il lui faut encore passer quelques années dans le monde afin de se développer et d'arriver à l'état requis, mais nul ne songe à lui en faire un reproche. En Birmanie, il est même d'usage pour tous les hommes de revêtir la robe, au moins pendant quelque temps. Ceux qui sentent que c'est là la vie qui leur convient, la gardent et deviennent définitivement membres de l'ordre ; les autres la quittent après une année environ de vie monastique, et rentrent dans leurs foyers, sans avoir rien perdu, (bien au contraire), pour avoir tenté cette courte expérience d'une vie plus élevée.

Il faut se rappeler que ce n'est pas du tout la même chose d'être grand instructeur religieux en Orient, et d'être à la tête de quelque grande religion en Occident. L'instructeur oriental ne jouit pas d'un revenu princier ; il ne se promène pas en voiture avec toute la pompe d'un souverain. C'est parce que les évêques et les missionnaires chrétiens mènent cette vie-là qu'aucun Oriental ne les prend pour de véritables instructeurs religieux. En Orient, l'instructeur religieux est un homme qui consacre sa vie à la plus haute spiritualité, qui observe la pureté la plus absolue, qui ne touche jamais à l'argent sous quelque forme que ce soit, dont la première règle est de ne rien posséder si ce n'est les robes qu'il porte, et encore ces robes sont-elles faites de façon à n'avoir aucune valeur commerciale si on les vendait.

D'autre part, en Orient, le respect universel pour la vie spirituelle est si grand que l'on marque plus de déférence au plus jeune et au plus pauvre des instructeurs qu'au roi. Le respect que l'on a pour la robe jaune des moines bouddhistes est remarquable et édifiant, et j'ai quelquefois vu les plus riches et les plus importants potentats d'une ville, se lever respectueusement et se tenir debout, la tête baissée, en présence d'un jeune novice qui venait de revêtir la robe. On a, à Ceylan, le plus grand respect pour les chefs
héréditaires du peuple, pour les descendants de la famille royale ; cela est si vrai que j'ai vu, à maintes reprises, les passants quitter le milieu de la route pour laisser passer un chef, tout le monde se tenant à l'écart et s'inclinant jusqu'à ce qu'il fût passé. Cependant ces mêmes chefs, réunis en assemblée solennelle, se lèvent immédiatement si le plus jeune membre du Sangha entre dans la salle, et ils restent debout jusqu'à ce qu'on les prié de s'asseoir, tant on respecte, dans tout le monde bouddhiste, la robe jaune des moines.

LA VIE DES MOINES

La vie de ces moines est toute de renoncement. Non seulement ils ne possèdent aucun bien matériel, mais ils ne prennent qu'une nourriture parfaitement simple, telle qu'on la leur donne, sans choisir ni récriminer. Ils passent leur vie à étudier et à méditer, et doivent aussi prêcher au peuple à certaines époques déterminées. La principale fête bouddhiste est la pleine lune, mais toutes les autres phases de la lune sont des fêtes secondaires, de sorte qu'en somme, on se rend au temple toutes les semaines, tout comme, dans nos pays d'Occident, les gens vont à l'église le dimanche. Le devoir des moines est aussi de concilier et d'exhorter tous ceux qui viennent les trouver ; de lire, soit en public en certaines occasions, soit dans la demeure d'un malade si on le leur demande, la cérémonie Pirit, c'est-à-dire les paroles de consolation et de bénédiction.

Les membres du Sangha sont souvent représentés dans les livres de voyage, et, dans ces sortes d'ouvrages, on leur donne généralement le nom de prêtres, appellation à la fois erronée et trompeuse. Les idées que les Chrétiens ou les Juifs attachent à ce mot de prêtre sont absolument étrangères au Bouddhisme. On ne songe nullement à établir un intermédiaire entre l'homme et la grande loi de justice divine ; on ne pense pas que l'homme ait besoin qu'on fasse pour lui, ce qu'un prêtre est supposé faire. De sorte que quand nous rencontrons cette expression : "un prêtre bouddhiste", nous devons toujours nous rappeler que cela signifie seulement un moine, quelqu'un qui mène une vie retirée et entièrement consacrée à la religion. Son degré de développement est censé l'éloigner entièrement des choses de ce monde, et l'amener à cette condition supérieure dont j'ai parlé dans *Clairvoyance* et dans *L'autre côté de la Mort*. Il est supposé avoir définitivement mis le pied sur le Sentier de Sainteté, le Sentier qui le conduit au Nirvâna.

Dans les derniers chapitres des *Aides invisibles* j'ai exposé d'une façon détaillée les étapes de ce Sentier, et les qualités que le candidat doit développer à chacune de ces étapes. Je ne les répèterai donc pas ici, et pourtant je recommanderai très vivement leur étude à quiconque désire comprendre la beauté et l'élévation de cette sublime religion.

Le Nirvâna

Il y a cependant un autre point que je ne dois pas oublier de mentionner ici, en ce qui concerne le but du sentier, le Nirvâna ; car il y a eu, à ce propos, un malentendu à peu près général. La définition que donne le Bouddha lui-même du Nirvâna, est tellement au-dessus de la compréhension de tous ceux qui ont été habitués aux seules méthodes ordinaires de pensée répandues dans le monde, qu'il n'est pas bien étonnant qu'au premier abord cette définition ait été mal comprise des orientalistes européens. Max Müller lui-même, le grand érudit orientaliste d'Oxford, crut pendant nombre d'années que Nirvâna signifiait simplement anéantissement. Plus tard, cependant, à force d'étude et de recherche, il comprit qu'il s'était trompé, et à vrai dire, quiconque a vécu parmi les bouddhistes ne peut supposer, un seul instant, que l'anéantissement soit le but qu'ils s'efforcent d'atteindre.

Il est vrai que, pour atteindre Nirvâna, il faut d'abord annihiler complètement le côté inférieur, c'est-à-dire la seule chose que nous connaissions de l'homme pour le moment. La personnalité, comme tout ce qui se rattache aux véhicules inférieurs, est transitoire et disparaîtra. Si nous essayons d'imaginer ce que serait l'homme dépourvu de tout ce que représentent ces mots, nous verrons qu'actuellement il nous est difficile de comprendre qu'il puisse rester quelque chose. Et pourtant la vérité est que tout reste, que dans l'esprit glorieux qui existe alors; subsiste, au plus haut degré, l'essence de toutes les qualités qui ont été développées au cours de longs siècles de luttes et d'efforts dans les incarnations terrestres. L'homme est devenu surhumain, puisqu'il est alors sur le seuil de la Divinité; et cependant il est encore lui-même, quoique son individualité se soit largement accrue.

On a donné beaucoup de définitions du Nirvâna, et naturellement aucune d'elles ne saurait être satisfaisante; peut-être celle qui se rapproche le plus de la vérité serait-elle: "la paix dans l'omniscience". Lorsqu'il y a plusieurs années je préparais un catéchisme élémentaire de leur religion pour les enfants bouddhistes, le grand-prêtre Abbot Sumangala me dit lui-même que la meilleure définition à leur présenter était la suivante: Le Nirvâna est un état de paix et de félicité si fort au-dessus de notre condition actuelle qu'il nous est impossible de le comprendre." Cela ressemble fort peu à l'anéantissement; tout ce que nous appelons aujourd'hui l'homme a disparu il est vrai, mais l'individualité n'est pas annihilée, elle est perdue dans la Divinité.

Résultat pratique

Abordons maintenant la troisième partie de cette étude, et étudions un peu le côté pratique de cette grande religion telle qu'elle existe aujourd'hui. Pour ma part, je puis dire qu'elle produit d'excellents résultats. Naturellement il y a de bons et de mauvais hommes dans toutes les nations, et il y a, en Birmanie et à Ceylan, des hommes qui ne sont bouddhistes que de nom, tout comme il y en a, chez nous, qui ne sont chrétiens que de nom. Mais les statistiques prouvent, d'une façon évidente, que la criminalité est bien inférieure, parmi les bouddhistes de Ceylan, à ce qu'elle est dans les États d'Europe ou d'Ardérique.

Une des principales raisons en est que la plupart des crimes sont dus à l'alcoolisme, et que l'alcool est absolument défendu par la religion bouddhiste. Cela rend la vie d'une nation bien différente. Malheureusement les Européens ont introduit les liqueurs alcooliques chez les peuples bouddhistes comme chez les autres, car c'est là le signe de leur soi-disant civilisation. De sorte qu'aujourd'hui on peut trouver çà et là, même parmi les bouddhistes, un homme qui viole les préceptes de sa religion, et touche à la boisson défendue ; mais il sait très bien à quel avilissement cela le conduit, et l'opinion populaire le regarde toujours comme un être vicieux, tout comme cela arrive en Occident pour un voleur ou un individu qui s'est livré à des actes de violence. Je crois que les Occidentaux ont du mal à comprendre quels changements produit dans la vie d'une nation, l'absence de cette habitude néfaste.

Je voudrais pouvoir vous montrer jusqu'à quel point cette sublime religion de l'Orient pénètre la vie journalière de tous ceux qui la professent, afin de vous donner un tableau parfait de cette merveilleuse vie orientale, et de vous faire comprendre le charme de cette atmosphère si complètement différente de ce qu'on voit partout ailleurs. La façon de considérer la religion là-bas se distingue tellement de nos conceptions européennes, qu'il est fort difficile de la faire comprendre tout à fait à quiconque n'a pas vécu dans ce milieu et ne l'a pas observée lui-même. Ici les gens appartiennent à des, sectes variées, et mettent souvent beaucoup d'acharnement et d'âpreté à défendre les doctrines de leur secte particulière pour accuser celles de toutes les autres. Et cependant, dans la grande majorité des cas, cette profession de foi est réservée exclusivement au dimanche et n'a pratiquement aucune influence sur la vie journalière pendant le reste de la semaine.

En Orient, c'est tout le contraire. Chacun a ses convictions religieuses, et demeure parfaitement tolérant à l'égard des convictions de ses voisins. Le Musulman, à la vérité, est presque aussi fanatique que le Chrétien, mais le Brahmaniste et le Bouddhiste sont toujours prêts à admettre que ceux qui ne croient pas comme eux, peuvent très bien, malgré cela, être sur le chemin de la lumière, et ils disent toujours que si l'impie le plus ignorant fait son devoir, d'après ses propres lumières, dans cette vie, il aura certainement dans sa prochaine incarnation l'occasion d'apprendre un peu plus de la vérité qu'il n'en possède à présent, et atteindra par conséquent le but à son tour.

Le Musulman intolérant diffère cependant du Chrétien moyen, car sa religion est du moins pour lui une chose très vivante et très réelle, qui pénètre sa vie entière, et il la considère comme ce qu'il y a de plus beau et de plus sacré. Tous ceux qui ont voyagé en Orient ont, remarqué que lorsque l'appel du Muezzine retentit du haut du minaret, tout Musulman qui l'entend, quelle que soit son occupation, ou la foule qui l'entoure, s'arrête immédiatement, prend son tapis, l'étend, et se prosterne pour prier. Combien de Chrétiens seraient ainsi, trois fois par jour, disposés à s'arrêter au milieu de leur commerce ou de leurs affaires, pour confesser leur foi devant tous, priant et adorant sur la voie publique?

Il en est de même du bouddhiste; il ne fait pas de prière en public, mais sa religion imprègne sa vie entière, comme c'est le cas dans ce pays pour quelques catholiques romains d'une haute piété.

Mais la majorité, dans nos pays, semble établir une cloison étanche entre la religion et la vie quotidienne, de façon à ce qu'elles ne puissent s'interpénétrer. Pour le bouddhiste une telle attitude est incompréhensible et peu sincère, car pour lui la religion est tout, et s'il lui arrive parfois, dans la vie quotidienne, de désobéir à ses préceptes, il l'avoue ensuite avec chagrin, et n'essaie jamais de se justifier en invoquant l'intérêt des affaires, comme on le fait souvent chez nous.

Le bouddhisme en Birmanie

Le meilleur exposé que j'aie lu de l'effet pratique de cette religion sur ses fidèles, se trouve dans *L'Âme d'un peuple*, par H. Fielding. Il est vraiment consolant de trouver un écrivain qui comprenne et apprécie si bien une religion qui n'est pas la sienne, et qui ait si bien saisi l'esprit du bouddhisme, tel qu'il réside au cœur des bouddhistes. Il nous dit que sous sa douce autorité "les Birmans forment une communauté telle qu'on en a probablement jamais vu ailleurs". Il témoigne de la sincérité des moines, et raconte comment, lorsque le pays était en proie aux luttes, "ils vaquaient à leurs affaires, aussi calmes qu'à l'habitude, prêchant la paix et non la guerre, la bonté et non la haine, la pitié et non la vengeance". La différence entre le bouddhisme et notre théologie occidentale moderne a été bien exprimée par un officier de cavalerie anglais lequel expliquait que le Bouddhisme ne pourrait jamais être la religion d'un homme de sa profession. "Ce dont le soldat a besoin, disait-il, c'est d'un Dieu personnel qui sera toujours avec lui, partageant ses opinions, le défendant contre tous. Mais une loi qui déclare sans cesse que le bien est toujours le bien, le mal toujours le mal, que rien ne peut changer l'un en l'autre, que rien ne peut faire que le meurtre soit légitime ni la violence honorable, ce n'est pas une doctrine pour un soldat."

M. Hall sent très bien le charme d'une religion rationnelle, logique, qui reconnaît l'unité de la nature, et la présence universelle de la vie divine. Dans un autre passage de son livre si attrayant, il nous montre la différence qui existe entre la désolante pétrification des théories modernes, et la beauté romantique et vivante de la véritable connaissance.

"La science ne nous a apporté jusqu'à présent que la mort. Plus tard elle nous apportera une vie nouvelle, mais pour l'instant, tout est sombre. Et parce que nous avons perdu notre croyance aux fées, parce que nous ne croyons plus qu'il y a des lutins dans nos grottes, parce qu'il n'y a plus d'esprits dans le vent, ni de voix dans le tonnerre ; nous sommes arrivés à croire que les arbres, les rochers, les fleurs et la tempête sont des choses mortes. Ils sont composés, disons-nous, de substances que nous connaissons bien ; ils sont gouvernés par des lois que nous avons découvertes, et il n'y a pas de vie dans la matière. Pour le bouddhiste comme pour le Grec d'autrefois, toute la nature est, au contraire, vivante.

L'OFFRANDE AU TEMPLE

Voyons maintenant quels sont les commandements spéciaux, les prescriptions de cette religion, auxquels l'homme doit obéir dans la vie ordinaire. Nous avons déjà parlé des Pancha-Sila ou cinq commandements ; mais le fait est que, bien qu'ils soient d'une plus grande portée que notre décalogue, ce ne sont nullement des commandements. Chacun d'eux n'est pas un ordre, mais une affirmation ; il n'a pas la forme d'un ordre d'en haut : "Tu ne feras pas cela", mais c'est l'homme qui affirme : "J'observerai ce précepte ; éviter le péché." Le bouddhiste se rend au temple, avons-nous dit, au moins une fois par semaine, mais beaucoup s'arrangent de façon à y aller quelques minutes chaque jour, et ils n'y vont jamais les mains vides, car chaque fidèle apporte une fleur ou un bouquet qu'il dépose sur l'autel du Bouddha avec quelques paroles d'amour et de gratitude.

Voulant savoir quel est le mobile des simples paysans qui accomplissent chaque jour cette cérémonie, j'ai souvent fait demander au fidèle, par un interprète, pourquoi il offrait ces fleurs au Bouddha, et s'il croyait par-là lui faire plaisir ? On me répondit toujours d'un air surpris : "Comment cela pourrait-il lui faire plaisir, puisqu'il est entré en Nirvana il y a 2 450 ans." Et si je demandais pourquoi alors on lui offre des fleurs, il me fut dit : "Nous les offrons à la mémoire du fondateur de notre religion qui nous a montré le moyen d'échapper à la roue des naissances et des morts ; et nous les déposons devant son image, désirant que notre âme devienne aussi pure que la fleur, et répande, comme elle un doux parfum autour de nous." Ce mot d'autel que j'ai employé pourrait donner lieu à une confusion, car le bouddhiste n'a aucune idée de ce que nous entendons par culte ou sacrifice. Pour lui le Seigneur Bouddha n'est pas un dieu, mais un homme comme nous, quoique fort en avance sur nous ; ce n'est pas quelqu'un qu'il faille adorer, mais simplement aimer et respecter.

Le Bouddhisme peut au moins revendiquer ce grand avantage sur les autres religions, que, au cours de sa longue histoire, ses autels n'ont jamais été souillés de sang ; jamais il ne s'est abaissé, au cours des siècles, à torturer ceux qui ne pensaient pas comme lui. C'est la seule grande religion du monde qui n'ait jamais persécuté, et en cela elle se distingue honorablement des autres. Depuis 2 450 ans, elle poursuit sa course en avant sans verser une goutte de sang, sans qu'un gémissement s'élève sur sa route. Elle n'a jamais trompé le peuple, jamais eu recours à de pieuses fraudes ; elle n'a jamais découragé la littérature, jamais fait appel aux préjugés, jamais eu recours à l'épée. Si l'on pouvait en dire autant même d'une petite secte obscure, ce serait un grand éloge ; mais quand on se rappelle la vaste étendue de cette religion admirable, et le nombre de races qui sont sous sa domination, on ne peut qu'en être émerveillé.

Comme l'a dit Sir Edwin Arnold : "quatre cent soixante-dix millions d'êtres humains vivent et meurent sous la loi du Bouddha ; le domaine spirituel de cet antique instructeur s'étend à l'heure actuelle sur le Népal et Ceylan, sur toute la péninsule orientale jusqu'à la Chine, sur le Japon, le Tibet, l'Asie centrale, la Sibérie, et même la Laponie suédoise. L'Inde elle-même pourrait justement être comprise dans ce magnifique empire religieux, car si la religion bouddhiste elle-même a disparu en grande partie de la patrie de Gautama, ses enseignements ont imprimé leur marque indélébile sur le Brahmanisme moderne, et les Indous doivent évidemment leurs habitudes et leurs convictions les plus caractéristiques, à l'influence des préceptes bouddhistes.

Plus d'un tiers de l'humanité doit ses idées religieuses et morales à ce prince illustre. Des forêts de fleurs sont journellement déposées sur ses autels immaculés, et d'innombrables millions de lèvres répètent chaque jour la formule : "Bouddha est mon refuge."

LES TROIS GUIDES

Ces dernières paroles sont la traduction, pas tout à fait exacte cependant, des premiers mots du *Tisanara* dont la récitation, jointe à celle des cinq préceptes, constitue la seule formule dont se serve l'Église bouddhiste du Sud, dans ses cérémonies publiques. Le mot *Saranam* qui a été si souvent traduit par refuge, semble signifier bien plutôt "guide", de sorte que la formule récitée par chaque Bouddhiste quand il se rend au temple, peut se traduire ainsi :

Je prends le Seigneur Bouddha pour guide.
Je prends sa Loi pour guide.
Je prends son Ordre pour guide.

Le mot *Dharma* que l'on traduit généralement par loi, veut dire en réalité beaucoup plus que ce mot. Ce n'est pas le moins du monde une loi, soit une série de commandements prescrits par le Bouddha, mais simplement l'affirmation des lois universelles par lesquelles l'Univers existe, et par conséquent, l'affirmation des devoirs de l'homme dans le système cosmique. C'est dans ce sens que les expressions citées plus haut sont employées par le bouddhiste. En prononçant le *Tisarana* il ne fait qu'exprimer ce fait: qu'il accepte le Seigneur Bouddha pour guide et instructeur, qu'il adhère à la doctrine enseignée par lui, et reconnaît le grand ordre des moines bouddhistes comme l'interprète compétent du sens de cette doctrine. Cela n'implique pas qu'il acceptera l'interprétation d'aucun moine en particulier, mais seulement celle de l'ordre au sens le plus général; il croit que l'interprétation acceptée en trois temps et en trois lieux, par la fraternité entière, est la bonne.

Les cinq préceptes

Après cette profession de foi vient la récitation des cinq préceptes dont j'ai déjà parlé, que l'on appelle en abrégé à Ceylan, le *Pansil*.

Ce sont les suivants:

1° J'observe le précepte de m'abstenir de détruire la vie;
2° J'observe le précepte de m'abstenir de prendre ce qui ne m'appartient pas;
3° J'observe le précepte de m'abstenir de relations sexuelles illégitimes;
4° J'observe le précepte de m'abstenir du mensonge;
5° J'observe le précepte de m'abstenir de l'emploi des boissons enivrantes ou des stupéfiants.

Tout homme intelligent ne pourra s'empêcher de voir que, comme le fait remarquer le colonel Olcott, "ceux qui observent ces préceptes strictement, échappent forcément à tout ce qui cause la misère humaine ; car en étudiant l'histoire, nous voyons que cette misère provient toujours de l'une ou l'autre de ces causes. La sagesse prévoyante du Bouddha se voit clairement dans les premier, troisième et cinquième préceptes, car la destruction de la vie, la sensualité et l'usage de spiritueux, sont la cause de 95 % des souffrances des hommes."

Il est intéressant de noter combien chacun de ces préceptes va plus loin que le commandement juif correspondant. Au lieu de nous défendre le meurtre, on nous enjoint de ne rien détruire de vivant ; au lieu de nous dire de ne pas voler, on nous recommande de ne pas prendre ce qui ne nous appartient pas, ce qui non seulement veut dire que nous ne devons pas accepter les éloges qui ne nous sont pas dus, mais beaucoup d'autres choses encore, en dehors de ce qu'on appelle communément voler.

Le troisième précepte est aussi plus étendu que le septième commandement de Moïse, car il ne défend pas seulement une seule classe de relations sexuelles illégitimes, mais toutes. Au lieu de défendre de porter un faux témoignage devant un tribunal, on défend de mentir. J'ai souvent pensé que c'eut été un bien immense pour toutes les nations d'Europe qui ont accepté les enseignements du Christ, si le légendaire Moïse avait fait entrer dans son décalogue le cinquième de ces préceptes bouddhistes, celui de ne toucher à aucune boisson alcoolique, ni à aucun stupéfiant. Combien tous nos problèmes seraient simplifiés si ce commandement était observé en Angleterre et en Amérique comme il l'est chez les peuples bouddhistes.

La simple récitation du *Tisarana* et des *Pancha Sila* est ce qui, dans l'Église bouddhiste, se rapproche le plus de ce que nous appellerions une cérémonie publique. Il y a cependant le prêche hebdomadaire des moines, à laquelle assiste une foule nombreuse. Il y a ordinairement, près de chacun des temples, une grande salle destinée aux sermons ; mais en général, on ne s'en sert que par le mauvais temps. Quand le temps est beau, le prêche se fait sous les palmiers, près du temple. Il y a beaucoup de prédications de ce genre, et elles se continuent souvent fort tard dans la nuit, les moines se remplaçant et parlant à tour de rôle.

Je crois qu'il vous est impossible, à vous habitants de ces climats tempérés, de vous faire une idée de la paix et de la beauté supraterrestre d'une telle scène. La lumière glorieuse de la lune des tropiques assez brillante pour permettre de lire un journal, se répand sur la foule bariolée, en même temps que les feuilles de palmiers qui se balancent gracieusement, projettent sur elle leurs taches d'ombre. Au milieu de cette foule est assis le moine à la robe jaune, des lèvres duquel coule avec aisance le sermon simple et familier qu'il fait aux villageois. Il raconte en général quelque histoire ou quelque parabole des livres sacrés, qu'il explique en suite. Suivant une coutume ancienne et bizarre que j'ai souvent observée à Ceylan, un moine prêche parfois en Pâli qui est la langue sacrée, et un autre, interprète ce qu'il dit phrase par phrase, en cingalais. C'est évidemment un reste de l'époque où, il y a quelque deux mille ans, le Bouddhisme était prêché dans l'île par des missionnaires venus de l'Inde septentrionale, et dont la langue maternelle était le Pâli. Le fait que cette coutume s'est perpétuée ainsi est un exemple curieux de l'esprit conservateur de cet antique Orient.

Le Chant des Bénédictions

Une autre cérémonie que possède l'Église du Sud, et à laquelle j'ai fait allusion en passant, c'est la récitation des vers du Paritta ou bénédiction. Elle a un caractère si intéressant qu'elle mérite d'être décrite en détail. Au fond comme le mot l'indique, ce n'est qu'une récitation de bénédictions ou, invocations, dans le but d'éloigner les influences mauvaises. C'est une récitation rythmique de certains versets des livres sacrés bouddhistes, dans lesquels le Bouddha déclare que certaines actions entraînent des bénédictions, récitation à laquelle s'ajuste celle de certaines hymnes tirées de ces mêmes livres, invoquant l'attention bienveillante du dieu du soleil, des Arhats et des Bouddhas. La principale de ces hymnes est l'hymne du roi-paon, empruntée aux histoires Jâtaka. Ces versets *Pirit* sont chantés par les moines en diverses occasions, aussi bien en signe de joie qu'en signe de douleur. Nous pouvons diviser ces cérémonies en deux classes : les cérémonies publiques, et les cérémonies privées. Parmi ces dernières l'exemple le plus commun est le suivant : en cas de maladie grave, ou à l'approche de la mort, on invite un ou deux moines, du temple le plus proche, à venir au chevet du malade, réciter ces versets en souhaitant tout le temps sa guérison, ou, si le cas est désespéré, son bonheur dans l'au-delà. Les moines ne prient pas au sens où nous entendons ce mot, pour la guérison du malade, car cela ne se fait pas dans leur religion ; ils récitent simplement leurs versets, avec la ferme volonté d'aider et d'éloigner les mauvaises influences. On ne leur offre naturellement aucune rémunération, car leurs règles leur défendent de toucher à l'argent en aucun cas ; on leur donne parfois un repas si la cérémonie a lieu le matin ; mais l'après-midi ils ne peuvent même plus l'accepter, car ils ne mangent rien après le milieu du jour.

La cérémonie publique est beaucoup plus imposante et dure beaucoup plus longtemps. Elle a généralement lieu lors d'une fête quelconque, comme la célébration d'un temple. En cette occasion, les fêtes et les processions durent quelquefois une semaine ou même quinze jours, et pendant ce temps on récite le *Pirit*. De même que, dans quelques églises ou couvents il existe une confrérie de l'Adoration perpétuelle, dont les membres se remplacent pour veiller régulièrement, afin que l'adoration se continue, nuit et jour, devant l'autel, de même la récitation monotone des versets ne cesse pas du commencement à la fin des fêtes.

Auprès de la plupart des temples se trouve une Darmasalawa, ou salle de prédication, et c'est là qu'on chante les *Pirit*. Cette salle ne ressemblant en rien aux édifices que nous construisons à cet effet en Occident, sa description peut n'être pas dépourvue d'intérêt. Les dimensions varient avec l'espace dont dispose le constructeur, mais la forme est régulièrement carrée. Le toit élevé est supporté simplement par des colonnes, et il n'y a aucune espèce de murs; il n'y a pas non plus de sièges, les gens se rangent sur des paillassons pris sur la terre.

Au milieu s'élève une vaste estrade carrée, avec des piliers aux quatre coins, et une grille tout autour ; sur le bord de cette estrade, à l'intérieur de la grille se trouve un siège très bas, sur lequel, tournant le dos à la foule, les membres du Sangha sont assis, tandis qu'un d'entre eux s'adresse au peuple qui, comme on le voit, n'est pas seulement devant l'orateur, ainsi qu'en Occident, mais tout autour de lui. Sur l'estrade, au centre du carré vide que forment les moines, se trouve généralement une petite table avec des fleurs, ou quelquefois une relique, lorsque le temple en possède une.

Là où il n'y a pas d'édifice de ce genre, en permanence, on installe pour la circonstance une construction provisoire, et l'étranger est bien surpris de voir combien ces constructions provisoires, faites de bambou, de feuilles de palmiers et de papier de couleur, peuvent avoir l'air solide, quand elles sont l'œuvre d'habiles artisans indigènes.

C'est dans cet édifice, permanent ou provisoire, que se continue la récitation du *Pirit*, et c'est là aussi que, trois fois par jour, tous les moines disponibles se réunissent pour chanter le *Maha Pirit*, encore plus imposant. Cette intéressante cérémonie mérite aussi d'être décrite. Je dois dire d'abord, qu'avant la cérémonie, on a placé au centre de l'estrade, un immense pot rempli d'eau et soigneusement recouvert; de plus, des fils ou des ficelles ont été disposées en grand nombre, au-dessus de la tête des moines assis ; ce système de fils allant de pilier en pilier, se rattache au pot placé au centre.

Au moment de réciter le *Maha Pirit*, quand tous les moines sont assis en carré, un bout de corde, de la grosseur d'une corde à linge ordinaire, est posé sur les genoux des moines, et ceux-ci la tiennent entre leurs mains pendant toute la cérémonie de façon à former une chaîne ressemblant assez à celle des séances spirites. On prend soin, une fois que le cercle est formé, de mettre la corde par un bout en communication avec les fils et ficelles d'en haut, de sorte qu'en réalité le tout converge vers le vase d'eau.

Cela fait, le *Maha Pirit* commence, et tous les moines, avec la volonté de bénir, récitent pendant environ quarante minutes, une série de bénédictions empruntées aux livres sacrés.

Les fragments choisis varient, mais pour en donner une idée générale, je citerai le Mahamangala Sutta, qui est un de ceux que l'on récite le plus souvent. On avait posé au Bouddha la question suivante : "Les hommes aspirant au bien, ont considéré comme désirables les choses divines, dis-nous donc, Ô Maître, quelles sont en réalité les plus grandes bénédictions." Le Bouddha répondit ;

1

Ne pas servir les insensés [7],
Mais servir les sages,
Honorer ceux qui en sont dignes,
Voilà la plus grande bénédiction.

2

Habiter une contrée agréable,
Avoir fait de bonnes actions dans une existence antérieure,
Avoir l'âme remplie de bons désirs,
Voilà la plus grande bénédiction.

---

7   Il s'agit certainement ici des magiciens noirs. (NDT).

3

Aider ses père et mère,
Chérir sa femme et ses enfants,
Avoir une profession pénible,
Voilà la plus grande bénédiction.

4

Faire l'aumône et vivre selon la justice,
Donner assistance aux parents et alliés,
Ne faire que des actions exemptes de blâme,
Voilà la plus grande bénédiction.

5

Abhorrer le péché et s'en détourner,
S'abstenir des liqueurs fortes,
Ne pas se lasser de faire le bien,
Voilà la plus grande bénédiction.

6

Être patient et doux,
S'associer aux pacifiques.
Prendre part, au moment convenable, à des entretiens religieux,
Voilà la plus grande bénédiction.

7

L'empire sur soi-même et la pureté,
La connaissance des quatre grandes vérités
La compréhension du Nirvana
Voilà la plus grande bénédiction.

8

Sous le coup des vicissitudes de la vie,
Que l'âme reste inébranlable,

Sans passion, sans douleur, sans crainte,
Voilà la plus grande bénédiction.

9

Invincible de tous côtés,
Est celui qui agit ainsi ;
En sûreté de tous côtés il avance,
À lui, appartient la plus grande bénédiction.

Comme cette cérémonie du *Malta Pirit* a lieu trois fois par jour, et que l'influence est conservée dans l'intervalle par le chant continuel du *Pirit* ordinaire, quiconque a étudié le mesmérisme, croira sans peine qu'à la fin, la corde, les fils et le pot au centre du cercle sont tous parfaitement magnétisés.

Le dernier jour, a lieu la cérémonie la plus importante de toute la fête, la distribution de l'eau magnétisée. D'abord les convives auxquels on veut faire honneur, et les personnages les plus importants se dirigent vers les marches de l'estrade ; alors le chef des moines, proférant une sorte de bénédiction, verse par trois fois quelques gouttes d'eau dans les paumes que lui tendent les assistants qui s'inclinent respectueusement. À la fin de la bénédiction, ceux qui ont reçu l'eau en boivent un peu, et mettent le reste sur leur front, cette cérémonie évoquant à l'esprit du spectateur occidental, une combinaison de deux rites bien connus du christianisme.

Le reste de l'eau est ensuite versé dans de petits vases distribués parmi la foule qui les reçoit comme précédemment. Le fil magnétique est alors coupé en morceaux et distribué au peuple qui le porte autour du bras ou autour du cou, en guise de talisman. Il n'est pas rare que l'on attache à la chaîne des fils spéciaux dont les bouts pendent en dehors de l'estrade, de façon que ceux qui souffrent de fièvres, de rhumatismes ou autres maladies puissent les tenir entre leurs mains pendant la récitation du *Maha Pirit*, et le patient semble fréquemment recueillir quelque avantage de cette communication avec la batterie magnétique.

Telle est la cérémonie que possède l'Église bouddhiste du Sud, et il faut avouer qu'elle est bien inoffensive et très intéressante.

Les deux Églises

L'Église du Nord a beaucoup plus de cérémonies publiques, mais comme je n'en ai aucune expérience personnelle, je ne veux pas vous répéter ce que vous pouvez lire dans n'importe quel ouvrage sur ce sujet. Vous vous souvenez peut-être qu'en vous parlant du Christianisme, je vous ai montré comment, avec le temps, toutes les religions s'éloignaient fatalement quelque peu de l'enseignement primitif donné par le fondateur. Cela s'est produit pour le Bouddhisme moins que pour toute autre religion, et cependant son enseignement a aussi varié.

Chose curieuse, les deux Églises ont varié dans des sens absolument opposés ; l'Église du Nord a ajouté, et l'Église du Sud, dans son souci de retenir la pureté de la doctrine et d'éviter les additions, a un peu perdu de sa plénitude première. L'Église du Nord s'est surtout répandue parmi les tribus sauvages de l'Asie Centrale, et a été considérablement influencée par les restes de leur culte primitif de la nature. Si on veut bien lire un des exposés les plus fidèles du Bouddhisme au Tibet, on verra aussitôt que beaucoup de ce culte de la nature s'y retrouve. Des divinités inconnues surgissent, dont beaucoup sont dangereuses, et ont besoin d'être rendues favorables, tandis que plusieurs ordres et hiérarchies de Dévas et autres êtres, ont revêtu un aspect plus sombre, et sont considérés comme capables de faire le mal. D'autre part, une partie au moins de la métaphysique supérieure a été évidemment conservée, l'*Amitabha* et l'*Avalohiteshvara* de son système, correspondant à peu près au

Parabrahm (le non manifesté), et à l'*Ishtvara* (le Logos manifesté) des Indous.

L'Église du Sud, d'autre part, s'est presque refusée à toute addition d'aucune espèce. En Birmanie, bien qu'il existe des centaines de statues dans quelques-uns des temples les plus importants, ce sont toutes des statues du Bouddha lui-même dans différentes positions. À Ceylan il est vrai, on peut voir souvent les images de divinités indoues, de Vishnou et de Subramani Iyer; mais c'est probablement une concession à la religion indoue des derniers gouverneurs tamouls de l'île. Cependant ces divinités mêmes sont représentées comme inférieures au Bouddha, et agissant sous ses ordres.

L'Église du Sud a un peu oublié la métaphysique supérieure, et n'étudie guère aujourd'hui l'*Abhidhamma Pitaka*, qui contient tout l'enseignement philosophique supérieur. Elle se consacre cependant avec beaucoup d'assiduité à l'étude des autres livres qui contiennent les préceptes de la vie quotidienne, et de ceux qui règlent la vie des moines.

Tendances matérialistes

La tendance est, en somme, nettement matérialiste, et elle a si bien insisté sur les textes où le Bouddha combat l'idée de la permanence de la personnalité actuelle, qu'elle en est venue à nier la survivance distincte de l'âme. C'est-à-dire que si l'on demandait à n'importe quel moine de l'Église du Sud ce qu'il pense de l'immortalité de l'âme, il répondrait sans hésiter que le Bouddhisme n'admet pas une pareille croyance, et se mettrait à vous expliquer que tout ce qu'on entend généralement par l'âme de l'homme, ses pensées, ses dispositions, ses sentiments, tout ce qui fait de lui un individu distinct des autres, que toutes ces choses sont transitoires et ne subsistent pas jusqu'à la fin du cycle des incarnations.

Si on lui demandait alors ce qui subsiste de vie en vie, il répondrait avec confiance que c'est le karma de l'homme, c'est-à-dire le résultat de ses pensées et de ses actions ; mais que la personne qui, dans la vie suivante, jouira ou souffrira du résultat de la vie présente, sera complètement différente de l'homme qui vit actuellement. Cela est évident et parfaitement vrai si nous prenons le mot personne dans son sens technique ; mais le moine ordinaire ne fait aucune distinction de ce genre, et il est tellement préoccupé de se refuser à admettre, même de loin, l'idée de l'immortalité personnelle de Pierre ou de Paul, qu'il tombe dans l'excès contraire, et nie pratiquement toute immortalité. Dans toutes les expressions de sa vie courante, il montre cependant que ce n'est pas là sa véritable croyance car il parle constamment des souffrances qu'il s'est attirées dans une existence précédente, et tous les sermons finissent par cette bénédiction ou ce pieux souhait adressé à tous les fidèles : "Puissiez-vous tous atteindre Nirvana." Comme d'autre part on reconnaît invariablement et inévitablement que le Nirvana ne sera gagné que lorsque nombre de vies auront permis à l'aspirant d'atteindre à sa perfection, ce souhait implique la croyance à la survivance de l'Égo individuel.

L'ÉGO PERMANENT

L'idée que le Bouddha a prêché la non existence du moi, repose principalement sur quelques-uns des livres les plus récents, et qui ne sont point canoniques, tels que les *Questions du Roi Milinda*. Elle est basée surtout sur certaines réponses qu'il fait au sujet du moi et du non moi, et qui sont exactement à la manière des *Oupanishads*. Le Bouddha dit clairement que ni la forme, ni les sensations, ni les perceptions, ni les impressions, ni l'intellect ne sont le moi. Il ne dit pas le moins du monde que le moi n'existe pas, mais que le corps, et tous ses autres instruments que l'on prend généralement pour le moi, ne sont pas le moi en réalité. Le moi est quelque chose de bien au-dessus de tout cela, et lorsqu'il se reconnaît comme différent de tout le reste, et se dégage de tout attachement, par cette absence d'attachement, il se libère. Cela semble bien admettre l'existence d'un moi permanent, car si le moi n'existe pas, qu'est-ce qui doit être libéré ? Notre intelligence occidentale qui n'est pas habituée aux idées des Indous auxquels le Bouddha adressait ses sermons, ne voit rien que l'annihilation, du moment qu'on lui déclare que même la raison n'est pas le moi. Il en est peu parmi

nous qui arrivent à comprendre que l'intellect et la raison, et encore bien d'autres facultés qui leur sont supérieures, quelque sublimes soient-elles, ne sont cependant que de simples véhicules, composés de matière. Le moi véritable les dépasse tous, et nous pouvons trouver dans l'enseignement direct du Bouddha, des preuves abondantes qui contredisent absolument cette théorie d'après laquelle il aurait nié ce moi supérieur.

Je ne veux citer ici qu'un seul exemple que j'emprunte au *Samaññaphala Sutta* du *Digha-Nihàya*. Après avoir mentionné en premier lieu la condition et la préparation de l'intellect qui sont nécessaires si l'on veut réussir à progresser spirituellement, le Bouddha explique comment l'homme peut retrouver le souvenir de ses vies passées, et voir toutes les scènes auxquelles il a pris part, défiler devant les yeux de son esprit, les unes après les autres. Il explique la chose en disant : "Si un homme sort de son village pour aller dans un autre, puis sort de celui-ci pour aller dans un autre encore, et enfin revient à son village, il peut se dire : "C'est bien moi qui suis allé de mon village à cet autre. Je m'y suis tenu de telle façon, j'y étais assis de telle autre ; de ce village-là je suis allé à un autre où j'ai fait la même chose. Puis toujours le même moi est revenu de ce village à mon propre village." De la même façon, ô Roi, l'ascète, lorsque son esprit pur, connaît ses vies antérieures. Il pense : "À tel endroit j'avais tel nom, je naquis de telle famille ; telle fut ma carte, telle fut aussi ma nourriture, et de telle ou telle façon j'ai éprouvé plaisir et douleur ; puis ma vie s'est poursuivie à tel endroit, et là encore je me trouvai dans telle et telle condition. De là le même moi est venu naître ici."

Cette citation montre clairement ce qu'enseigna le Bouddha en ce qui concerne l'Égo. Il explique ensuite dans le même *Sutta*, et d'une façon très belle, comment un ascète peut connaître les existences passées des autres, et comment il peut les voir mourir à tel endroit, puis renaître ailleurs, après avoir passé par les chagrins et les joies de l'enfer et du paradis. Il est vrai que dans le *Brahmajala Sutta* il parle des aspects divers de l'âme et dit que ces aspects n'existent pas d'une façon absolue, car leur existence dépend du contact (c'est-à-dire des relations). Mais en niant ainsi la réalité absolue de l'âme, il est du même avis que les autres grands instructeurs indous, car non seulement l'existence de l'âme, mais celle du Logos lui-même n'est que relativement réelle. Des intelligences non préparées ne comprennent guère ces idées, mais celui qui étudie à fond la pensée orientale saisit exactement ce que cela veut dire, et comprend que l'enseignement du Bouddha sur ce sujet est exactement celui de la Théosophie moderne.

La Théosophie et les religions

Naturellement je n'ai pu vous donner ce soir qu'une simple esquisse de cette sublime philosophie ; mais j'espère vous en avoir dit assez pour vous donner une faible idée d'une des grandes religions du monde, et vous montrer que, bien que sa forme extérieure diffère, bien qu'elle s'épanouisse dans un milieu très différent du nôtre, elle n'est en somme qu'un autre expose de la grandiose vérité qui se cache en chacune des religions. Souvent lorsque nous exposons la théosophie, on nous objecte qu'elle est identique à l'indouisme ou au bouddhisme, et que nous essayons seulement de propager en Occident l'une ou l'autre de ces religions. Pour répondre à cela, nous ne pouvons qu'expliquer, patiemment, et longuement, qu'en théosophie nous ne cherchons à propager aucune religion, mais bien plutôt à dévoiler en chacune la sagesse antique. Pour la plupart des esprits en Occident, les enseignements théosophiques ressemblent trop aux religions de l'Ouest, parce qu'à la vérité, ces religions ont gardé, dans leur exposé populaire, un plus grand nombre des grandes vérités naturelles que la religion orthodoxe enseignée en Europe. Il s'ensuit que quelques-unes des premières idées que l'on présente au théosophe, lui rappellent aussitôt ce qu'il a appris de ces grandes religions orientales. En un sens, cette objection est vraie, car la théosophie est identique au Bouddhisme et à l'Indouisme ésotériques; mais elle l'est aussi au Zoroastrisme, à l'Islamisme, et même au Christianisme ésotériques, ainsi que l'a si bien montré Mme Besant dans son livre admirable: *Le Christianisme ésotérique* [8].

Ce n'est pas ici seulement qu'on a fait cette objection à la théosophie. Aux Indes aussi, il y a eu des hommes qui ont commis cette même erreur, et qui, parce que les fondateurs de la Société et quelques-uns de ses membres les plus en vue se trouvaient être bouddhistes, ont insinué que la Société n'avait pour but que la propagation du Bouddhisme, remarque qui a fait hésiter quelques Indous sur le point de se joindre à nous. À Ceylan et dans les autres pays bouddhistes, on s'est trompé en sens inverse, et quelques Bouddhistes mal informés et dont le zèle l'emportait sur la discrétion, ont accusé quelques-uns de nos chefs théosophiques de favoriser injustement la religion de nos frères indous. Le fait même que de telles contradictions aient pu exister montre bien ce qu'il en est à ceux qui ont des yeux pour voir, et l'esprit assez large, la tête assez forte pour se placer au véritable point de vue du théosophe.

---

[8] Éditions Adyar.

Le point de vue théosophique

La devise de notre Société est : "Il n'y a pas de religion plus haute que la vérité", et, en temps que Société nous n'avons aucun dogme, aucune doctrine spéciale. À la personne qui entre on ne demande même pas de changer de religion, on ne lui demande même pas quelle est sa religion. Nous avons des membres indous, bouddhistes, parsis, musulmans, juifs et chrétiens, et chacun est absolument libre de chercher à atteindre la vérité la plus haute, en suivant la voie qui lui est familière. Des fidèles de toutes ces religions ont maintes et maintes fois parlé avec reconnaissance du flot de lumière que la théosophie avait répandu sur le sens réel des points les plus obscurs de la doctrine qu'ils devaient à leurs ancêtres. On demande seulement au nouvel arrivant de montrer, vis-à-vis de ses frères, la même tolérance, la même courtoisie bienveillante qu'il désirerait rencontrer chez eux.

Tel est le véritable point de vue théosophique : il est très élevé, et il y a dans la Société un air trop pur pour que les sectaires ou les fanatiques puissent le respirer. Ceux-ci ne peuvent vivre à une pareille altitude, et il leur faut, ou bien retomber dans le sombre marécage de leur fatuité, ou rejeter à jamais leur enveloppe d'orgueil spirituel, et devenir des êtres plus nobles et plus évolués. Il n'est donc pas étonnant que ceux qui ne peuvent voir d'autre lumière que celle que projettent leurs petites lampes, soient incapables de saisir un idéal religieux aussi élevé et méconnaissent ces guides de la pensée dont l'esprit a été modelé dans une argile plus noble.

De même que, quand deux voyageurs s'apprêtent à gravir une montagne en venant de côtés opposés, l'un suit une route au nord, l'autre une route au midi, si bien que chacun d'eux pourrait croire que l'autre se trompe ; de même, à des niveaux inférieurs, la poursuite de la vérité semble parfois entraîner les hommes dans des directions différentes. Mais à mesure qu'ils arrivent à des niveaux plus élevés et dans un air plus pur, les chercheurs se rapprochent l'un de l'autre sans s'en douter, jusqu'à ce qu'enfin vient un moment où ils se trouvent côte à côte, sur le pic le plus élevé, et aperçoivent pour la première fois, la différence entre le réel et l'irréel.

De toutes les grandes religions c'est peut-être le Bouddhisme qui se rapproche le plus de ce que j'ai appelé l'attitude théosophique. Comme le remarque Sir Edwin Arnold : "Cette véritable religion a en elle l'éternité d'une espérance universelle, l'immortalité d'un amour infini, un élément indestructible de foi dans le bien final, et l'affirmation la plus fière de la liberté humaine qui ait jamais été prononcée." Je ne puis vous montrer en une aussi brève conférence combien son but est élevé, ses enseignements nobles et désintéressés. Mais si vous étudiez de plus près cette sublime et antique croyance, vous serez bien payés de votre peine car vous trouverez dans ses écritures, beaucoup de pure théosophie. Permettez-moi de terminer cette courte esquisse en vous lisant une très belle traduction en vers qu'a faite Sir Edwin Arnold du premier chapitre d'un des principaux livres des Écritures bouddhistes le Dhammapada. Cette traduction fut faite en 1889 pour une petite revue appelée *Le Bouddhiste* dont j'étais alors l'éditeur, à Colombo.

Le Dhammapada

C'est la pensée qui nous a créés. Ce que nous sommes est l'œuvre de la pensée. Si l'homme entretient dans son esprit des pensées mauvaises, la souffrance arrive, telle la roue après le bœuf.

Tout ce que nous sommes, nous l'avons pensé et voulu ; nos pensées nous construisent et nous façonnent. Si l'homme, avec persévérance, nourrit des pensées pures, la joie le suivra aussi fidèlement que son ombre.

Il m'a diffamé, il m'a nui, il m'a fait tort, il m'a humilié, il m'a battu." Si l'homme garde dans son cœur de telles pensées de colère, la haine ne s'endormira jamais.

"Il m'a diffamé, il m'a nui, il m'a fait tort, il m'a humilié, il m'a battu." Si l'homme veut bien au lieu de ces paroles de colère, envoyer des pensées de pardon, les haines prendront fin.

Car jamais, en aucun lieu, en aucun temps, la haine n'a cessé par la haine; toujours c'est par l'amour que cesse la haine, par l'amour seulement: telle est l'antique loi.

La foule des ignorants a oublié, ou n'a jamais su, que les torts des mortels sont éphémères; mais ceux qui savent et se souviennent laissent mourir les querelles passagères.

Celui qui, au sein d'un vain luxe, cherchant le plaisir, demeure ignorant, faible, glouton, celui-là Mara le terrasse, tel un arbre aux courtes racines est renversé par les vents furieux.

Celui qui, dédaigneux des plaisirs et fuyant le mal, demeure fidèle, tempéré, fort et maître de lui, celui-là Mara ne le terrasse pas, pas plus que le vent ne renverse une colline.

Celui qui porte *kashya* [9], la robe jaune, et est *anikashya*, non affranchi du péché, qui ne se soucie ni de la vérité ni de l'ordre, celui-là n'est pas digne de porter la robe.

Mais celui qui étant *nishkashya*, pur, exempt de tout péché, respectant la tempérance et la vérité, demeure toujours dans la vertu, celui-là porte bien le *kashya*.

Celui qui s'imagine trouver le vrai dans le faux, et trouve le faux dans le vrai, celui-là meurt, sans jamais atteindre la connaissance, il poursuit les vains désirs et sa vie est perdue.

Celui qui, dans la vérité, discerne le vrai, et d'un œil clairvoyant voit le faux dans la fausseté, celui-là atteindra la connaissance, la vie d'un tel homme arrive à son but avant la mort.

---

9   Il y a ici un jeu de mots Kashya signifiant la robe jaune du prêtre bouddhiste et kashya l'impureté.

Comme la pluie se fraye un chemin à travers le chaume d'un toit mal ajusté, ainsi les passions se frayent un chemin à travers l'esprit de ceux qui méprisent les saintes pensées. Comme la pluie s'écoule sur le chaume serré, ainsi les passions s'éloignent du sage.

Le méchant se lamente en ce monde et dans le monde à venir; dans tout il souffre. Quand il verra le fruit de ses actes, cette vue lui fera horreur.

Le juste se réjouit en ce monde et dans le monde à venir; dans tous deux il trouve plaisir. Quand il verra le fruit de ses œuvres, cette vue sera pour lui une source de joie.

Il est joyeux de vivre, joyeux de mourir, joyeux d'être mort, joyeux toujours; joyeux de savoir qu'il a fait de bonnes actions, joyeux de prévoir plus de bien encore, là où il doit aller.

L'homme déréglé qui, sans obéir à la loi, récite page après page, ligne après ligne, celui-là n'est point Bouddhiste, mais un berger insensé qui compte les vaches d'un autre.

Celui-là qui plein d'amour, obéit à la loi, qui ne connaît qu'un seul verset de Dharma, mais qui a renoncé à l'envie, à la haine, à la méchanceté, à la sottise, celui-là est le Prêtre Bouddhiste.

ACTUELLEMENT

CHAPITRE V

LE MONDE INVISIBLE

L'enseignement théosophique au sujet du monde invisible est beaucoup plus précis, beaucoup plus net que celui que nous donnent généralement les religions en Angleterre ou en Amérique. Nous affirmons qu'il y a un monde invisible, que ce monde nous entoure ici même, en ce moment, qu'il n'est pas éloigné de nous et que, s'il demeure invisible, c'est tout simplement que la plupart d'entre nous n'ont pas encore développé les sens par lesquels on peut le percevoir. Pour ceux qui ont développé ces sens, ce monde n'est ni invisible, ni inconnu ; il est à leur portée et peut être exploré, étudié à loisir, tout comme n'importe quel pays ici-bas. Pendant des centaines, voire même des milliers d'années, d'énormes parties de la surface de la terre restèrent inconnues, jusqu'au moment où il se trouva des explorateurs qui voulurent bien se donner la peine de les parcourir, et qui étaient qualifiés pour cela. Même à l'heure actuelle il reste encore des parties du monde dont on sait très peu de chose. Le Pôle Nord n'a pas encore été atteint, bien qu'il doive l'être très probablement avant peu.

Les mondes invisibles n'ont pas toujours été invisibles pour tous, pas plus que quantité de contrées éloignées ne sont restées inconnues depuis l'origine du monde. Il y a par exemple, dans l'Amérique du Sud, d'immenses étendues de forêts vierges qu'aucun explorateur récent n'a visitées, que le pied de l'homme n'a pas foulées depuis des milliers d'années, mais à une époque plus reculée encore, il y eut des races auxquelles tout ce pays n'était ni inconnu ni vierge, mais au contraire tout à fait familier, car c'était leur terre natale. De même ce monde invisible n'est inconnu que pour nous et actuellement ; il n'était pas inconnu aux hommes des grandes races d'autrefois ; il n'était pas invisible aux plus avancés d'entre eux, aux voyants, aux prophètes et aux instructeurs.

Les Écritures sacrées des diverses religions nous donnent beaucoup de détails sur ce monde invisible, et en beaucoup de cas, ce qu'enseigne la Théosophie concorde exactement avec les anciennes croyances. C'est seulement de nos jours, et surtout parmi les fidèles de la religion la plus répandue en Occident, qu'il semble s'être élevé quelque incertitude au sujet de ce monde invisible. Comme on en a parlé d'une façon vague, qu'on y a pensé d'une façon vague, on a fini par croire que ce monde était lui-même vague, obscur et incertain. Les gens croient que, parce qu'individuellement ils ne savent rien de certain là-dessus, on ne peut rien en savoir d'une façon certaine, et tout cela leur parait lointain, brumeux, irréel. Je vais essayer de vous présenter l'enseignement théosophique à ce sujet, et de vous montrer que nous avons toutes sortes de bonnes raisons pour l'accepter, et pour comprendre que ce monde supérieur, bien qu'à présent invisible à beaucoup, n'est nullement irréel, mais est, en tous points, tout aussi réel que celui que nous pouvons toucher, voir et entendre.

Le premier point à saisir est que ce monde invisible est absolument la continuation du monde que nous connaissons et que les sens par lesquels on peut le connaître (latents en nous, bien que développés seulement chez un petit nombre), ne sont d'abord que l'extension des sens que nous possédons tous. Cela pourra peut-être nous aider à comprendre la réalité de ce monde invisible, et à voir qu'il n'y a aucune difficulté à l'accepter. Malheureusement, ce que les gens en connaissent ou croient en connaître, leur a été enseigné par les religions, et les religions se sont arrangées pour le présenter d'une façon si peu scientifique, qu'elles ont simplement fait naître le doute dans l'esprit de tout homme sérieux, et a jeté le discrédit sur cette question.

Il arrive donc que, parmi les orthodoxes qui, de nos jours, croient le plus fermement au monde invisible, ceux qui sont le plus sûr de savoir exactement ce que renferme ce monde, et ce que sera la destinée de l'homme après la mort, sont généralement les plus ignorants de tous. Or cela ne devrait pas être. Ce ne devrait pas être aux ignorants, aux fanatiques, à être surs de ces choses. Au contraire, les hommes les plus intelligents et les plus cultivés devraient être aussi les plus capables de comprendre les preuves de l'existence du monde invisible, et devraient être les premiers à croire à sa réalité.

Je veux d'abord vous dire quelques mots de la constitution de ce monde invisible et des sens au moyen desquels on le perçoit ; ces deux sujets sont si étroitement unis qu'on ne saurait examiner l'un sans toucher à l'antre.

Les différents états de matière

Il est évident que la matière existe à différents états, et, que ces états peuvent changer avec la température. Nous avons ici-bas trois états bien connus de matière : solide, liquide et gazeux, de plus les hommes de science reconnaissent que toutes les substances peuvent être amenées à ces' trois états si l'on fait varier convenablement la température et la pression. Il y a encore, je crois, quelques substances que les chimistes ne sont pas parvenus à faire passer d'un état à un autre, mais, la théorie généralement admise est qu'il n'y a là qu'une question de température. De même que l'eau peut devenir de la glace à une certaine température et de la vapeur à une autre, tout corps solide connu peut devenir liquide eu gazeux dans des conditions données, tout liquide peut devenir solide ou gazeux, tout gaz peut être liquéfié et même solidifié. Nous savons qu'on a liquéfié l'air, et que quelques autres gaz ont été amenés à l'état solide.

Puisqu'il en est ainsi, on a supposé que toutes les substances pouvaient passer d'un état à un autre, grâce à la pression ou à la chaleur. La chimie occulte nous parle d'un état supérieur à l'état gazeux, auquel on peut ramener toutes les substances ; de sorte qu'un corps simple, comme l'hydrogène par exemple, peut exister à l'état éthérique aussi bien qu'à l'état gazeux. On peut avoir l'or, l'argent, ou n'importe quel autre corps simple, soit à l'état solide, soit à l'état liquide, ou encore à l'état gazeux, grâce à une température suffisante ; en poussant l'expérience plus loin, ces corps pourront être amenés à l'état supérieur que nous appelons l'état éthérique. Si l'on peut faire cela c'est que l'éther postulé par la science, n'est pas, d'après la chimie occulte, un corps homogène, mais simplement un autre état de matière : ce n'est pas un nouveau corps, mais une espèce quelconque de matière à un état particulier. De même que nous avons autour de nous des corps simples qui sont solides à l'état normal mais qui peuvent être amenés à l'état liquide ou à l'état gazeux, comme le fer ou le plomb, d'autres qui sont liquides à l'état normal comme le mercure, d'autres enfin qui sont gazeux comme l'azote, nous avons aussi un grand nombre de substances qui sont à l'état éthérique habituellement, mais que l'on peut amener à l'état gazeux par des moyens spéciaux.

Il n'y a là rien d'impossible ni d'irrationnel ; le plus grand sceptique admettra que les choses peuvent bien se passer ainsi ; la science ne dit non plus rien à l'encontre de cette théorie. L'éther est même une hypothèse absolument nécessaire, et il n'y a dans ce que je suggère qu'une seule idée nouvelle, c'est que cet éther n'est pas pour nous une nouvelle substance mais un état de matière. On parle sans cesse en science de l'atome d'oxygène, de l'atome d'hydrogène, de l'atome de toutes les soixante ou soixante-dix substances appelées par les chimistes corps simples ou éléments parce qu'ils ne sont plus décomposables, chacun de ces éléments ayant son atome, mot qui d'après sa racine grecque, signifie "ce qu'on ne peut couper ni subdiviser".

La science occulte nous dit que beaucoup d'hommes de science ont souvent soupçonné que ces corps simples n'étaient pas des corps simples à proprement parler, et pourraient être subdivisés; que ce qu'on appelle communément un atome d'oxygène ou d'hydrogène, n'était pas quelque chose d'ultime, n'était pas par conséquent un véritable atome, mais une molécule qui, dans certaines circonstances, pouvait se diviser en atomes.

L'ATOME ULTIME

En continuant ce processus de dissociation on s'aperçoit qu'on arrive à la fin à un nombre infini de vrais atomes physiques qui sont tous les mêmes. Ce qui veut dire qu'il n'y a qu'une seule substance au fond de toutes celles que nous connaissons ; et que, ce qu'en chimie nous appelons les atomes d'oxygène, d'hydrogène, d'or, d'argent ou de platine, ne sont en réalité que les différentes combinaisons de ces atomes ultimes. Quand on les divise, on retrouve une série d'atomes tous identiques, si ce n'est que certains sont positifs, d'autres négatifs, ou, pourrait-on dire, les uns mâles, les autres femelles. Si nous pouvons nous rendre compte qu'il en est ainsi, (et n'oubliez pas que non seulement la science occulte nous l'enseigne, mais que beaucoup d'hommes de science en ont l'intuition), nous n'avons jusqu'à présent aucun obstacle sur notre route. Si nous admettons qu'il en soit ainsi, nous verrons immédiatement que toutes sortes de possibilités nouvelles s'offrent à la chimie. S'il est vrai que toutes les substances ont la même base, et qu'il n'y a qu'à les élever à une température suffisante, ou à les amener à un état particulier pour s'en assurer, on voit aussitôt qu'il est possible de les transformer ; qu'en dissociant un corps simple nous pourrons réunir les atomes d'une façon différente et, de cette façon, changer réellement ce corps simple en un autre corps simple laissant de côté divers éléments dans certaines combinaisons, et, en en prenant d'autres qui n'y étaient pas auparavant. Il semble évident qu'on puisse opérer de tels changements, et on se trouve alors bien près d'admettre la transmutation, théorie d'après laquelle les alchimistes affirmaient pouvoir changer le plomb, le cuivre ou d'autres métaux en or ou en argent. La chose n'est pas absolument impossible si notre théorie est vraie, car en réduisant le plomb ou le cuivre à leurs atomes ultimes, et en apportant quelques variations dans les nouvelles combinaisons de ces atomes, nous pourrions en faire des métaux tout à fait différents. La chose parait donc réalisable si nous adoptons cette idée que les hommes de science ont proposée théoriquement, mais que la chimie occulte affirme comme un fait[10].

Nous arrivons donc à la fin à l'atome physique ultime, et nous nous apercevons alors que celui-là est réellement un atome en ce qui concerne le plan physique. Nous ne pouvons plus le dissocier

---

10   Depuis que cette conférence a été faite, ce que je suggérais comme des hypothèses a été confirmé en grande partie par des découvertes scientifiques récentes. La transmutation est maintenant reconnue, du moins en ce qui concerne la production du radium. Or il est évident que si elle peut se produire pour un élément, elle pourrait aussi bien se produire pour d'autres encore. Il ne reste donc plus qu'à trouver le processus, puisque le principe est établi. On admet généralement aujourd'hui que toutes les substances ne sont que les modifications d'une seule substance, et, ce que l'on supposa actuellement être l'atome ultime, s'appelle maintenant "électron". Il parait plus probable cependant que l'électron n'est pas ce que nous appelons en théosophie l'atome physique, mais plutôt l'atome astral, bien qu'il soit difficile de parler avec certitude tant que la science n'aura pas précisé un peu plus sa découverte.

et conserver cependant de la matière à l'état physique ; on peut pourtant le dissocier, mais la matière passe alors dans un domaine tout à fait différent, dans une partie de ce monde invisible dont je vais vous parler. On ne peut plus l'appeler physique, car elle a cessé d'obéir aux lois auxquelles toute matière physique obéit. Le plus grand froid que nous connaissions ne la contracte plus, la chaleur la plus forte ne la dilate plus, bien qu'elle paraisse cependant pouvoir être affectée par les températures solaires. Elle ne semble plus obéir aux lois ordinaires de gravitation, bien qu'elle ait ce qu'on pourrait appeler, à mon avis, une sorte de loi de gravitation qui lui est propre.

Il est très difficile d'exprimer en paroles, et sur le plan physique, cette conception d'une matière plus subtile formant le monde supérieur. À vrai dire il faut reconnaître qu'il est même impossible de l'exprimer complètement, mais je dois au moins affirmer nettement que les plans supérieurs au plan physique succèdent naturellement à ce dernier et s'adaptent à lui, ils n'en sont pas séparés et ne sont pas absolument différents de lui. Nous n'avons donc qu'à supposer une seule division plus subtile de la matière que nous connaissons et une vitesse vibratoire beaucoup plus grande pour réaliser un des aspects du plan astral, quoiqu'il y en ait beaucoup d'autres plus difficiles à saisir.

Les plans de matière subtile

On a trouvé qu'au-dessus de l'atome physique dont nous venons de parler, existait, pour cette matière plus subtile, une nouvelle série d'états, correspondant assez bien à nos états solide, liquide, gazeux et éthérique. En poussant assez loin la dissociation, on obtient un autre atome, l'atome de ce monde astral. Puis on peut recommencer le processus, et, en dissociant cet atome astral, on se trouve en présence d'un monde plus subtil encore, toujours composé de matière, mais d'une matière tellement plus ténue qu'aucun des attributs de notre matière physique ne saurait lui convenir, si ce n'est la possibilité de se subdiviser en molécules et en atomes. On voit donc que l'on arrive à ce nouveau plan d'une façon logique, et qu'on n'est pas obligée de faire un saut, du monde physique que nous connaissons, ou croyons connaître, dans quelque région spirituelle dont on ne pourrait se faire aucune idée raisonnable ni claire. Ces nouvelles régions sont à la vérité invisibles, mais elles ne sont pas pour cela totalement incompréhensibles, surtout si on en aborde l'étude de cette manière.

Tous ceux qui se sont occupés de ces questions savent bien que même une grande partie du monde physique est inaccessible à nos sens ; que toute sa partie éthérique est pour nous non existante, et ne se manifeste qu'en nous transmettant les vibrations lumineuses, mais nous pouvons démontrer qu'il est une hypothèse nécessaire à l'explication des faits. Nous recevons aussi des vibrations de la matière plus subtile, et, de même que sans voir l'éther, nous en constatons et en ressentons constamment les effets, de même si la matière astrale et la matière mentale sont invisibles à la vue ordinaire, leurs vibrations nous affectent, et nous en sommes conscients de diverses façons. Nous utilisons même habituellement quelques-unes d'entre elles, comme nous le verrons en étudiant la télépathie, dans une prochaine conférence.

Il est important pour ceux qui veulent étudier les données théosophiques de bien comprendre cette idée des différents plans ou degrés de matière dans la nature, plans qui forment chacun, en un sens, un monde à part, bien que dans un sens plus élevé, ils soient tous les parties d'un seul et immense tout. Si nous pouvons vous persuader d'étudier ces choses, vous verrez que nous ne vous demandons pas de croire à un miracle, mais plutôt d'examiner un système que nous vous présentons à titre d'hypothèse, bien que pour nous ce ne soit pas une hypothèse, mais un fait réel.

Quels sont ces mondes ? Ils nous entourent à chaque instant et partout, bien qu'ils soient invisibles. Nous n'avons qu'à nous servir des sens qui leur correspondent, pour en avoir conscience ; car chacun d'eux est plein de vie, tout autant que ce monde physique que nous connaissons. De même que la terre, l'air, l'eau sont toujours pleins de formes vivantes et variées, le monde astral, le monde mental sont eux aussi remplis de formes vivantes appropriées, et parmi les habitants de ces deux parties du monde inconnu se trouve la foule immense de ceux que nous appelons les morts.

Les sens subtils

Comment apprend-on à connaître ces mondes ? Comme je l'ai dit, en développant les sens correspondants. Cela implique, ce qui est d'ailleurs vrai, que l'homme a en lui cette matière plus subtile, qu'il n'a pas seulement un corps physique, mais qu'il a également en lui la matière physique plus subtile que nous appelons éther, la matière astrale, puis la matière mentale dont les vibrations produisent la pensée. Cela n'est nullement irrationnel, et si l'on accepte cette hypothèse, on verra aussi que les vibrations de la matière de l'un de ces plans peuvent se communiquer à la matière correspondante en l'homme, et atteindre ainsi l'égo au moyen de ce véhicule, tout comme les vibrations de la matière physique se communiquent aux sens au moyen de son organisme physique sur ce plan. Le processus est analogue dans les deux cas.

La façon la plus commode de se faire une idée des sens subtils c'est d'examiner d'abord les sens que nous avons actuellement. Toutes les sensations qui nous arrivent du dehors sont des vibrations. La chaleur, par exemple, la lumière, ne sont que des vibrations de vitesse différente. Il semble qu'il existe un nombre infini de rythmes vibratoires, et nous ne pouvons assigner aucune limite, soit vers le haut, soit vers le bas, à cette échelle de rythmes différents. Or parmi cette série infinie de vibrations, un très petit nombre seulement nous est accessible sur le plan physique. Seul un très petit nombre de vibrations rapides sont perçues par notre œil et nous donnent la sensation de lumière. Tout ce que nous voyons, nous le voyons soit parce qu'il émet, soit parce qu'il réfléchit quelques-unes de ces vibrations.

La gamme des vibrations

Beaucoup d'expériences ont prouvé qu'il existe des vibrations autres que celles que nous voyons. Si nous prenons un prisme de sulfure de carbone, et que nous le fassions traverser par un rayon de soleil, nous obtiendrons, sur une feuille de papier, ou sur une étoffe, ou sur n'importe quelle surface blanche, un spectre aux magnifiques couleurs. Ce spectre très beau est aussi très petit. Si, au lieu de mettre la feuille de papier qui réfléchit ce que nous voyons, nous mettons la plaque sensible d'un appareil photographique (en prenant soin naturellement d'exclure toute autre lumière que celle qui arrive à travers le prisme) nous aurons la reproduction d'un spectre qui aura plusieurs fois la longueur de celui que nous voyons.

Il est beaucoup plus étendu à l'extrémité violette, car la plaque peut être impressionnée par les rayons ultraviolets qui n'affectent pas nos yeux sont absolument aveugles à cette portion du spectre, qui n'en existe pas moins et que l'on utilise dans plusieurs branches de recherches scientifiques.

Un exemple intéressant est celui des photographies de soleil prises par le professeur Hale et d'autres. Un des éléments qui existe en grande quantité dans le soleil est le calcium, dont les rayons sont invisibles pour nous, mais apparaissent dans la partie ultraviolette du spectre, et produisent par conséquent une impression sur la plaque photographique.

Sir Robert Bali écrit : "Les images du soleil que l'on obtient par cette lumière invisible sont très différentes de celles que donnent les photographies ordinaires. Sur ces dernières, les nuages brillants qui forment la photosphère sont représentés ; ils consistent en masses de particules solides de carbone chauffées jusqu'à produire une incandescence éblouissante. Flottant au-dessus de cette région se trouvent les puissantes vapeurs de calcium. Leur lumière moins intense ne peut être photographiée au milieu de l'éclat de la photosphère ; mais quand on a tamisé cet éclat on obtient des images de ce qui est en vérité un nouveau soleil, ou plutôt des images de ces énormes volumes de vapeurs de calcium, dont nous aurions, sans ce moyen, ignoré l'existence. Dans quelques cas le professeur Hale nous a donné de remarquables images doubles d'une même partie du soleil, mais prises avec deux lumières différentes. Ces images accusent des différences considérables dans le détail, provenant du fait que les parties du soleil qui émettent une sorte de lumière, ne sont souvent pas analogues à celles qui émettent une autre lumière. Ces images révèlent donc la structure du soleil, comme elle n'avait jamais été révélée auparavant."

La description d'une expérience scientifique comme celle-là est pleine d'intérêt pour l'étudiant en occultisme ; car elle prouve ce qu'il sait déjà si bien, que le même objet, vu en même temps par deux observateurs, peut très bien ne pas avoir pour chacun d'eux le même aspect. Les deux photographies du soleil prises, l'une à la lumière ultraviolette de calcium, l'autre à la manière ordinaire, produisent des résultats très différents. Cependant chacune d'elles est parfaitement juste, et ce que l'on voit dans chacune existe réellement. De la même manière, si deux hommes regardent simultanément un ami, l'un en se servant de la vision clairvoyante, l'autre de la vision physique ordinaire, ils verront chacun leur ami d'une façon très différente ; et cependant chacun d'eux aura raison en ce qui concerne son mode de vision. La clairvoyance, comme la lumière ultraviolette, révèlera beaucoup de choses que l'on ne pourrait jamais voir sans elle, et pour la même raison; car elle aussi nous fait percevoir des vibrations qui, sans elle, resteraient hors de notre portée.

J'ajouterai ici un tableau des vibrations reconnues actuellement par la science, tableau publié par l'École polytechnique de Paris.

TABLEAU DES VIBRATIONS DONT LES EFFETS SONT RECONNUS ET ÉTUDIÉS.

N° Octave	Nombre de vibrations par seconde	
1ère	2	
2e	4	
3e	8	
4e	16	
5e	32	
6e	64	
7e	128	
8e	258	Son
9e	512	
10e	1 024	
15e	32 768	
20e	1 047 576	Inconnu
25e	33 554 432	
30e	1 073 741 824	Électricité
35e	34 359 738 368	
40e	1 099 511 627 776	Inconnu
45e	35 184 372 088 832	
46e	70 368 744 177 644	
47e	140 737 468 355 328	Chaleur
48e	281 174 979 710 656	
49e	562 949 953 421 312	Lumière
50e	1 125 899 908 842 624	Rayons chimiques

51e	2 251 199 813 685 248	⎫ Inconnu
57e	144 115 188 075 855 872	⎭
58e	288 230 376 151 711 744	⎫
59e	576 460 752 303 423 488	⎬ Rayons X
60e	1 152 921 504 606 846 976	
61e	2 305 843 009 213 693 952	⎭
62e	4 611 686 018 427 389 904	Inconnu

Si nous considérons maintenant l'autre extrémité de la série, les vibrations très lentes, nous en trouvons un certain nombre qui sont assez lentes pour affecter la matière pesante de l'atmosphère, frapper le tympan de notre oreille, et pour donner la sensation du son. Il peut et il doit y avoir un nombre infini de sons qui sont trop aigus ou trop graves pour que l'oreille humaine les perçoive, cette oreille est donc sourde à tous ces sons innombrables. S'il y a des vibrations très lentes qui produisent le son, et d'autres extrêmement rapides qui produisent la lumière, que font toutes les autres ? Il y a cependant des vibrations intermédiaires : ce sont les phénomènes électriques de tous genres, les rayons Roentgen par exemple.

En fait, tout le secret de ces rayons Roentgen ou rayons X, est qu'ils élargissent pour ainsi dire notre champ visuel, en nous faisant percevoir quelques rayons de plus, quelques-uns de ces rythmes vibratoires plus rapides qui sans cela nous échapperaient.

EXTENSION DE NOS FACULTÉS

Beaucoup de gens croient que nos facultés sont limitées, qu'elles ont des bornes précises que nous ne pouvons dépasser. Il n'en est pas ainsi. De temps à autre, nous rencontrons une personne anormale qui perçoit naturellement les rayons X, et qui peut ainsi voir plus de choses que les autres. Mais, sans aller aussi loin, nous pouvons trouver parmi nous beaucoup de vues différentes. Prenons un spectroscope, c'est-à-dire une série de prismes disposés de telle façon, que le spectre ainsi produit, au lieu d'avoir quelques centimètres de long, a environ un mètre, mais est beaucoup plus faible. Faisons arriver ce spectre sur une grande feuille de papier blanc, et demandons à des amis de marquer, au crayon, l'endroit où s'arrête pour eux la lumière, jusqu'où va le rouge d'un côté, le violet de l'autre, nous serons tout étonnés de voir que quelques-uns verront plus loin à un bout, d'autres à l'extrémité opposée. Il se pourra même que l'un d'eux voit beaucoup plus loin que la plupart des gens, aux deux extrémités du spectre dans ce cas nous sommes en présence de quelqu'un qui est en voie de devenir clairvoyant.

On pourrait croire qu'il n'y a là qu'une question d'acuité de vision ; mais ce n'est pas cela le moins du monde. C'est la vue qui est capable de percevoir des séries différentes de vibrations. Sur deux personnes dont la vue est également bonne, il pourra y en avoir une qui ne voit bien que les rayons violets, et l'autre les rayons rouges. C'est ce qui nous explique que certaines personnes ne voient pas certaines couleurs. Mais quand nous trouvons une personne qui peut voir très loin aux deux extrémités du spectre, nous avons là quelqu'un qui est en partie clairvoyant, qui peut répondre à plus de vibrations, et c'est pourquoi cette personne voit davantage.

Il peut y avoir, il y a certainement des entités, des choses qui ne réfléchissent pas les rayons lumineux que nous voyons, mais réfléchissent ces rayons que leur vitesse vibratoire fait échapper à notre perception. Quelques-unes d'entre elles peuvent donc être photographiées, quand bien même nos yeux ne sauraient les voir. On a souvent obtenu ce qu'on appelle des photographies d'esprits, bien qu'on doute de leur authenticité parce que, ainsi que le savent très bien tous les photographes, on peut les produire facilement, soit en exposant légèrement les plaques au préalable, soit par d'autres procédés. Cependant si on en peut produire d'artificielles, il n'en est pas moins certain qu'il en existe de réelles.

Expériences du Docteur Baraduc

Les expériences récentes qu'a faites à Paris le Dr Baraduc, prouvent, d'une façon évidente, qu'il est possible de photographier ces vibrations invisibles. À un de mes voyages à Paris, il me montra une série de photographies dans lesquelles il avait réussi à reproduire les effets de l'émotion et de la pensée. Une, entre autres représentant une petite fille qui pleure son oiseau favori, laisse voir une singulière espèce de réseau, produit par l'émotion, et qui enveloppe à la fois l'enfant et l'oiseau. Une autre, sur laquelle on voit deux enfants qui viennent d'avoir peur, montre un nuage tacheté et frémissant. La colère provoquée par une insulte se manifeste par une quantité de petites formes percées ayant l'aspect de taches ou de globules inachevés. Une dame, qui a vu la collection après moi, décrit "une photographie représentant le miaulement d'un chat, dont la joie sonore se traduit par un nuage aux teintes délicates".

Le docteur emploie la plaque sèche sans contact, avec ou sans objectif, et il opère dans l'obscurité complète, à travers du papier noir ou dans une chambre obscure. La plaque est posée près du front, du cœur ou de la main du sujet. "La force vitale, dit le docteur, est éminemment plastique, et, comme l'argile, reçoit des impressions aussi vivantes que si elle était modelée par la main invisible de quelque esprit sculpteur. Ces photographies de fantômes, ces images télépathiques de l'invisible, sont produites par la concentration de la pensée. Ainsi, un officier fixa sa pensée sur un aigle, et la forme majestueuse de cet oiseau se dessina sur la plaque. Une autre montre la silhouette d'un cheval." Quelquefois des visages apparaissent sur les plaques, et le docteur décrit en particulier le cas où la pensée d'une mère a produit le portrait de son enfant mort. Il nous donne aussi le récit plein d'intérêt d'une impression produite pendant une visite astrale.

Un phénomène surprenant de photographie télépathique nous est rapporté par un praticien de Bucarest, le Dr Hasdeu. Lui et son ami, le Dr Istrati, s'intéressant aux phénomènes télépathiques, ils résolurent de tenter l'épreuve photographique de façon à voir s'il était possible de projeter une image à distance sur une plaque préparée. Le soir fixé pour l'épreuve décisive arriva.

Le Dr Hasdeu, avant de se coucher, plaça son appareil au pied de son lit. Le Dr Istrati était à ce moment à plusieurs centaines de milles. Il avait été convenu que ce dernier, avant de s'endormir, concentrerait sa pensée afin d'essayer d'impressionner la plaque préparée par son ami à Bucarest. Le matin suivant, en s'éveillant, le Dr Istrati fut convaincu d'avoir réussi, car il en avait été assuré en rêve. Il écrivit à un ami commun qui se rendit aussitôt chez le Dr Hasdeu et trouva celui-ci en train de développer la plaque en question. Sur cette plaque se voyaient trois silhouettes distinctes, dont l'une était particulièrement claire et ressemblante. Elle représentait le Dr Istrati regardant avec fixité l'appareil dont l'extrémité était illuminée par une lueur phosphorescente qui paraissait émaner de l'apparition. Quand le Dr Istrati revint à Bucarest, il fut surpris de la ressemblance de son portrait fluidique qui révélait le type de sa physionomie et ses caractères les plus marqués, bien plus fidèlement que les photographies obtenues par les procédés ordinaires.

Nos facultés supérieures

Toutes ces expériences nous montrent que beaucoup de choses, invisibles à l'œil humain, sont visibles par la plaque photographique ; et il est bien évident que si notre organe visuel pouvait être rendu aussi sensible que ces plaques, nous verrions beaucoup de choses auxquelles nous sommes actuellement aveugles. Or l'homme est capable non seulement de devenir aussi sensible que les plus sensibles des produits chimiques, mais encore de les dépasser en sensibilité, et il peut alors se procurer quantité d'informations au sujet de ce monde invisible.

Il en est de même de l'ouïe. Nous n'entendons pas tous de la même façon, et par là je ne veux pas dire que quelques-uns entendent mieux que les autres, mais qu'ils entendent des sons que les autres ne pourraient jamais entendre, quelque intenses que soient ces sons. Cela encore peut être démontré. Certains sons produits par des machines peuvent devenir si aigus qu'on ne les entende plus ; la machine allant de plus en plus vite, les sons deviennent de moins en moins perceptibles, et finalement ne le sont plus du tout, non pas qu'ils aient cessé, mais parce que la note est devenue trop élevée pour être appréciée par l'oreille humaine. L'observation la plus agréable que je connaisse, et que tout le monde peut faire, pendant les nuits d'été, à la campagne, est celle du cri de la chauvesouris. C'est un son très aigu, d'une acuité que l'on peut comparer au tranchant d'un rasoir ou à la pointe d'une aiguille, et qui ressemble au cri de la souris, haussée à plusieurs octaves. Il est à la limite des sons perceptibles ; aussi quelques personnes ne peuvent-elles l'entendre, ce qui nous montre qu'il n'y a pas de limites bien tranchées et que l'oreille humaine varie considérablement dans son pouvoir de répondre aux vibrations.

Si donc nous ne pouvons répondre qu'à certains groupes très restreints de vibrations, il est aisé de voir quel changement se produirait pour nous si nous devenions capables de répondre à toutes. La vue éthérique dont nous parlons quelquefois n'est que la faculté de répondre à un plus grand nombre de vibrations physiques : la plus grande partie de la clairvoyance dont font preuve les désincarnés aux séances spirites, est de cet ordre. Ceux-ci en effet lisent quelques pages d'un livre fermé, ou une lettre enfermée dans une botte. Les rayons X font pour nous quelque chose d'analogue ; ils ne nous permettent peut-être pas de lire une lettre, mais de voir à travers les objets matériels, d'apercevoir une clef dans une botte en bois, ou les os du corps humain à travers la chair. On possède cette vue-là, comme je l'ai dit, lorsqu'on est capable de répondre à un plus grand nombre de vibrations physiques.

Poussons maintenant la chose un peu plus loin ; allons au-delà des seules vibrations de la matière physique, et imaginons-nous capables de répondre aux vibrations de la matière astrale ; nous faisons aussitôt la conquête d'un monde nouveau, et nous pouvons voir les objets d'un plan plus subtil quoique encore matériel. Dans tout cela, bien qu'il puisse y avoir beaucoup de choses qui ne nous soient pas familières, il n'y a rien de manifestement impossible. Ce n'est que la suite progressive des facultés que nous connaissons déjà et dont nous nous servons, ce monde de matière astrale succédant à celui qui nous est si familier. Il n'y a rien d'irrationnel dans cette idée. En déclarant que l'homme peut devenir conscient de ce monde inconnu et le décrire, la théosophie, et avec elle toutes les religions de l'Orient, n'affirment rien de déraisonnable ; car ce n'est pas là une suggestion absurde et grotesque, touchant au charlatanisme et à l'imposture, comme on le croit si souvent. Le système entier est absolument scientifique, et on peut y arriver en suivant des procédés d'investigations purement scientifiques.

La vérité sur l'invisible

Quand l'homme devient capable d'étudier ce monde nouveau, en se servant de ces facultés nouvelles, de quoi s'aperçoit-il ? Afin de vous faire comprendre ce qu'est le système dans son ensemble, je vous dirai que l'homme s'aperçoit alors que ce monde invisible est divisé en deux parties : le monde astral et le monde mental. Ces deux parties correspondent, non pas d'une façon précise mais en général, à l'idée que se font les orthodoxes de l'enfer et du ciel ; toutefois, s'il est vrai que de terribles souffrances peuvent être endurées dans la région inférieure du plan astral, ces souffrances, de quelque nature qu'elles soient, ne sont pas un châtiment, mais une purification. La souffrance a toujours et partout pour but d'améliorer l'homme, elle fait partie d'un système dont le but est l'évolution de l'homme ; elle n'est pas un châtiment éternel, incompréhensible, infligé dans un esprit de vengeance, mais simplement la manifestation d'une loi de justice parfaite, qui donne à chacun ce qu'il mérite non comme récompense ou comme punition, mais comme résultat scientifique de ses actes.

Si quelqu'un se brûle en mettant la main au feu, il ne lui vient pas à l'idée qu'on a voulu le punir ; il sait que c'est la conséquence naturelle de son acte, et que les vibrations trop rapides de la matière incandescente ont détruit sa peau et ont causé les diverses désintégrations qui se produisent. De la même manière, la souffrance qui suit le mal n'est pas une punition infligée du dehors, mais simplement et d'une façon absolue, la conséquence de nos actes, conséquence qui est l'œuvre d'une loi inflexible. Toute la souffrance que nous endurons n'est donc que le résultat d'une loi ; elle a pour but de nous purifier, de nous aider, et sans aucun doute elle atteindra ce but.

Le monde astral inférieur correspond donc beaucoup plus justement au purgatoire, qu'à la conception ordinaire et blasphématoire de l'enfer. Il n'y a heureusement rien dans l'univers entier qui corresponde le moins du monde à cet enfer-là. Mais, s'il n'y a pas de souffrances éternelles, telles que nous les a représentées l'imagination désordonnée et le cerveau malade les moines du moyen âge, il y a indubitablement des cas de souffrances individuelles ; mais même cette souffrance, si terrible qu'elle soit parfois, est ce qu'il y a de mieux pour l'homme. Car c'est pour lui la seule manière de se débarrasser du désir qui s'est emparé de lui, du mal qu'il a laissé croître en lui ; c'est la seule manière de s'affranchir de toutes ces entraves, de façon à recommencer dans de meilleures conditions, lors de sa prochaine existence, ses tentatives pour atteindre l'évolution supérieure.

LA VIE CÉLESTE

La seconde partie de la vie post mortem, la vie au ciel, est également le résultat de nos actes, mais dans ce qu'ils ont de plus noble et de plus élevé. C'est là que toute la force spirituelle mise en mouvement par l'homme durant la vie terrestre, produit son plein effet. Dans ce cas, il s'agit encore d'un résultat purement mathématique, en rapport avec la quantité d'énergie émise, car la loi de la conservation de l'énergie régit ces plans supérieurs, aussi bien que le plan physique. Les sentiments profonds qu'inspire à l'homme un idéal élevé ou une affection intense et désintéressée, vouée soit à son dieu, soit simplement à ceux qui l'entourent (qu'il s'agisse d'un amour impersonnel et sublime s'étendant à tous les hommes, ou d'une affection plus ordinaire, qui s'épuise entièrement sur un ou deux êtres) tous ces sentiments sont autant de forces spirituelles à différents niveaux et à différents degrés d'intensité. Tous représentent de l'énergie émise qui ne peut produire son plein effet dans cette vie physique parce que nos pensées, nos aspirations les plus élevées, appartenant au royaume de l'âme libérée, ce plan inférieur n'offre pas de champ propre à leur réalisation.

Personne ne comprend mieux cela que l'artiste ou le poète qui essaie de les réaliser. L'homme qui peint un tableau ou qui écrit un poème, espère ainsi communiquer aux autres ce que lui a révélé la vision de ce monde supérieur : mais nul ne sait aussi bien que lui à quel point l'expression de sa pensée le trahit, et combien ce qu'il peut faire de mieux, la reproduction la plus satisfaisante qu'il puisse donner, sont encore inférieurs à la réalité.

Puisqu'il en est ainsi, cet idéal, ces aspirations plus élevées, demeurent une colossale réserve de force, qui ne peut jamais être épuisée sur le plan physique ou pendant la vie terrestre. Ce n'est qu'après la mort, et après que les passions et les désirs inférieurs se sont dissipés, qu'il est possible à ces forces plus belles de se manifester. Et c'est pourquoi il existe un monde invisible supérieur, d'une beauté transcendante, d'une splendeur inimaginable, que l'on a appelé le ciel.

Toutes les religions ont essayé de le décrire, mais toutes sont restées en deçà de la vérité. Nous avons des récits qui représentent le ciel avec des portes de perles, des rues d'or, des mers de feu et de cristal, des arbres portant douze sortes de fruits, des pierres précieuses et des joyaux d'espèces variées ; ce sont là des essais maladroits, mais qui nous offrent ce que l'auteur a pu imaginer de plus beau. Nous retrouvons des symboles analogues dans les manuscrits indous ou bouddhistes ; les mêmes arbres d'or et d'argent, portant des pierres précieuses en guise de fruits, situés dans les jardins des dieux, tentatives naïves mais sincères des écrivains primitifs pour peindre quelque chose qu'il ont vu, mais dont la splendeur est indescriptible.

De nos jours nous faisons un tableau différent du monde céleste, un tableau d'une beauté plus raffinée, plus intellectuelle, d'un niveau plus élevé, plus vraiment spirituel, dirai-je, pour ceux qui comprennent le sens de ce mot ; mais, malgré tout, ces efforts qui nous semblent beaucoup plus satisfaisants, sont encore au-dessous de la réalité sublime. Il demeure vrai, comme on l'a écrit il y a longtemps, que "l'œil n'a pas vu, que l'oreille n'a pas entendu, que le cœur de l'homme n'a pas su concevoir les choses que Dieu a préparées pour ceux qui l'aiment". Mais il faut ajouter que ce n'est pas pour quelques fidèles seulement, mais pour tous, car tous, dans la mesure où ils connaissent Dieu, doivent l'aimer. Il n'y a pas de barrière, et ce monde céleste est bien le ciel pour tous ceux qui peuvent l'atteindre.

Chacun a sa récompense

Au lieu de mettre les uns au ciel et les autres en enfer, comme le font les théologiens modernes, il serait plus juste de dire que tous les hommes passent par les deux états que représentent ces mots. Tous atteignent ce monde céleste après leur vie astrale, sauf les êtres si peu avancés ou si dégradés, qu'ils n'ont jamais eu une seul pensée, un seul sentiment altruiste. Dans ce cas, il ne peut y avoir de ciel pour de tels êtres, car les désirs, les sentiments égoïstes appartiennent exclusivement au plan astral et récoltent leurs fruits sur ce plan. Il y a des gens qui ne connaissent guère le désintéressement ; ces gens-là recueilleront la récompense du bien qu'ils ont fait, non dans le monde céleste, mais à un niveau moins élevé, dans les régions supérieures du plan astral. Comme on l'a dit il y a longtemps de ceux qui priaient dans les places publiques afin d'être vus des hommes : "En vérité je vous le dis, ils reçoivent leur récompense." Aussi bien que ceux qui ont un idéal élevé, et qui n'ont pas ici-bas tout ce qu'ils désirent, ceux qui ont un idéal égoïste, ont aussi leur récompense après la mort. Dans la région supérieure du plan astral ils récoltent le fruit de leurs actions, ils se trouvent entourés de tout ce qu'ils ont désiré, mais ils n'ont pas naturellement les jouissances plus raffinées (qu'ils n'ont d'ailleurs pas désirées) parce qu'ils ne sont pas encore arrivés à ce niveau. Cependant tous seront heureux à leur manière et en temps voulu. Les égoïstes souffriront sans doute beaucoup avant d'en arriver là, mais ils auront eux aussi leur récompense, comme tous d'ailleurs. On voit que ce n'est plus la croyance étroite des religions orthodoxes. Nous allons en effet un peu plus loin qu'elles, car notre système est scientifique, et n'admet pas un favoritisme qui ouvre aux uns le ciel dont il interdit aux autres l'accès.

Ce ne sont pas des suppositions ; c'est la simple vérité ; une vérité basée sur une observation attentive, et que peuvent vérifier ceux qui ont des yeux pour voir ces plans supérieurs. Ce monde céleste n'est pas non plus un pays de rêve, il est, au contraire, plein de vie et de réalité. C'est le plan de l'esprit divin, et il répond à tous les appels qui lui sont faits. Si un homme a en lui un trésor d'aspirations sublimes, il attire à lui, des plans supérieurs, un courant correspondant ; si au contraire il n'a qu'une petite parcelle de désintéressement, cette petite parcelle produira ses fruits. Il n'est pas question pour l'un d'être admis, et pour l'autre d'être laissé à la porte ; chacun obtient ce qu'il peut obtenir.

Telle est la nature du monde céleste. Tous y sont heureux ; pas au même degré bien entendu, ni de la même manière ; mais chacun est heureux dans la mesure où il est capable de l'être. S'il n'obtient pas plus de bonheur, c'est qu'il est incapable d'en saisir davantage. Tous les vases sont remplis jusqu'au bord, mais les uns sont plus grands, les autres plus petits, et chacun reçoit selon sa capacité.

Cette théorie, il faut bien l'admettre, est beaucoup plus rationnelle que celle que nous présente la théologie moderne. Mon intention n'est pas tant de vous donner aujourd'hui des détails sur les mondes au delà de la tombe, que de vous montrer qu'ils sont tous des parties d'un même monde, qu'il n'y a aucune interruption entre eux, mais que l'ensemble est cohérent, rationnel, gradué. Quant à leur place, je vous ai dit qu'ils étaient ici même, autour de vous. Mais, direz-vous, comment cela peut-il se faire ? Comment l'espace qui nous entoure étant plein de matière, peut-il exister en même temps une autre matière, si ténue soit-elle ?

Interpénétration

Je ne crois pas qu'il soit difficile de comprendre cela. C'est un fait scientifique bien connu que, même dans les corps les plus durs ici-bas, les atomes ne se touchent jamais ; chaque atome a son champ d'action et de vibration, chaque molécule a son champ de vibration, si petit soit-il ; il y a donc toujours de l'espace entre eux. Chaque atome physique flotte dans une mer astrale, dans une mer de matière astrale qui l'entoure, et pénètre tous les interstices de la matière physique. C'est ce qui explique un autre phénomène dont vous avez tous entendu parler, le passage de la matière à travers la matière aux séances spirites. La matière à l'état éthérique, ou à l'état astral, peut, avec la plus grande facilité, traverser la matière physique plus dense, tout comme si celle-ci n'existait pas, grâce à cette interprétation ; de sorte que ce phénomène qui paraissait si compliqué, devient très simple pour celui qui peut saisir cette idée.

Un mot encore d'avertissement en ce qui concerne ce monde invisible. Ne vous imaginez pas que ces différents degrés, ces divisions de matière sont superposées les unes aux autres comme les rayons d'une bibliothèque. Représentez-vous bien que l'interpénétration est parfaite, au dedans et autour de chaque objet physique. On sait déjà que l'éther pénètre tous les corps physiques. J'aimerais à vous montrer clairement, si je le pouvais, combien tout cela est naturel, et à vous mettre en garde contre les erreurs possibles qui proviennent de la supposition que tout ce qui existe au-delà du plan physique n'est plus naturel, mais surnaturel. Il n'en est pas ainsi. C'est superphysique si vous voulez, mais non pas surnaturel. Le système est toujours le même et les mêmes lois se retrouvent partout.

Il est vrai que ces plans s'étendent un peu au-delà du nôtre. Lorsque nous considérons la terre, nous voyons d'abord une boule de matière solide entourée d'eau en grande partie. Au-dessus nous trouvons l'air, parce que la terre est entourée d'une atmosphère. Ces trois états de matière sont pénétrés par la matière astrale qui, étant beaucoup plus légère, s'élève cependant plus haut que l'atmosphère. S'il était possible de pénétrer au delà de l'atmosphère terrestre, on serait cependant encore dans le plan astral, parce que ce plan s'élève plus haut. Ce n'est pas qu'il ne se trouve pas ici aussi, mais il s'étend davantage, et forme par conséquent une sphère plus grosse que la terre.

Il en est de même du plan mental ; là nous avons une matière plus subtile encore ; elle pénètre toute la matière astrale et la matière physique, et s'étend encore plus loin que le plan astral. Cependant le plan mental de notre terre forme aussi une sphère qui, si elle est beaucoup plus étendue que la planète physique qu'elle entoure, n'en est pas moins séparée, par des millions de kilomètres, du plan mental de n'importe quelle autre planète. Mais au contraire, quand on passe au-delà du plan mental et qu'on atteint le plan bouddhique, on ne trouve plus de divisions, car ce plan est commun à toutes les planètes de notre chaîne Il en est probablement de même, dans une plus grande mesure encore, des plans plus élevés, mais je n'ai pas le temps d'en parler à présent, et ils dépassent le cadre de cette conférence.

Ceux qui désirent comprendre ces plans de la nature, qui veulent se faire une idée de la beauté et des merveilles de ces mondes supérieurs, pourront satisfaire leur désir en étudiant la littérature théosophique. Je leur recommanderai d'étudier mon livre intitulé : *De l'autre côté de la mort*, et aussi deux de nos manuels théosophiques, *Le plan astral* et *Le dévachan*[11]. S'ils lisent ces livres attentivement, ils apprendront tout ce que nous savons actuellement de ces mondes invisibles, et je puis les assurer qu'ils penseront avec nous que tout ce système est si logique, si cohérent, si facile à comprendre, que rien n'y rebute l'esprit, qu'il n'exige point de gymnastique mentale ni de sauts périlleux, pour franchir les points faibles où la raison ne se sent plus sur un terrain solide, mais qu'il permet au contraire une ascension graduelle et sure d'un niveau à l'autre, car nous n'essayons de forcer les convictions de personne.

La raison et le bon sens

On s'apercevra vite, en l'étudiant, que le système que nous présentons est absolument rationnel dans toutes ses parties, qu'il est même la véritable apothéose du bon sens, comme à vrai dire tout ce que je connais d'occultisme. Quant à ce prétendu occultisme qui fait violence à notre foi, qui recommande toutes sortes de pratiques étranges et contre nature, il y a beaucoup de bonnes raisons de s'en défier, et de soupçonner que ce n'est pas un occultisme de bon aloi. Dans toutes les circonstances qui peuvent se présenter, l'homme

---

[11] Éditions Adyar.

doit toujours faire usage de sa raison et de son bon sens. Je ne dis pas qu'il n'y ait que la raison qui puisse nous aider. Il existe une certitude spirituelle qui vient de loin, et au sujet de laquelle on ne peut raisonner ; mais cette certitude provient d'une connaissance antérieure. L'homme qui éprouve cette certitude absolue et intuitive, à propos d'un fait quelconque, a eu connaissance de ce fait auparavant dans une autre vie ; son âme en a donc encore connaissance, et sa conviction est basée sur l'expérience et la raison, bien que les anneaux de la chaîne du raisonnement au moyen duquel il est arrivé à cette certitude, échappent à la mémoire de son cerveau physique. Mais de telles intuitions sont rares, et la raison doit guider toutes nos croyances. Il est certain qu'un système qui fait violence à notre raison doit être immédiatement rejeté. En théosophie nous insistons toujours particulièrement sur le fait qu'une foi aveugle est une entrave qui s'oppose au progrès spirituel de l'homme. Celui qui désire avancer doit rejeter cette foi aveugle ; il lui faut apprendre qu'aucun livre n'est infaillible, car notre connaissance de la vérité est progressive, nous en apporte chaque jour quelque nouveau fragment.

La théosophie n'a pas de dogmes à exposer à ses étudiants, aucun crédo révélé une fois pour toutes aux saints. Elle a une certaine quantité de connaissances à leur offrir pour qu'ils les examinent ; mais ils ne doivent jamais oublier que ceux auxquels incombe la tâche d'écrire des livres et de faire des conférences, sont des étudiants aussi, qui observent et qui apprennent constamment. Ceux qui veulent suivre le développement de la pensée théosophique devront lire les éditions récentes des ouvrages [12], et non les éditions anciennes, car, dans l'intervalle qui les sépare, de nouveaux faits ont été observés.

---

12 Depuis que ce chapitre a été revu pour la seconde édition de cet ouvrage, d'autres faits importants ont été découverts, concernant la structure du "Monde Invisible", et ont paru dans *Occult Chemistry*, surtout dans l'appendice sur *L'éther de l'espace*, par A. Besant et C. W. Leadbeater.

Il y a des membres qui préfèreraient qu'on leur donne un crédo bien défini, parfait, qu'ils pourraient apprendre une fois pour toutes de façon à se dispenser de penser ensuite. Mais nos écrivains ne peuvent satisfaire ce désir, car bien que les idées théosophiques soient religieuses au plus haut point, elles sont étudiées d'un point de vue absolument scientifique.

C'est en effet la mission de la théosophie de rapprocher ces deux modes de pensée ; de montrer qu'il n'y a nécessairement aucun conflit entre la religion et la science, mais qu'au contraire la science est l'auxiliaire de la religion, tandis que celle-ci reste le plus élevé de tous les objets qui peuvent s'offrir à l'examen scientifique. Ceux qui étudieront l'enseignement théosophique, s'apercevront comme nous, qu'il devient plus intéressant, et plus attrayant d'année en année, qu'il satisfait de plus en plus leur raison, tout en réalisant toujours davantage leurs aspirations les plus hautes. Ceux qui l'étudieront ne s'en repentiront jamais ; dans toutes leurs vies à venir, ils trouveront de nouvelles raisons de se réjouir d'avoir entrepris l'étude de cette Religion-Sagesse, si compréhensible et si belle, que de nos jours nous avons appelé Théosophie.

CHAPITRE VI

EXPLICATION RAISONNÉE DU MESMÉRISME

Ce sujet doit être, à mon avis, d'un grand intérêt pour ceux qui comprennent le moins du monde tout ce qu'il embrasse. On se trompe bien souvent sur le sens du mot, de sorte qu'il est bon de commencer par une sorte de définition. Aujourd'hui on n'entend plus parler de mesmérisme, mais seulement d'hypnotisme ; la question se pose donc aussitôt de savoir si ce sont là deux choses analogues. Je crois, pour ma part, qu'il vaut mieux établir quelque différence entre les deux, quoique la plupart des gens emploient les mots l'un pour l'autre. Le mot "hypnotisme" vient du grec "*upnos*", sommeil ; de sorte que l'hypnotisme est l'étude de l'art d'endormir ; ce mot se trouve malheureusement associé à de mauvaises choses, et son histoire n'est pas très belle.

Sans aucun doute le nom de mesmérisme a été employé, à l'origine, pour tous les phénomènes que l'on désigne aujourd'hui sous le nom d'hypnotisme, et c'est Mesmer qui a découvert en Europe le pouvoir auquel on a donné son nom. Il fut raillé, persécuté par les ignorants et par les hommes de science aveuglés par leurs préjugés ; les médecins ne voulurent même pas s'occuper de ses expériences. On nia simplement les faits, tout comme, de nos jours, on croit intelligent de nier les faits spirites.

Il y a cinquante ans, un certain M. Braid, chirurgien à Manchester, publia un petit livre étudiant les faits à un point de vue nouveau. Il déclara qu'ils étaient tous dus à la fatigue de certains muscles de la paupière. Il appela son livre *Neurypnologie*, et on croit, en général, qu'il fut le premier à étudier ces sujets d'une façon scientifique. Cela n'est cependant pas exact, et son hypothèse n'explique pas la plus grande partie des phénomènes ; elle semble d'ailleurs n'avoir été acceptée officiellement que parce qu'elle offrait un moyen honorable de quitter une position désormais intenable. Les phénomènes que les médecins avaient décidé de railler et de nier se produisaient constamment, et Braid présentait une méthode qui permettait de les admettre en partie sans avoir à faire l'humiliant aveu que Mesmer avait eu raison, et que la science orthodoxe s'était trompée. Aussi déclara-t-on que c'était là vraiment une découverte entièrement nouvelle, et qu'il fallait lui donner un nom spécial. Dans cette voie suivirent Charcot, Binet, Féré, et quelques écrivains récents, tous adoptant une vue très limitée de la question, négligeant de parti pris les faits qui ne s'accordaient pas avec cette vue limitée.

Mesmer, le véritable pionnier dans cette nouvelle voie, avait cependant bien mieux expliqué les choses avec sa théorie. Il affirmait l'existence d'un fluide subtil allant de l'opérateur au sujet, et, dans cette conjecture parfaitement exacte, il fut suivi par les premiers expérimentateurs français, le marquis de Puységur, Deleuze, le baron du Potet, et le baron de Reichenbach.

Expériences de Reichenbach

Ce dernier fit et raconta patiemment une longue série d'expériences avec des sujets sensitifs, et ses œuvres méritent d'être étudiées avec soin. Sa première découverte montra qu'un certain nombre de ses jeunes patients pouvaient voir, dans une chambre obscure, des flammes émaner des pôles d'un aimant. Il s'aperçut ensuite que ses sujets voyaient des flammes analogues s'échapper des extrémités de ses doigts pendant qu'il faisait ses passes mesmériques. C'est à cause de cette ressemblance qu'il donna au fluide, qui passe dans ce cas de l'opérateur au patient, le nom de "magnétisme animal". Il eut l'idée que ce fluide avait quelque rapport avec la force vitale qui nous vient du soleil, et pour s'en assurer il fit l'ingénieuse expérience suivante.

Il arrangea un fil de cuivre de façon à exposer une de ses extrémités dehors au soleil, et il fit arriver l'autre extrémité dans sa chambre obscure. Il s'aperçut alors que quand le fil était dans l'ombre dehors, le sujet, qui se tenait dans la pièce, ne voyait rien; mais si le fil était exposé au soleil, le patient pouvait aussitôt distinguer, dans la pièce, l'endroit où se trouvait l'extrémité du fil, car celle-ci émettait une faible lueur. Quand il attachait une plaque de cuivre à l'extrémité extérieure du fil, de façon à rassembler une plus grande quantité d'énergie solaire, le sujet voyait une lumière très brillante.

Dans toutes ses premières expériences, Reichenbach avait l'impression que cette sensibilité magnétique était un signe de mauvaise santé. Aussi fut-il bien surpris lorsqu'il s'aperçut qu'une de ses patientes gardait ses facultés après sa guérison. D'autres expériences l'amenèrent à comprendre que la possession d'une telle faculté n'était nullement une question de santé, mais de sensibilité psychique, et il supposa même, avec raison, que nous avons tous ce pouvoir, plus ou moins, mais que chez la plupart, il ne se montre que quand les facultés physiques ordinaires sont affaiblies par la maladie. On voit donc, d'après cela, que ces premiers magnétiseurs approchèrent de la vérité beaucoup plus que la plupart de leurs successeurs.

Aujourd'hui même, il n'existe pas de meilleurs comptes rendus d'opérations chirurgicales sous l'action du mesmérisme, ou de guérisons mesmériques en général, que ceux que l'on peut lire dans les ouvrages du Dr Esdaile, de Calcutta, et du Dr Elliotson qui opérait dans le quartier nord de Londres. À cette époque, je crois, l'intérêt fut vivement excité par une opération que fit à l'hôpital Saint-Barthélemy, à Londres, un certain M. Ward, qui amputa au-dessus du genou, la jambe d'un patient magnétisé. C'était un cas qui aurait dû satisfaire le plus sceptique investigateur ; cependant, quand le rapport fut présenté à la Société médicale et chirurgicale de Londres, les membres de la Société refusèrent absolument d'écouter les témoignages, sous prétexte qu'une telle chose était manifestement incroyable et absurde, et que même si elle était vraie, elle serait contraire 'à la volonté divine, qui avait décidé que la douleur ferait partie des opérations chirurgicales ! On a peine à croire qu'une assemblée de gens instruits et, savants, ait pu raisonner d'une façon aussi stupide ; telle fut pourtant la décision enregistrée au procès-verbal !

L'IGNORANCE

La situation s'est améliorée depuis, mais il y a encore, à ce sujet, beaucoup de sotte incrédulité, et ce qui est pire encore, de la part des ignorants, beaucoup d'affirmations dénuées de fondement, et qu'il est difficile d'écouter avec patience. M. Sinnett a bien jugé cette situation en écrivant ; "Personne ne doit être blâmé de ne pas étudier un sujet qui ne l'attire pas. Mais, dans la plupart des cas, les gens qui ont conscience de n'avoir qu'une intelligence très bornée, éprouvent un respect convenable pour ceux qui sont mieux pourvus qu'eux. Un homme peut ne connaître que les sports, et cependant s'abstenir d'affirmer que les chimistes et les électriciens sont nécessairement des imposteurs ; un chimiste peut ne rien connaître de l'art italien, et cependant s'abstenir de déclarer que Raphaël n'a jamais existé. Mais parmi le commun des mortels, les gens qui ignorent les sciences psychiques, s'encouragent mutuellement pour refuser, de propos délibéré, d'admettre les faits, toutes les fois que l'on veut expliquer quelques-uns de ces phénomènes. L'épicier de campagne ordinaire, le reporter ordinaire, l'étudiant physicien ordinaire, toutes les fois qu'ils se trouvent en présence de quelque exposé des travaux de ceux qui étudient n'importe quelle branche de recherches psychiques, deviennent aussitôt absolument incapables de comprendre qu'il convient de respecter la science des autres, même si on ne la partage pas. Il est vrai que, au point de vue occulte, on comprend qu'il en soit ainsi, car l'incrédulité de l'humanité non encore développée spirituellement est, pour la nature, le moyen de se protéger contre ceux qui ne sont pas encore préparés à se servir de ses dons spirituels plus élevés."

Le livre auquel j'emprunte cette citation, s'appelle *Explication raisonnée du Mesmérisme;* c'est un livre que nul ne devrait omettre de lire en étudiant cette question, car l'auteur étant un praticien du mesmérisme, de grande puissance et de grande expérience, expose la théorie théosophique à ce sujet, beaucoup mieux que je ne pourrais le faire moi-même. Tout ce que je puis faire, c'est de vous donner une esquisse à grands traits, que vous compléterez vous-mêmes en lisant le livre de M. Sinnett.

Il est impossible de rien comprendre au mesmérisme si on ne le considère pas comme faisant partie d'un plan de l'univers bien ordonné, si on ne l'explique pas d'après ce que nous savons de la constitution de l'homme, et de ses rapports avec le monde qui l'entoure. Considéré ainsi, il devient aussitôt compréhensible ; et il n'est plus difficile de classer et d'expliquer ses manifestations variées. Il faut se rappeler l'explication théosophique des différents plans de la nature et des corps de l'homme correspondant à chacun d'eux; le fluide mesmérique, émis par l'opérateur, étant subtil et invisible à la vue ordinaire, il affectera la partie plus subtile de notre corps; il faut donc nous reporter à notre étude de cette partie de l'homme pour trouver une théorie rationnelle de ses effets. Il est bon de se rappeler toujours que l'homme est un être vivant à la fois dans deux mondes, l'un visible, l'autre invisible; un être qui existe simultanément sur plusieurs des plans de la nature, et en reçoit, consciemment ou inconsciemment, des impressions pendant toute sa vie.

Cela étant admis une fois pour toutes, nous sommes préparés à comprendre que toutes les explications, purement physiques, de l'être humain, doivent être extrêmement partielles, et qu'il est facile de se méprendre sur les actions et les évènements du plan physique, si on n'en connaît pas les causes sur les plans supérieurs. M. Sinnett, dans le livre que je viens de mentionner, compare notre position à cet égard, à celle d'un poisson qui, nageant dans l'eau, essaie de comprendre les mouvements de la quille d'un bateau qui se meut à côté de lui. Il pourra, sans aucun doute, comprendre la résistance que l'eau oppose à la quille, la déviation que lui imposent les courants, etc.; mais il se produira fréquemment des mouvements dont notre poisson ne pourra se représenter la cause, parce qu'ils appartiennent à un autre monde, à un monde supérieur. L'inclinaison de la quille, suivant que les voiles sont prises de tel ou tel côté, sera pour lui un mouvement mystérieux, inexplicable, et il l'attribuera sans doute à une volonté résidant dans le bateau. On peut s'imaginer qu'un poisson-volant arriverait, lui, à comprendre quelque chose aux conditions de l'air et de la mer, et approcherait ainsi beaucoup plus d'une théorie correcte. L'étudiant clairvoyant est comme le poisson-volant; il peut, jusqu'à un certain point, dépasser son élément, et pénétrer ainsi dans un monde plus vaste, dans lequel il apprend nombre de leçons.

Sur le plan physique, les pensées et les passions de l'homme ne sont connues que par leurs effets; elles sont cependant la force motrice, et doivent être prises en considération si nous voulons comprendre; tout comme notre poisson fictif devra connaître un peu les voiles avant de pouvoir s'expliquer pourquoi son vaisseau se meut ainsi.

Nous pouvons aborder l'étude du mesmérisme de deux manières. Nous pouvons commencer à expérimenter par nous-mêmes, ou bien nous pouvons étudier les expériences des autres, au moyen des livres qu'ils ont écrits. À ceux qui choisiront les livres, je recommanderai pour commencer celui du Dr Esdaile, comme étant le meilleur. Les sujets étaient tous des Orientaux, et, ceux-ci sont, en général, beaucoup plus sensibles à l'influence mesmérique que les blancs.

Nature de la sensibilité mesmérique

Cela ne veut pas dire qu'ils ont une volonté plus faible, mais seulement qu'ils ont développé un certain côté de la nature humaine. Vous vous rappelez que je vous ai expliqué, dans des conférences antérieures, que l'évolution de l'homme s'accomplit par cycles, qu'elle consiste, pour l'homme, à s'envelopper de matière puis à s'en dégager, emportant les résultats de cette immersion, sous forme d'expérience gagnée et de qualités développées. Au cours de ce cycle, il arrive un moment où l'homme est complètement enseveli dans la matière, et, par conséquent, peu sensible à l'influence de forces subtiles. Ce point de matérialité extrême coïncidant souvent avec un développement intellectuel puissant, nous avons alors une nature fortement matérielle combinée à une attitude mentale particulièrement matérialiste, et à ce moment-là l'homme ne sera pas un bon sujet au point de vue mesmérique. Je ne dis pas qu'il ne pourrait pas avoir raison de cette résistance par une volonté suffisamment puissante ; mais cela demanderait plus d'efforts qu'il ne vaudrait la peine d'en faire ; cet homme sera donc pour nous un sujet rebelle.

Avant cela il y a un moment où le côté psychique de l'homme est beaucoup plus accessible ; à un degré plus avancé de l'évolution, cette sensibilité reparaît. Mais à cette seconde période il n'est plus possible de dominer l'homme au point de vue mesmérique, à moins qu'il n'y consente, car il est alors arrivé au psychisme véritable, il possède ses facultés en pleine conscience et peut s'en servir à volonté et efficacement. Mais au point intermédiaire ce n'est pas son intelligence qui le sauve de l'influence mesmérique, comme il le dit souvent avec fierté, ce sont simplement ses conceptions matérialistes. C'est parce qu'il est lié au plan purement physique qu'il résiste à tout effort tenté pour l'impressionner du dehors.

Quand cependant on réussit à produire une impression, l'effet est souvent remarquablement frappant. Non seulement on peut subjuguer la volonté à un point incroyable, mais on peut aussi produire des résultats physiques tels que l'anesthésie, ou la rigidité, et on peut guérir facilement nombre de maladies. Comment cela s'explique-t-il ?

Il faut se rappeler tout d'abord que le corps physique contient beaucoup de matières invisibles à la vue ordinaire. Il est formé, non seulement de parties solides et liquides, mais encore de gaz et de parties éthériques. Ces dernières jouent un rôle important dans la santé de l'homme ; tout son corps en est imprégné, de sorte que s'il était possible de lui ôter toutes les particules solides, liquides et gazeuses, la forme de son corps serait encore clairement marquée dans la matière éthérique. Cette partie de son corps qu'on a appelée parfois le double éthérique, est le véhicule de la vitalité.

Circulation nerveuse

Nous savons que nous avons, outre un système de veines et d'artères, un système de nerfs qui parcourent tout notre corps, et, de même que les artères et les veines ont leur circulation dont le cœur est le centre, les nerfs ont aussi leur circulation dont le centre est le cerveau. Ce n'est plus le sang qui circule, mais le fluide vital ; et ce fluide circule, non pas le long des nerfs eux-mêmes, mais le long d'une espèce d'enveloppe éthérique qui entoure chaque nerf. Beaucoup d'électriciens croient que l'électricité ne circule pas du tout le long du fil conducteur, mais bien le long d'une enveloppe d'éther qui entoure le fil. S'il en est ainsi, le phénomène est absolument analogue à la circulation de la force vitale.

Normalement, chez l'homme sain, deux fluides distincts sont en rapport avec cet appareil circulatoire nerveux. Il y a d'abord l'aura nerveuse, qui circule régulièrement et d'une façon continue, en partant du cerveau comme centre ; il y a ensuite le fluide vital qui est pris au dehors, et emmené, par l'aura nerveuse, sous la forme de particules roses très facilement visibles aux clairvoyants.

Considérons d'abord l'aura nerveuse.

On a remarqué que l'activité normale du nerf dépend de la présence de ce fluide, ce que l'on peut démontrer par diverses expériences. Nous savons qu'il est possible, au moyen de passes mesmériques, de rendre le bras d'une personne absolument insensible à la douleur ; on arrive à ce résultat en refoulant l'aura nerveuse, de façon à en interrompre la circulation, le long de cette partie du corps ; le nerf ne peut plus alors faire connaître au cerveau ce qui lui arrive, ainsi qu'il le fait généralement. Sans l'éther spécialisé qui normalement l'entoure, le nerf ne peut pas communiquer avec le cerveau ; c'est, pour le moment, comme si le nerf n'existait pas ; en d'autres termes, il n'y a pas de sensation.

Le fluide vital est aussi spécialisé, et chez l'homme sain il se trouve en grande abondance. Il nous vient du soleil qui est la source de la vie, ici encore, comme il l'est dans le monde extérieur, par sa chaleur et sa lumière. Les atomes de l'atmosphère terrestre sont, en tout temps, plus ou moins chargés de cette force, qui est cependant plus active et plus abondante quand le soleil brille. Notre corps physique ne peut vivre qu'à la condition de l'absorber. Par elle-même, elle est invisible, comme toutes les forces ; mais nous en voyons l'effet dans l'activité intense des atomes qu'elle anime. Quand elle a été absorbée par le corps humain, et par conséquent spécialisée, les atomes revêtent la jolie couleur rose que j'ai mentionnée, et sont emportés par un courant continu, à travers le corps entier, le long des nerfs. L'homme qui jouit d'une santé parfaite, a trop de ce fluide qui rayonne de son corps constamment, dans toutes les directions, de sorte qu'il répand littéralement la santé et la vitalité sur tous ceux qui l'entourent, quoiqu'il ne s'en doute pas. Au contraire, celui qui, par faiblesse, ou par quelque autre cause, ne peut spécialiser à son usage une quantité suffisante de la force vitale de l'univers, agit parfois, également sans s'en douter, comme une éponge, et absorbe la vitalité déjà spécialisée de toute personne sensitive qui l'approche, et cela à son profit temporaire naturellement, mais aussi parfois au détriment de sa victime. Il est probable que beaucoup de personnes ont ressenti ces effets à un degré moindre, et se sont aperçus qu'il y a, parmi leurs connaissances, des gens après la visite desquels elles se sentent toujours fatiguées et déprimées, sans savoir pourquoi.

Ce que donne le magnétisme

Vous commencez sans doute maintenant à voir ce que le magnétisme donne à son sujet. Ce peut être de l'éther nerveux, de la vitalité, ou les deux. Supposez un patient sérieusement affaibli ou fatigué, ayant perdu la faculté de spécialiser à son usage le fluide vital. Le magnétisme peut renouveler sa provision en lui infusant de son propre fluide le long des nerfs, il peut amener ainsi une guérison rapide.

Le procédé est analogue à celui que l'on adopte souvent pour la nourriture. Quand un malade est très affaibli, l'estomac ne peut plus digérer, et le corps n'étant plus convenablement nourri, la faiblesse augmente. Le remède employé dans ce cas consiste à fournir à l'estomac, une nourriture déjà digérée en partie, au moyen de pepsines ou autres préparations analogues. Cette nourriture étant assimilée, la force revient. De la même façon, un homme qui ne peut plus spécialiser le fluide vital, peut encore absorber celui qui a déjà été spécialisé par quelqu'un d'autre, et regagner ainsi la force qui lui permettra de faire l'effort nécessaire pour rétablir l'activité normale des organes éthériques. Cela suffit contre la faiblesse.

Il y a d'autres cas où il s'agit de congestion ; le fluide vital ne circule pas convenablement ; l'aura nerveuse est paresseuse et en mauvais état. Il faut alors évidemment emprunter à l'aura saine du dehors, ce que l'on peut faire de diverses manières. Quelques magnétiseurs emploient simplement la force, et projettent de puissants courants de leur propre éther, espérant ainsi chasser ce qui a besoin de disparaître On peut évidemment réussir ainsi, quoiqu'en dépensant beaucoup plus d'énergie qu'il n'en faut. Une méthode plus scientifique consiste à procéder plus tranquillement, en chassant d'abord la matière congestionnée ou malade, puis en la remplaçant par de l'éther nerveux plus sain, de façon à stimuler petit à petit l'activité ralentie du courant. Si le patient a mal à la tête par exemple, il y a presque toujours de l'éther malsain congestionné au voisinage du cerveau, et la première chose à faire est de le chasser. Comment ? Comme on s'y prend pour infuser de la force, en se servant de sa volonté. Il ne faut pas oublier que les subdivisions subtiles de la matière sont facilement affectées, modelées même, par l'action de la volonté humaine.

Le magnétiseur peut faire des passes, mais il ne fait ainsi tout au plus que pointer son arme dans une certaine direction, tandis que sa volonté est la poudre qui fait partir la balle et produit le résultat, le fluide étant le plomb envoyé. Un magnétiseur qui connaît son métier peut très bien se passer de gestes s'il le désire ; j'en ai connu un qui ne les employait jamais, et regardait simplement son sujet. La main ne sert qu'à concentrer le fluide, et peut être aussi à aider l'imagination de l'opérateur. Car afin de vouloir fortement il lui faut croire, et son acte l'aide sans aucun doute à réaliser ce qu'il fait.

Si le magnétiseur peut infuser du magnétisme par un effort de sa volonté, il peut aussi, par un effort de volonté, en chasser ; cependant il lui arrive souvent aussi, dans ce cas, de s'aider d'un geste de la main. Pour un mal de tête par exemple, il posera ses mains sur le front du patient, et se les représentera comme des éponges destinées à absorber, d'une façon continue, le magnétisme malsain du cerveau. Il est probable qu'il s'apercevra bien vite produire en effet le résultat auquel il pense ; car, à moins qu'il n'ait soin de rejeter le mauvais magnétisme qu'il absorbe, il ressentira lui-même un mal de tête, ou commencera à souffrir dans le bras ou dans la main avec lesquels il opère. Il attire donc bien à lui de la substance malade, et il lui faut, s'il veut continuer à se bien porter, la rejeter immédiatement, avant qu'elle n'ait eu le temps de s'installer définitivement chez lui.

Il lui faut donc avoir un moyen de s'en débarrasser, et le plus simple consiste à secouer les mains, comme s'il y avait de l'eau dessus. Bien qu'il ne la voie pas, la substance qu'il chasse est physique, et doit être maniée par des moyens physiques. Il est donc nécessaire de ne pas négliger ces précautions, et de ne pas oublier de se laver les mains soigneusement après avoir guéri une migraine ou une indisposition de ce genre.

Après avoir fait disparaître ainsi la cause du mal, le magnétiseur se mettra à infuser de vigoureux et sain magnétisme à la place, de façon à protéger le malade contre le retour du mal. On peut voir que, pour les affections nerveuses, une telle méthode a de nombreux avantages. Dans la plupart des cas, il ne s'agit en effet que d'une irrégularité dans les courants fluidiques qui circulent le long des nerfs. Ou ils sont congestionnés, ou ils sont paresseux, ou au contraire ils sont trop rapides ; ils peuvent être insuffisants en quantité ou en qualité. En donnant des médicaments, nous ne pouvons qu'agir sur le nerf physique, et par lui, dans une faible mesure, sur les fluides qui l'entourent : tandis que le mesmérisme agit directement sur les fluides eux-mêmes, et va ainsi droit à la cause du mal.

Sympathie magnétique

Dans les cas où l'on produit la transe, ou dans ceux qui ont pour résultat la rigidité de certains muscles, la volonté de l'opérateur entre également en jeu, et il y a toujours quelque force projetée au dehors. Seulement la volonté est dirigée différemment ; au lieu de penser à guérir, ou à chasser de mauvais magnétisme, le magnétisme pense à dominer la volonté du sujet, ou à remplacer entièrement ou en partie, l'aura de ce dernier par la sienne propre. Dans ce dernier cas les nerfs du sujet ne communiquent plus avec son cerveau, mais une étroite sympathie se trouve établie entre les deux personnes en question. Cette sympathie peut se manifester de deux façons l'opérateur peut sentir à la place du sujet, ou le sujet peut sentir tout ce qui touche l'opérateur. J'ai vu des cas où, le sujet étant en transe, l'opérateur se tenant à quelques mètres derrière lui, si un tiers piquait la main de l'opérateur (que celui-ci tenait derrière son dos, de façon à ce que le sensitif ne pût absolument pas la voir par les procédés ordinaires), le sujet se frottait aussitôt, la main correspondante, comme si elle avait senti la piqûre à la place du magnétiseur. Il est à présumer que l'éther nerveux de celui-ci est alors en communication avec le cerveau du sujet, si bien que lorsque le sujet reçoit de cet éther l'impression qui, en d'autres circonstances, aurait été associée par lui avec une piqûre à la main, il suppose que cette impression vient de la source ordinaire, et il agit en conséquence.

Ce n'est là, après tout, qu'un phénomène de même nature que celui que nous observons après une amputation. Il arrive parfois que les nerfs qui communiquaient avec le bras coupé sont irrités ; le cerveau rapportera cette sensation à sa cause accoutumée, et le patient affirmera qu'il ressent une douleur dans son bras amputé. On peut faire avec l'œil une expérience analogue. En produisant une légère décharge électrique dans la tête d'un individu, on peut, au lieu d'agir sur le nerf optique, par la rétine, affecter directement un point du nerf. Le cerveau enregistre alors l'étincelle, comme si elle avait été transmise par la voie ordinaire, de sorte que le sujet s'imagine avoir vu une étincelle au dehors. Le cerveau rapporte instinctivement l'impression qu'il reçoit, à la source d'où lui sont parvenues jusque-là les impressions du même genre. C'est comme si l'on frappait un fil télégraphique par le milieu, et que de ce point on envoyait un message ; l'opérateur à chaque extrémité s'imaginerait que le message lui vient de l'opérateur à l'autre bout ; il ne lui viendrait pas à l'idée que les signaux qui lui sont toujours parvenus de l'autre poste, sont envoyés cette fois d'un point intermédiaire.

Les Phénomènes

On commence maintenant à apercevoir de quelle façon se produisent les phénomènes mesmériques. Cette aura nerveuse, cet éther nerveux, est l'intermédiaire entre la volonté et l'acte physique, d'une part, et entre les impressions reçues sur le plan physique et l'intellect qui les accepte et les enregistre, d'autre part. De sorte que, quand le magnétiseur substitue sa propre aura nerveuse à celle du sujet, il peut être maître à la fois des actes et des sensations de son patient. Les nerfs qui, à l'état normal, transmettent les messages venant du cerveau du sujet, transmettent maintenant ceux qui viennent d'un autre cerveau ; mais les muscles, recevant le message par la voie accoutumée, lui obéissent sans hésiter, et c'est ainsi que l'on peut faire faire au sujet toutes sortes de choses absurdes et ridicules. D'autre part, puisque la réception et la transmission de toutes les impressions venant du dehors, dépendent de cette aura nerveuse, quand cette aura se trouve maîtrisée par un étranger, on peut provoquer, chez l'égo peu développé, et par conséquent peu clairvoyant, toutes sortes d'illusions.

Je me rappelle avoir vu un bon exemple de cela en Birmanie. Notre président-fondateur, le colonel Olcott, était très bon magnétiseur, et je lui ai vu faire pas mal d'expériences. Je me souviens qu'une fois il magnétisa un serviteur indigène qui ne savait pas un mot d'anglais. L'homme avait son air habituel, on ne pouvait pas s'apercevoir qu'il était en transe, et cependant ses impressions étaient absolument dirigées par la volonté du colonel.

Notre président demanda, en anglais, quelle illusion il fallait produire, et quelqu'un suggéra de faire apparaître, dans un coin de la pièce, une ligne de feu. Le colonel fit une passe énergique dans la direction indiquée, projetant ainsi une vigoureuse pensée, puis on appela le domestique, et on lui dit de se promener autour de la pièce. Il se promena tranquillement, jusqu'au moment où il arriva devant la ligne imaginaire, et commença à manifester une grande surprise et une grande frayeur, s'écriant qu'il y avait du feu sur son chemin et qu'il ne pouvait passer.

Une autre fois le colonel traça sur le sol une ligne imaginaire et décida que le domestique ne la franchirait pas, l'homme étant absent bien entendu. Le domestique fut rappelé par son mettre, et arriva d'un pas léger, comme d'habitude ; mais quand il se trouva en présence de la ligne imaginaire, il buta et faillit tomber ; lorsqu'il fut remis, il déclara qu'il devait être ensorcelé, car son pied était retenu, et ne pouvait faire un mouvement. Malgré plusieurs tentatives il ne put arriver à franchir cette ligne imaginaire, et se montra très étonné et très alarmé de se trouver devant une difficulté aussi incompréhensible.

J'ai vu beaucoup d'exemples de ce genre, et tous me semblent montrer qu'un tel pouvoir peut devenir très dangereux, entre les mains d'un homme sans scrupule. Ce domestique paraissait normal, et personne ne l'aurait cru dans un état inaccoutumé ; il était cependant tout à fait sous l'empire de l'illusion ; on aurait donc pu lui faire accomplir toutes sortes d'actions extravagantes et même criminelles. Des expériences ont montré que dans ce cas l'action peut être retardée ; qu'on peut suggérer à quelqu'un de faire une chose déterminée le lendemain à trois heures par exemple, puis l'éveiller de sa transe. Le lendemain à trois heures, une impulsion soudaine et irrésistible, s'emparera du sujet, et, dans la grande majorité des cas, il fera l'acte qu'on lui aura suggéré. Quand je dis que l'impulsion est irrésistible je me sers peut-être d'un mot trop fort, car aucune impulsion n'est irrésistible ; mais la pensée qui surgira ainsi, ne sera pas distinguée par le sujet, d'une pensée ou d'une impulsion venant de lui, et, en général, les gens ne raisonnent pas beaucoup leurs impulsions, ne font pas grand effort pour les peser et s'en rendre mettre. Si l'acte suggéré est un acte mauvais, un sujet vertueux et pur sera horrifié ; une lutte s'ensuivra, qui se terminera, soit par la soumission à l'impulsion, soit par la victoire sur elle. Je regrette de dire qu'à Paris on a tenté des expériences peu scrupuleuses de ce genre, expériences que je considère comme immorales et injustifiées.

Les résultats ont montré qu'il y a des cas où la vertu innée est assez forte pour triompher des efforts les plus tenaces, tentés dans le but de violer la conscience ; mais dans la majorité des cas, la tentation l'a emporté. Vous voyez donc qu'il est nécessaire que tout magnétiseur soit un homme vertueux et pur, car il est facile de se laisser aller à faire un mauvais emploi de cette terrible force.

Un mot d'avertissement

Pour cette raison et pour d'autres encore, il n'est pas bon de se mêler de mesmérisme dans le but de s'en divertir. Toutes les forces psychiques sont des instruments tranchants aux mains des personnes inexpérimentées, et tous ceux qui veulent faire quelques recherches dans cette voie devront s'y préparer par une étude complète des résultats auxquels leurs prédécesseurs sont parvenus; ce n'est qu'armé de science, protégé par la pureté de ses intentions, et par son désintéressement, que le néophyte peut se sentir en sûreté. Toutes ces choses: mesmérisme, spiritisme, télépathie et *id genus omne*, doivent être étudiées sérieusement et scientifiquement, ou ne pas l'être du tout. Comme M. Stead l'a très bien dit en parlant d'études de ce genre: "Si vous ne pouvez pas, ou si vous ne voulez pas aborder le sujet sérieusement, vous ferez mille fois mieux de ne pas vous en mêler. Il n'est pas prudent pour un gamin de s'amuser autour d'une ruche. Quiconque a de vagues notions de chimie peut faire de la dynamite, mais la préparation d'un explosif amène une explosion plus souvent qu'elle ne procure de bénéfice. Si donc vous vous sentez disposés à entreprendre ces études avec l'espoir de vous distraire, tout investigateur sérieux ne peut que vous dire: "Abstenez-vous."

Il n'est pas nécessaire non plus que les gens paisibles soient constamment hantés par la peur de recevoir des courants effrayants ou étranges d'influence mesmérique venus on ne sait d'où ni comment. Il est très facile à n'importe qui de résister aux efforts que l'on pourrait faire pour agir sur lui de cette façon, et quand on entend parler de cas terribles où quelque victime sans volonté a servi d'instruments à quelques coquins sans scrupules, on peut être certain qu'il y a eu une longue série d'expériences qui ont permis d'exercer sur le sujet une influence aussi mauvaise. Ce n'est que dans les romans qu'un seul regard d'un homme hardi et mauvais réduit l'héroïne à la soumission la plus abjecte. Dans la vie réelle ceux qui sont désintéressés et décidés n'ont rien à craindre.

On pourrait, à propos du mesmérisme, étudier les différentes sortes de clairvoyance qui peuvent se développer sous son influence; mais j'ai consacré récemment, à ce sujet, plusieurs conférences, c'est donc à dessein que j'omets d'en parler ici. Avant que les facultés supérieures puissent être utilisées, il faut que les facultés inférieures soient dominées. Or comme beaucoup de personnes n'ont pas encore appris à le faire, ce n'est que lorsque quelque pression du dehors agit sur elles que leurs sens intérieurs ont quelque chance de se manifester. Il vaut cependant toujours mieux s'occuper de ses affaires soi-même, et attendre que les pouvoirs psychiques se manifestent naturellement au cours de l'évolution, sans chercher à se servir de forces extérieures pour conquérir sa nature inférieure. Le développement naturel et progressif est toujours le meilleur et le plus sûr, et c'est toujours par le développement moral qu'il faut commencer. Purifions notre cœur pour qu'il devienne sincère; développons notre intelligence pour qu'elle soit toujours guidée par la raison et le bon sens; nous serons alors prêt à recevoir les pouvoirs psychiques et mesmériques quand ils nous viendront, et cette parole: "Cherchez d'abord le Royaume de Dieu et sa justice, et toutes ces choses vous seront données par surcroît" demeure aussi vraie de nos jours qu'elle l'était autrefois.

CHAPITRE VII

LA TÉLÉPATHIE ET LA "MIND CURE"

Commençons par définir nos termes. Le mot "télépathie" vient de deux mots grecs, et signifie littéralement "sentir à distance", mais on l'emploie aujourd'hui comme synonyme de transmission de pensée ; il peut donc être étendu à toute transmission d'image, de pensée, de sensation, d'une personne à une autre, par des moyens non physiques et inconnus à la science ordinaire.

Le mot "mind cure" (cure par le mental) a une signification évidente, à moins que l'on n'intervertisse l'ordre des mots ; il ne veut pas dire "la guérison d'un esprit malade", mais "la guérison des maux physiques par le mental", ou tout au moins par des moyens absolument hors du domaine physique.

On voit donc que les deux choses se rattachent étroitement à l'influence et au pouvoir de la pensée, et, pour les comprendre, il faut d'abord saisir exactement ce qu'est la pensée. Consacrons donc quelques instants à étudier le processus de la pensée.

La pensée nous parait être un processus instantané, nous avons même un dicton : "Rapide comme la pensée." Tout rapide qu'il soit, ce processus n'en est pas moins plus compliqué qu'on ne le suppose. À cet égard il ressemble au processus par lequel la sensation, venant des différentes parties du corps, arrive au cerveau. Nous considérons aussi ce dernier processus comme à peu près instantané, mais la science nous prouve qu'il ne l'est pas. Quand, par exemple, nous nous emparons de quelque chose de trop chaud, nous le rejetons vivement; mais dans ce court instant, deux choses distinctes se sont passées. Les nerfs de la main ont pour ainsi dire télégraphié au cerveau le message suivant: "Cet objet est trop chaud" et le cerveau a renvoyé la réponse: "Lâchez-le" et c'est seulement en réponse à cet ordre que la main a lâché l'objet. La vitesse à laquelle ces messages sont transmis, a été calculée par les physiciens; donc le temps écoulé, bien qu'il nous paraisse inappréciable, peut être mesuré par leurs instruments.

Comment nous pensons

Un processus analogue a lieu chaque fois que nous pensons, bien que seul un clairvoyant puisse voir ce qui arrive dans ce cas. Celui qui possède la vue du plan mental aperçoit, lorsque la pensée se forme, la matière du corps mental du penseur entrer en vibration. Il voit ensuite cette vibration en faire naître une autre, une octave au-dessous pour ainsi dire, dans la matière plus grossière du corps astral du penseur; les particules éthériques du cerveau sont affectées à leur tour, et par elles la substance grise est mise en mouvement. Toutes ces étapes doivent être franchies avant que la pensée puisse se traduire par des actes sur le plan physique; on peut dire que la pensée doit traverser deux plans entiers et la moitié d'un autre avant de pouvoir produire des effets ici-bas. Il faut que je vous décrive la façon dont cela se passe, du point de vue du clairvoyant, afin que vous puissiez vous en faire une image mentale très nette.

Chaque cellule du cerveau physique, et, à vrai dire, chaque molécule de sa substance, est pénétrée par la matière astrale correspondante ; au-delà, ou plutôt à l'intérieur, elle a aussi de la matière mentale, plus subtile encore. Le cerveau a trois dimensions, mais, pour notre démonstration, supposons un instant qu'on puisse l'étendre sur un plan, de façon à ne lui donner que l'épaisseur d'une molécule. Supposons également que la matière astrale et la matière mentale correspondantes puissent aussi être disposées en couches : la couche astrale un peu au-dessus de la couche physique, et la couche mentale au-dessus de l'astrale. Nous aurions de cette façon trois plans de matière inégalement denses, correspondant entre eux mais nullement reliés les uns aux autres, si ce n'est que çà et là la communication serait établie au moyen de fils conducteurs reliant les particules physiques aux particules astrales et se continuant jusqu'à la matière mentale.

Cela représente assez bien ce qui a lieu pour le cerveau de l'homme ordinaire. Chez l'adepte, ou homme parfait, chaque molécule a son fil de transmission, de sorte qu'il y a communication parfaite avec toutes les parties du cerveau sans exception ; l'homme ordinaire au contraire, n'a encore que très peu de voies de communication ouvertes. On sait aujourd'hui que le cerveau est divisé en plusieurs régions dont chacune correspond à des facultés spéciales. Chez l'homme parfait, toutes ces facultés sont pleinement développées, car les canaux appartenant à chacun sont en activité ; tandis que chez l'homme ordinaire, la plus grande partie des canaux sont encore inactifs, ou même à peine formés, et les facultés correspondantes sont encore à l'état latent dans le cerveau.

On peut se représenter ces canaux comme de petits conduits au travers desquels l'homme envoie sa pensée à son cerveau physique. Chez l'homme développé, chaque pensée a son canal approprié, par lequel elle peut descendre directement jusqu'à la matière correspondante du cerveau physique ; mais chez l'homme ordinaire, la plupart de ces canaux ne sont pas encore ouverts, de sorte que la pensée qui devait descendre à travers eux est obligée de faire, pour ainsi dire, un grand détour, et de s'exprimer par d'autres canaux qui ne sont pas appropriés. Il lui faut circuler latéralement dans tout le cerveau mental, jusqu'à ce qu'elle trouve un chemin pour descendre, par un conduit qui ne lui convient nullement ; et, lorsqu'elle arrive au cerveau physique, il lui faut circuler de nouveau, latéralement, jusqu'à ce qu'elle rencontre les molécules physiques capables de l'exprimer.

On voit aussitôt combien une pensée, après un chemin si tortueux, doit être forcément gauche et maladroite ; on comprend alors comment il se fait que certaines gens n'aient aucune aptitude pour les mathématiques, ou bien aucun goût pour la musique ou les beaux-arts, suivant le cas. La raison en est que, dans la partie du cerveau consacrée à cette faculté spéciale, les communications n'ont pas encore été établies, de sorte que toute pensée qui se rattache à ces sujets est obligée de descendre par des canaux impropres. Le cerveau n'étant pas encore complètement actif, la pensée ne peut travailler librement dans toutes les directions. Le cerveau physique est une masse solide, et la matière astrale, ainsi que la matière mentale, le pénètre entièrement, de sorte qu'il n'y a, en réalité, ni couches, ni conduits, mais cependant cette image est assez exacte et montre bien le manque de communications entre les molécules mentales, astrales et physiques.

Représentez-vous maintenant ce qui se passe quand nous échangeons des idées ici-bas, sur le plan physique. Je formule une pensée, mais avant qu'elle puisse vous arriver, elle devra descendre de mon corps mental, à travers les matières mentale et astrale, jusqu'à mon cerveau physique où elle se transformera en parole ou en écriture. Elle vous arrive alors par les ondes de l'air qui frappent votre tympan, ou par la lumière que renvoie à vos yeux la page imprimée ; l'idée pénètre dans le cerveau physique, mais ici encore il lui faut passer par l'astral avant d'arriver à l'homme intérieur, qui est l'homme véritable, le processus étant l'inverse de ce qui s'est passé en moi quand j'ai émis cette pensée.

Ainsi que vous le savez, c'est là un moyen bien compliqué, et le message est obligé de prendre une voie bien détournée; vous êtes alors amené, tout naturellement, à vous demander si ce long détour est absolument nécessaire, s'il n'y a pas moyen de prendre un raccourci, de faire fonctionner le fil télégraphique à un point intermédiaire. Si le point de départ et le point terminus sont tous deux sur le plan mental, si, pour monter ou pour descendre, le message doit traverser les niveaux astral et éthérique, n'y a-t-il pas de communication possible aux points intermédiaires, sans retarder le processus en descendant jusqu'au plan physique?

TROIS SORTES DE TÉLÉPATHIE

La communication est en effet possible, et cela de trois manières; c'est précisément à cette communication que l'on donne le nom de télépathie. On peut, quand les circonstances s'y prêtent, établir une communication directe entre deux corps mentaux, entre deux corps astraux ou entre deux cerveaux éthériques, ce qui nous donne trois sortes de télépathie. Commençons par la moins élevée.

Quand je pense fortement, avec mon cerveau physique, à une forme concrète et simple, je reproduis cette forme dans la matière éthérique et un clairvoyant peut la voir. Mais dans l'effort que je fais pour reproduire cette image, j'émets, tout autour de moi, des ondes éthériques assez semblables aux ondes que propage dans l'eau, une pierre qui tombe dans une mare.

Quand les ondes mentales frappent un autre cerveau éthérique, elles tendent à reproduire en lui la même image. Ce n'est pas l'image elle-même qui est projetée, mais une série de vibrations qui reproduiront l'image. Ce n'est pas comme un tuyau acoustique

que la voix elle-même traverse, si bien qu'on peut entendre cette voix sur tous les points du parcours. Cela ressemble plutôt à un téléphone, dans lequel ce n'est pas la voix elle-même qui est transmise, mais un certain nombre de vibrations électriques produites par la voix, et qui, lorsqu'elles pénètrent dans le récepteur, sont de nouveau transformées en sons. Si l'on coupe le fil téléphonique, et que l'on écoute sans récepteur, on n'entend rien ; les vibrations ne sont pas les sons, ceux-ci ne se reproduisent que dans certaines conditions déterminées.

C'est ainsi qu'une forme simple peut être facilement transmise d'un cerveau à un autre. C'est une expérience qu'il est aisé d'essayer, quand deux personnes s'intéressent suffisamment à ces choses pour se donner un peu de mal. L'une d'elles n'a qu'à penser fortement à une forme géométrique simple, telle qu'une croix ou un triangle ; et l'autre n'a qu'à attendre tranquillement et à noter les idées qui lui viennent à l'esprit. Il arrivera assez souvent que la deuxième ou la troisième tentative sera fructueuse ; mais il y a naturellement des gens plus sensitifs les uns que les autres, et aussi des gens qui peuvent former des images plus nettes que d'autres.

En ce cas, il a fallu descendre jusqu'à l'état éthérique de la matière physique, nous ne sommes donc, en somme, qu'un degré au-dessus de la méthode ordinaire au moyen du langage ou de l'écriture, et ce que nous avons là ressemble assez à la télégraphie sans fil de Marconi. Voyons maintenant si on ne peut pas arriver au même résultat à un degré plus élevé, sur le plan astral.

Cela est non seulement possible, mais cela se fait constamment autour de nous, bien que nous ne le remarquions pas. Le corps astral est le véhicule de l'émotion et de la passion, comme nous l'avons vu dans des conférences précédentes, de sorte que ce qui sera transmis d'une personne à une autre à ce niveau, sera une impression d'une nature passionnelle ou émotionnelle. Étudiez le fait par vous-mêmes, dans la vie de famille. Quand un membre de la famille se trouve dans un état de grande dépression, les autres sont facilement affectés pareillement. Si l'un d'eux est très irritable, on s'aperçoit que les autres deviennent à leur tour moins calmes et plus promptement affectés que d'habitude. Cela veut dire que quiconque cède à une puissante vague d'émotion de quelque nature soit-elle, propage autour de lui une certaine vitesse vibratoire astrale, qui tend à reproduire chez les autres la même émotion lorsqu'elle atteint leur corps astral.

Pour les morts cela est plus important encore, car ils n'ont plus que leur véhicule astral, et sont, par conséquent, plus sensibles à ces vagues d'émotion que les vivants qui sont, dans une certaine mesure, protégés par la densité et l'épaisseur de leur corps physique. Aussi quand un homme s'abandonne égoïstement à son chagrin, il cause souvent, chez celui qu'il pleure, un état de dépression profonde et douloureuse. Au contraire s'il pense à son ami avec amour, et en désirant ardemment son progrès, il pourra l'aider au lieu de le retarder, parce que ces sentiments se reproduisent fidèlement dans le corps astral du défunt. Voilà donc un cas de télépathie réelle, de sensation à distance.

Avançons maintenant d'un degré encore, et voyons si la pensée ne peut communiquer directement de corps mental à corps mental sans passer par le plan astral. Cela aussi est possible et se fait souvent, mais ce ne peut être un moyen régulier de communication qu'entre des âmes très développées. Un être assez évolué est capable d'envoyer ses idées à travers l'espace, avec — c'est le cas de le dire, — la rapidité de la pensée ; mais chez les hommes ordinaires, une telle faculté est rare. Cependant cela se rencontre parfois quand il existe une sympathie peu commune entre deux personnes, et je suis sûr que quand l'humanité sera plus avancée, ce sera notre moyen ordinaire de communication. Les Maîtres de Sagesse s'en servent déjà pour instruire leurs élèves, et ils peuvent de cette façon expliquer facilement les idées les plus compliquées.

Nous nous trouvons donc en présence de ces trois sortes de télépathie, chacune consistant simplement à transmettre des vibrations dans leurs milieux respectifs ; l'observateur superficiel ne saura pas toujours les distinguer entre elles, mais le clairvoyant développé les reconnaîtra sans peine. Nous pouvons d'ailleurs, dans une certaine mesure, avoir des preuves de l'une ou l'autre de ces sortes de télépathie dans notre vie quotidienne, car il arrive souvent qu'un ami pense, en même temps que nous, à un même sujet qui ne s'était pas présenté à notre esprit depuis peut-être plusieurs mois.

Mind Cure [13]

On voit aussitôt qu'il existe des rapports étroits entre la télépathie et la "mind cure", cette dernière ayant pour but de faire passer, de l'opérateur au patient, de bonnes et réconfortantes pensées. Il y a plusieurs sortes de "mind cure" et elles diffèrent considérablement dans leurs enseignements ; elles s'appellent respectivement "Christian science", "Mental science", "Mind-healing" etc. (Science chrétienne, science Mentale, cure mentale) ; mais toutes s'efforcent de produire des guérisons physiques par des moyens non physiques. On a, en général, une vague idée, que la Théosophie est l'ennemie de tous ces systèmes ; il n'en est rien. La Théosophie n'est l'ennemie d'aucune forme de croyance ; au contraire, elle cherche ce qu'il y a de bon en chacune, le fait ressortir, l'explique, et combine le tout de façon à en faire un système harmonieux. Elle n'est opposée qu'à l'interprétation erronée, au mauvais usage des dogmes ou des pratiques ; elle cherche non pas à attaquer les religions diverses, mais à les comprendre intelligemment, à prendre impartialement à chacune d'elles ce qui lui semble beau et vrai. Nous croyons que les gens pieux ont grand tort de se quereller, comme ils le font, pour des bagatelles. Tous s'entendent sur les

---

13   Nous conservons dans le texte les mots anglais, que l'on trouve d'ailleurs dans les traductions d'ouvrages traitant de ces questions ; la chose étant peu connue en France, n'a pas encore reçu de terme spécial. (NDT)

grands principes du bien et du mal ; tous sont d'accord pour déclarer qu'il faut faire le bien et éviter le mal. Qu'ils s'unissent donc pour convertir le reste du monde à cette foi-là, et qu'ils laissent de côté la discussion de détails de peu d'importance, jusqu'à ce qu'ils soient parvenus à accomplir cette tâche. Il semble que le simple bon sens devrait leur montrer qu'il faut agir ainsi. Combien peu de gens sont disposés à en convenir, même un instant !

Nous qui étudions la Théosophie ne sommes donc nullement opposés à la "mind cure", bien que nous n'approuvions pas quelques théories qui s'y rattachent. L'idée principale est belle et juste, c'est la croyance au pouvoir de la pensée. Ce n'est pas une idée nouvelle, car les vieilles religions l'ont toujours enseignée : vous la trouverez, par exemple, nettement exposée dans le premier chapitre du livre bouddhiste Le *Dhammapada* dont j'ai donné, dans ma conférence sur le Bouddhisme une citation tirée de la belle traduction de Sir Edwin Arnold. Dire que les partisans de la "mind cure" ont découvert le pouvoir de la pensée, est une erreur qui montre une complète ignorance des grandes religions de l'Orient. Ce qui est vrai, c'est qu'ils le prouvent pour la première fois à nombre d'Occidentaux. Nous devons par conséquent leur être reconnaissants d'arracher quelques personnes au matérialisme, et de leur faire ouvrir les yeux à quelque chose de plus élevé et de plus rationnel ; c'est là un grand pas, et une fois qu'il est franchi, le progrès ultérieur devient facile. Félicitons-les donc d'avoir travaillé à élever les pensées de leur génération ; bien qu'il y ait, dans leurs théories, des détails plus ou moins admissibles, ils restent néanmoins dignes du respect que nous leur devons.

Je vais maintenant énumérer brièvement les quelques dogmes que je ne puis admettre. Nous passerons ensuite à une tâche moins ingrate en exposant les idées que nous partageons avec eux.

Quelques objections.

Tout d'abord, je n'ai jamais compris qu'on fasse une religion d'un procédé médical ; on pourrait aussi bien ériger en religion l'homéopathie ou l'hydrothérapie. Je proposerai donc à ceux qui travaillent sur des bases intellectuelles aussi peu satisfaisantes, d'étudier le système grandiose que nous offre la Théosophie, système qui éclairera leur intelligence, et leur fournira une théorie rationnelle de l'univers.

Une des principales écoles de "mind cure" nie d'une façon absolue, l'existence de la matière; c'est celle qui s'intitule "Christian science" bien qu'il soit difficile de voir sur quoi elle se fonde pour prendre un nom pareil; nier l'existence de la matière n'est ni chrétien, ni scientifique. Ce ne peut être en tous cas scientifique, puisque la science ne connaît que la matière et s'en sert dans toutes ses expériences. D'autre part, cette doctrine de la non-existence des choses matérielles n'est pas chrétienne mais païenne; elle est enseignée dans un des plus vieux mystères philosophiques de l'Orient.

Il y a cependant une profonde vérité dans cette affirmation si on la comprend bien. Toute manifestation vient de l'Absolu, et y retournera probablement un jour. Toute manifestation est donc par cela même transitoire, et, en l'envisageant au point de vue de l'éternité, on peut la déclarer éphémère, momentanée, peu digne d'importance. Mais dire que la matière n'existe pas peut amener des équivoques, car elle est une des manifestations du Logos, tout comme l'esprit qui est à l'autre pôle. Le Seigneur Bouddha a dit que deux choses étaient éternelles: âkâsa et nirvâna; ce qui d'après le contexte, semble signifier matière et force. En cela, la science moderne est d'accord avec lui, et il me semble plus vrai et plus sûr d'admettre que, tant que la manifestation existe, chaque espèce de matière existe réellement sur son propre plan. Il est vrai que, quand nous sommes sur le plan physique, la matière physique seule est réelle pour nous, la matière astrale et la matière mentale demeurant invisibles à nos sens inférieurs. Quand nous élevons notre conscience à des plans supérieurs, les choses sont renversées, mais c'est notre conscience qui a changé de point de vue, et non la manifestation du Logos. Aussi, tout en reconnaissant que les choses invisibles sont plus importantes, nous préférons cependant considérer la matière comme réelle, tant que nous sommes à son niveau. Il semble d'ailleurs peu logique de nier d'abord l'existence du corps, et puis de prétendre par cela même améliorer sa condition, car comment peut-on guérir ce qui n'existe pas ?

Je crois que cette négation de la matière n'est en substance qu'une réaction contre la vieille et laide croyance à un diable personnel. Nos amis sentent, par intuition, que l'idée d'un mal qui nous serait imposé du dehors est absurde, puisque chacun se fait sa propre destinée bonne ou mauvaise. Ils disent donc qu'il n'y a de mal que celui que nous faisons, que tout est subjectif; puis comme ils se trouvent constamment aux prises avec la matière et ses propriétés, ils retombent dans la vieille erreur qui consistent à identifier le mal avec la matière, et en arrivent à conclure que le mal n'existe pas. Il est assez étrange de voir réapparaître la théorie de l'évêque Berkeley, dans un milieu si différent, et cela nous rappelle immédiatement le mot de Swift à ce sujet : "If Berkeley says there is no matter, then surely it is no matter what he says." (Si Berkeley dit qu'il n'y a pas de matière, ce qu'il dit ne signifie rien du tout [14]).

Mais la partie de cette théorie contre laquelle je suis obligé de m'élever énergiquement, c'est qu'on puisse se procurer la richesse en exerçant une influence illégitime sur autrui. Demander de l'argent pour guérir le malade à l'aide de la cure mentale me semble peu honorable ; mais se servir de la puissance du mental pour soutirer de l'argent à autrui d'une façon illégale, c'est prostituer et avilir cette science supérieure qui devrait être sacrée et ne servir qu'à des fins désintéressées. Celui qui veut obtenir la richesse par l'effort mental, doit la rechercher par les voies légitimes seulement ; d'ailleurs il devrait bien plutôt essayer de limiter ses désirs que d'augmenter ses possessions, car là seulement est le sentier de la sagesse.

---

14   Il y a là un jeu de mots intraduisible : "matter" veut dire "la matière", mais la locution familière, "it is no matter" veut dire cela ne signifie rien, n'a aucune importance, (NDT)

D'autre part je connais aussi bien que personne la valeur de la foi et de l'affirmation, mais la vérité m'empêche de nier qu'un corps puisse être malade. L'homme véritable, l'égo, l'âme n'est pas malade, et dans ce sens-là on a raison de dire que nous ne sommes jamais malades, mais ce n'est pas ainsi qu'on l'entend généralement. On déclare nettement que le moyen de se débarrasser du mal de tête consiste à dire : "Je n'ai pas mal à la tête", affirmation qui pourra devenir vraie mais qui est fausse au moment où on la fait. Je ne dis pas qu'on ne puisse arriver à produire un résultat par la répétition de cette affirmation mensongère, mais il me semble que le mensonge est un mal bien plus sérieux que le mal de tête ou le mal de dents qu'elle finit par faire disparaître Tout le monde peut dire avec raison : "Je ne veux pas avoir mal à la tête ou mal aux dents", et, en s'opposant ainsi à la douleur de toutes ses forces, il arrivera probablement à la faire disparaître Un tel effort de volonté est légitime, voire même admirable ; la concentration de pensée qu'il implique est un très bon exercice pour qui que ce soit. On peut ainsi diriger sa pensée contre la maladie, et de cette façon en repousser les attaques, l'éviter tout à fait si elle ne s'est pas encore installée dans le corps, ou aider grandement les remèdes, si elle est déjà en possession de l'organisme. Le pouvoir de la pensée est immense, on ne saurait donc l'exagérer.

Pouvoirs de la pensée

Ceci nous amène à cette partie de l'enseignement des "mental scientists" que nous pouvons approuver sans réserve. Quand ils exhortent leurs clients à avoir toujours des pensées gaies, à rejeter la crainte et l'anxiété, à éviter soigneusement les critiques qui ne font qu'augmenter le mal sur lequel elles attirent l'attention, nous ne pouvons que les féliciter pour ces paroles et d'autres encore.

Je lis dans un de leurs livres ce conseil : "Si vous vous sentez déprimés, si vous sentez venir de tristes pensées, hâtez-vous de penser à quelque chose de gai. Vous n'avez pas de temps à perdre dans l'abattement." Au sujet de la crainte ils redisent sans cesse que la plupart des choses que nous craignons n'arrivent jamais, et que, qu'elles arrivent ou non, nous doublons notre peine en souffrant par anticipation, ce qui est très vrai et très bon à dire. Parfois cependant ils vont trop loin. J'ai lu par exemple que si on n'avait pas peur de la maladie, on ne serait pas atteint ce qui naturellement est faux, puisqu'on attrape parfois des maladies dont on ne soupçonnait pas l'existence. Si on ne craint pas une maladie, il y a plus de chance pour qu'on ne l'attrape pas ; on peut cependant y succomber, si l'on est surmené, et si les forces physiques ne sont plus assez actives pour repousser l'infection. Sous cette forme exagérée, cette remarque n'est donc pas tout à fait juste.

Nous ne pouvons qu'admirer aussi la façon dont nos amis ont compris l'effet de nos pensées sur autrui, et, par conséquent, la responsabilité que nous encourons par le seul fait que nous pensons. Nous voyons cela constamment dans la bonne littérature de la "mental science". Nous y trouvons par exemple que : "les fausses conceptions de la Divinité, et surtout la croyance à un châtiment éternel inspiré par la vengeance, ont imprimé leur influence malsaine jusque dans les tissus de notre corps". Voilà une vérité qui pourra surprendre ; elle est cependant évidente ; les gens qui se croient orthodoxes feraient bien de la méditer sérieusement. On s'étonne de constater parmi nous tant de maladies, et surtout des maladies nerveuses, alors que, pendant des générations, toute l'atmosphère a été remplie de pensées d'égoïsme et de crainte, inspirées par les questions religieuses, chargée des formes pensées que des hommes frappés de terreur ont projetées en imaginant un Dieu courroucé, un diable à cornés et à queue, un enfer avec des flammes, et d'autres productions abominables provenant des imaginations maladives d'ecclésiastiques. Celte idée-là aussi a beaucoup de vrai, comme tout théosophe le comprendra facilement.

Je suis également tout à fait de l'avis de nos amis lorsqu'ils affirment que si un homme se croit un pauvre ver de terre, un misérable pécheur, plein de dépravation naturelle, c'est le meilleur moyen pour lui de devenir la créature déplaisante qu'il s'imagine être. S'il se méprise il est probable qu'il deviendra méprisable ; s'il se respecte au contraire, il est probable qu'il deviendra digne de respect. S'il comprend qu'il est une étincelle de la Vie Divine, et que par conséquent, il peut tout faire par le Christ qui est en lui et qui le soutient, il est peu probable qu'il ne soit jamais emporté par les tempêtes de la passion, et qu'il ne cède jamais aux tentations persistantes. Il est vrai nous sommes tous des pécheurs, mais nous n'avons pas besoin d'aggraver nos fautes en devenant de misérables pécheurs ; et quant au ver de terre, il y a longtemps que nous avons dépassé, ce stade et nous n'évoluerons pas en formulant des absurdités. Il est probable que nous serons encouragés à ne plus pécher et à devenir vertueux si nous comprenons notre véritable rang, notre dignité, bien plus que si nous admettons ou feignons d'admettre une fausse et dégradante conception de l'homme. Le "misérable pécheur" peut s'excuser en s'abritant derrière des platitudes sur la faiblesse humaine ; mais l'étincelle divine sait que l'homme est en réalité responsable de ses actes et de son évolution, et qu'il peut devenir ce qu'il veut.

Il y a un passage que j'ai rencontré dans un livre traitant de la cure mentale, et que je voudrais vous citer littéralement, car il renferme une très belle idée, aussi théosophique que quoique ce soit qui ait paru dans les ouvrages de nos propres instructeurs : "Mêlez de l'amour au pain que vous pétrissez ; mettez de la force et du courage dans le paquet que vous ficelez pour la femme dont l'air est las ; donnez de la confiance et de la droiture en même temps que la pièce de monnaie avec laquelle vous payez l'homme aux regards soupçonneux". L'expression en est singulière, mais la pensée est vraiment touchante, et c'est bien là notre conception théosophique que toute rencontre est une occasion, et que tous ceux qui se trouvent, même par hasard sur notre chemin, sont des gens que nous devons aider. C'est ainsi que l'étudiant de la Bonne Loi passe à travers la vie, semant les bienfaits autour de lui, faisant le bien partout et sans bruit, même si ceux qui profitent du bienfait ou de l'aide, ne savent pas d'où il leur vient. Tous, riches ou pauvres, nous pouvons répandre ces bienfaits, tous ceux qui peuvent penser, peuvent envoyer des pensées de bonté et d'assistance, et ces pensées-là ne manquent jamais leur but, ne le manqueront jamais, tant que l'univers existera. Il est possible que vous n'en voyiez pas les résultats, mais ceux-ci n'en existent pas moins, et vous ne savez pas quel fruit pourra germer de la petite graine que vous semez en passant, sur votre sentier d'amour et de paix.

Comment on guérit

Si nous passons maintenant des principes généraux aux cures qui sont fréquemment effectuées, il nous reste à étudier comment elles sont produites. Il existe plusieurs méthodes, qui, je crois, peuvent se ranger dans quatre catégories ; pourtant j'aurai à parler d'une cinquième qui n'a rien à voir avec les cures ordinaires que nous allons examiner, mais qui doit cependant être mentionnée ici pour que la liste soit complète.

La première méthode est celle qui consiste à nier l'existence de la matière et de la maladie, et qui cherche à guérir le malade en lui faisant croire qu'il va bien. Dans ce cas l'influence hypnotique intervient souvent pour une bonne part ; on espère que si un homme se croit vraiment bien portant, son mental agira sur son corps (qui cependant n'existe pas !) et le forcera à se mettre en harmonie avec lui, donc il se guérira. Les "scientistes" ne veulent jamais employer à ce propos le mot ordinaire "cure" (guérir) mais ils se servent du terme des Écritures "healing" de façon à donner une sorte de prestige religieux à ce qui se passe, et à suggérer une comparaison avec les miracles de la *Bible*. Il me semble qu'il vaut mieux débarrasser le sujet de tous les termes qui pourraient l'obscurcir en faisant intervenir le sentiment dans des faits positifs. Nous disons d'ordinaire que le médecin guérit (cures) par son habileté ; pourquoi abandonner ce mot latin pour le terme saxon "heal" quand nous parlons des résultats de la "mind cure" ?

La seconde méthode considère avec raison que toute maladie représente, dans l'économie, une disharmonie d'une espèce ou d'une autre ; ceux qui appliquent cette méthode tendent donc à faire renaître l'harmonie, souvent en transmettant eux-mêmes des vibrations à leurs patients. L'opérateur s'efforce de se mettre dans un état d'harmonie, de paix et de dévotion profonde ; il projette alors sur le patient cette influence, et il essaie de l'en envelopper. Le praticien de cette catégorie, pas plus que celui de la première, n'a besoin de savoir ce qu'a réellement le patient ; la nature de la maladie lui importe peu ; dans tous les cas, c'est une disharmonie, et il peut la guérir en rétablissant l'harmonie.

La troisième classe de praticiens ne fait qu'infuser au patient de la vitalité, sans s'occuper non plus beaucoup de la nature de la maladie, bien que quelques-uns essaient de diriger le courant de leur vitalité sur la partie malade du corps. Beaucoup de gens qui sont eux-mêmes en bonne santé, irradient ainsi autour d'eux, sans s'en douter, beaucoup de vitalité, si bien que les faibles et les malades se sentent mieux et plus forts en leur présence.

Notre quatrième classe adopte ce que nous pouvons appeler, par comparaison avec les autres, une méthode scientifique. Les praticiens essaient de trouver le mal, se représentent mentalement l'organe malade comme il devrait être. Ils croient que leurs fortes pensées vont modeler la matière éthérique et lui donner la forme voulue, et qu'ils aideront ainsi la nature à construire de nouveaux tissus bien plus vite que cela ne lui serait possible autrement. Il est évident que cette méthode demande plus de connaissances que les autres ; pour réussir, il faut tout au moins connaître un peu d'anatomie et de physiologie.

Différentes sortes de maladies

Toutes ces méthodes réussissent parfois, sans aucun doute, et elles réussiraient plus souvent encore si elles étaient appliquées d'une façon plus scientifique et avec une plus grande connaissance du corps humain et de sa structure. Considérons les diverses classes de maladie auxquelles nous sommes sujets. Les partisans de la "mind cure" ont raison de dire que la plupart d'entre elles proviennent d'un manque d'harmonie entre les particules physiques et les particules éthériques, dans quelque région du corps, le plus souvent dans le cerveau. Rappelez-vous qu'il y a chez l'homme un rapport étroit entre le corps mental, le corps astral et le double éthérique, de sorte qu'il est parfaitement possible d'influencer l'un par les autres. Toutes les maladies nerveuses impliquent une condition discordante et désordonnée du double éthérique ; il semble souvent en être de même pour les maladies des organes digestifs, le mal de tête ou l'insomnie. Dans tous ces cas, il faut d'abord calmer les vibrations irrégulières et rapides, et donner à la nature l'occasion de reprendre le dessus. La pensée forte, sereine, persistante de l'opérateur tend à produire cet effet, et laisse le patient calme et fortifié.

Le système qui consiste à infuser de la vitalité est également bon dans ce cas, à condition qu'il ne soit pas appliqué de façon à aggraver les symptômes d'agitation. Dans presque tous les cas de maladie, c'est déjà un grand pas vers la guérison que de détourner l'esprit du malade de son mal, de l'encourager et de le calmer. Beaucoup de docteurs de la vieille école font plus de bien par la confiance qu'ils inspirent que par leurs médicaments.

Mais il y a une troisième catégorie de maladies où il s'agit d'une lésion ou d'une blessure, La "mind cure" y peut-elle quelque chose ? La première et la seconde méthode semblent être, dans ce cas, moins efficaces, bien qu'en encourageant et en calmant le malade, on augmente toujours sa chance de guérison. La troisième méthode aiderait aussi la nature dans son œuvre de restauration ; mais de tels cas sont mieux traités par la quatrième méthode qui consiste à s'efforcer de se représenter la partie lésée comme si elle était saine, et d'aider ainsi à édifier de nouveaux tissus. Mais ce n'est là, bien entendu, qu'un expédient pour hâter le processus naturel de guérison.

Dans un autre ordre de maladies, un poison se répand dans le corps ; d'autres encore ne sont en réalité que l'histoire de la vie d'un microbe ; comme c'est le cas pour la plupart des maladies infectieuses. Il serait difficile d'agir directement sur elles par la "mind cure" ; mais celle-ci peut être d'un grand secours en donnant au malade plus de force, ce qui permet aux gardiens naturels de l'organisme de chasser l'intrus. On m'a dit que le chef d'une des écoles les moins scientifiques de "mind cure" avait récemment donné l'ordre à ses adeptes de ne pas traiter les maladies infectieuses. Si les partisans de la "mind cure" voulaient examiner la chose d'une façon scientifique et rationnelle, et étudier ce que peut faire vraiment le traitement mental, et ce qu'on peut lui demander d'accomplir, bien des ennuis, bien des dangers leur seraient évités. S'ils pouvaient comprendre que, dans beaucoup de cas, la cure mentale est un auxiliaire précieux du traitement ordinaire, mais ne peut pas toujours le remplacer, cette méthode serait plus efficace qu'elle ne l'est aujourd'hui.

Il est évident que des maladies différentes doivent être soumises à des traitements différents, et que, s'il est probable qu'il existe en effet une panacée universelle pour tous les maux physiques, aucune des méthodes dont je viens de parler ne la renferme. Le centre vigoureux de pensées calmes que produit la seconde méthode ne peut que faire du bien à tout le monde, mais envisagé comme moyen de guérir une blessure par exemple, ce n'est là qu'un gaspillage de forces ; c'est à peu près comme si l'on versait un baquet d'eau sur un homme pour lui laver le doigt ! Et puisque c'est un effort aveugle (en ce qui concerne la blessure du moins), il ne peut jamais arriver à la concentration d'un effort fait sur le quatrième plan, de produire le modèle qui aidera la nature à réparer les dégâts. Il est probable qu'un grand Adepte pourrait hâter le processus naturel, de façon à causer une reconstruction presque instantanée des tissus détériorés ou détruits ; mais la pensée d'un homme ordinaire n'est jamais assez forte pour cela, et il ne peut espérer arriver à un résultat que par une action continue.

Le grand principe guérisseur

Il existe cependant une autre méthode dont nous connaissons peu de chose, quoiqu'il en apparaisse de temps à autre des signes évidents. Quiconque en entend parler ou lit quelque chose là-dessus ne doit pas s'imaginer aussitôt qu'il possède ce pouvoir, et cependant la fatuité humaine est si grande, que chacun de nous est vite porté à le croire. Nous qui avons pour rôle d'écrire et de faire des conférences, nous ne le savons que trop bien. Si pour encourager quelques étudiants sérieux, nous essayons de décrire la vue du plan bouddhique, immédiatement quelqu'un qui a peut-être eu, une fois en sa vie, un aperçu de l'astral, viendra nous déclarer que ses expériences sur le plan bouddhique ont été bien plus grandioses que celles que l'infortuné conférencier a essayé de décrire.

Bien que certain que l'information sera aussitôt mal appliquée je dois vous dire qu'il y a une autre méthode se rattachant au grand principe guérisseur qui existe dans la nature, à cette puissante force vitale venant de quelque niveau beaucoup plus élevé, qui peut, dans certaines circonstances et pour un temps limité, être transmise par l'intermédiaire d'un homme, sans que celui-ci ait conscience de la façon dont cela se produit, et sans que sa volonté intervienne.

Dans ce cas son attouchement seul guérira, et il semble qu'il n'y ait aucune limite à la puissance ainsi manifestée, ni aucune maladie qu'elle ne puisse guérir. Nous en savons peu de chose, si ce n'est que c'est un pouvoir que possède une des grandes hiérarchies de dévas, ou d'anges, comme diraient nos amis orthodoxes. Ce pouvoir existe sans aucun doute, mais c'est tout ce que nous pouvons affirmer. Notre président, le colonel Olcott, le posséda pendant un temps ; et il effectua des cures merveilleuses tant qu'il eut ce pouvoir.

Il résulte donc de tout cela que, grâce à cette idée de la "mind cure" des milliers de gens ont été amenés à accepter le pouvoir de la pensée comme une réalité, et à comprendre qu'il y a quelque chose en dehors du seul monde de matière physique. Cela, du moins, est une bonne chose, et nous devons, en toute justice, féliciter la "mind cure" de ce résultat. Mais ceux qui l'étudient devraient apprendre qu'il ne faut employer ce pouvoir que dans un but altruiste ; ils devraient aussi essayer d'élever leurs pensées vers quelque chose de plus haut que la simple guérison du corps physique.

En effet, ceux qui ne voient rien au-delà n'auront plus rien à faire dans l'avenir, car, à mesure que le monde évoluera, il arrivera sûrement un moment où la maladie disparaîtra parce que l'homme aura appris à vivre purement, sainement et d'une façon rationnelle. Tandis que s'ils appliquent leur science à un but élevé, quittant le monde physique pour le monde mental, la guérison du corps pour le développement de l'âme, ils pourront devenir des forces puissantes coopérant à l'évolution du monde.

Qu'ils pensent donc moins au corps et plus à l'âme, à la vie ; moins à chasser les souffrances physiques qu'à faire disparaître l'ignorance et les préjugés ; moins à la santé du corps et au gain personnel, qu'à l'amour, à la compassion et à la fraternité. De cette façon leur mouvement, qui s'étend rapidement, deviendra une force par le bien dont on ne pourra trop haut estimer la valeur, un bienfait universel qui demeurera et portera ses fruits dans les siècles à venir.

CHAPITRE VIII

MAGIE BLANCHE ET MAGIE NOIRE

Le dictionnaire nous donne du mot magie la définition suivante : "emploi de moyens surnaturels dans le but de produire des résultats surnaturels". En théosophie nous ne saurions admettre cette définition ; nous croyons en effet qu'il n'y a rien de surnaturel, et que, quelque étrange, quelque extraordinaire que puisse nous paraître un phénomène, il n'en est pas moins soumis à certaines lois de la nature. Nous savons bien qu'on ne connaît encore qu'un très petit nombre de ces lois et que par conséquent, il peut se produire beaucoup de choses qu'il est impossible d'expliquer ; mais en raisonnant par analogie aussi bien que d'après l'observation directe, nous acquérons la certitude que les lois elles-mêmes sont immuables, et que, toutes les fois que nous nous trouvons en présence de choses inexplicables, ces choses ne sont inexplicables que parce que nous ne connaissons pas les lois auxquelles elles obéissent, et non parce que ces lois ont été violées. Notre science est encore si bornée de tous côtés qu'il n'est pas surprenant que, de temps en temps, nous nous trouvions en présence de phénomènes que nous ne comprenons pas. Nous ne connaissons qu'une très petite partie de notre univers, la partie physique la plus dense, et encore ne la connaissons-nous que très imparfaitement, très superficiellement. Mais l'homme ordinaire ne se rend pas compte de l'étendue de son ignorance, aussi est-il très étonné et très offusqué, quand il se produit quelque manifestation qui dépasse les limites de son expérience infiniment restreinte.

Beaucoup de gens doutent de la magie, tout comme ils doutent de la télépathie, de la "mind cure", du mesmérisme, des apparitions, et du spiritisme. "Est-ce que la magie existe vraiment?" disent-ils. Il y en a toujours qui doutent de tout ce qui est en dehors de leur expérience personnelle: "Nous n'avons jamais vu ces phénomènes", disent-ils, "par conséquent, nous savons très bien que tous ceux qui les ont vus, sont ou des nigauds, ou des coquins, et qu'ils ont été trompés ou qu'ils veulent tromper les autres."

Il est absolument inutile de perdre son temps à discuter avec des gens dont le cerveau est aussi peu développé il vaut mieux les laisser se vautrer en paix dans leur fatuité et leur ignorance invincible. Ils ressemblent à ce roi africain qui s'indignait en entendant un voyageur affirmer que, dans certains pays, l'eau parfois se solidifiait, ce qui était à ses yeux un mensonge éhonté. La glace était en dehors de son expérience personnelle, aussi niait-il qu'elle pût exister; et c'est à ce même niveau intellectuel que se trouvent tous ceux qui se moquent, par ignorance, des choses qu'ils ne comprennent pas.

Si nous voulons essayer de corriger la définition du dictionnaire, nous pourrons dire que la magie est l'emploi de forces inconnues jusqu'à présent, dans le but de produire des résultats visibles. Dans beaucoup de cas, ces forces sont maîtrisées par la volonté humaine. Encore une fois, il y a des gens qui ne croient pas que des forces puissent être maîtrisées par la volonté, et, une fois de plus aussi, il faudrait savoir ce que ces gens connaissent. Les gens sans expérience, mais contents d'eux, nieront n'importe quoi. L'homme plus avisé qui a étudié, a appris à être plus prudent, et il substitue la recherche aux vaines affirmations Une fois que l'on a adopté cette dernière attitude en ce qui concerne la production de résultats physiques au moyen de forces encore inconnues, on s'aperçoit bien vite qu'il y a de nombreux cas où les choses se passent ainsi, et que, en procédant par degrés, on peut rattacher ces cas à des phénomènes qui se produisent fréquemment, et sont facilement acceptés de tous.

Si nous adoptons une définition de ce genre, il nous restera à définir ce qu'on entend par magie blanche et magie noire. Ces mots sont simplement associés au bien et au mal. Les forces inconnues de la nature ne sont, en elles-mêmes, ni bonnes, ni mauvaises, pas plus que les forces connues que nous appelons l'électricité, la vapeur, la poudre à canon. Toutes ces choses peuvent être employées pour le bien ou pour le mal, selon l'attitude mentale de celui qui les emploie. Tout comme la poudre à canon peut servir à faire sauter les rochers qui obstruent le chenal à l'entrée d'un port, ou au contraire, être employée par un homme pervers à détruire la maison de son ennemi, de même, des forces magiques inconnues peuvent être employées par le méchant à des fins égoïstes, et par l'homme vertueux à aider et à protéger ses semblables.

LES FORCES INCONNUES DE LA NATURE

Voyons maintenant ce que sont quelques-unes de ces forces inconnues. Quand je vous ai parlé du mesmérisme, je vous ai dit que chacun de nous possédait une certaine quantité d'éther nerveux, et aussi de fluide vital qui circule avec cet éther nerveux. Ces deux fluides, vous vous en souvenez, peuvent être projetés par la volonté humaine, et en cela le mesmérisme peut revendiquer le droit d'être qualifié de magie, puisqu'il consiste à diriger ces forces invisibles par la volonté, et à produire ainsi des résultats visibles. L'état du sujet mesmérisé peut être profondément modifié ; non seulement celui-ci peut être victime de toutes sortes d'illusions, mais on peut aussi rendre un de ses membres tout à fait rigide et insensible à la douleur, ou mettre l'homme en état de transe. Nous pouvons donc dire que ces deux forces, la vitalité et l'éther nerveux, sont au nombre de celles qui peuvent être, et ont été réellement employées par la magie.

Une autre force puissante que l'on emploie plus fréquemment que toute autre est l'essence élémentale. Je ne puis me détourner de mon sujet pour décrire en détail l'essence élémentale, car cela demanderait une conférence entière. Je ne puis en donner qu'une esquisse et vous renvoyer, pour de plus amples informations, aux manuels théosophiques. En parlant de la réincarnation et des différents corps de l'homme, je vous ai expliqué comment l'égo, lorsqu'il redescend pour s'incarner, attire autour de lui de la matière des différents plans, pour pouvoir plus tard se construire des véhicules correspondant à chacun de ces plans. Il ne faut pas oublier que toute cette matière (celle que l'égo attire à lui pour son propre usage, tout comme le grand océan de matière qui est en dehors de lui,) n'est pas morte, mais parfaitement vivante Cette vie est divine par son essence, puisque toute vie est divine ; mais elle est cependant à un degré d'évolution bien moins avancé que celle qui se manifeste dans le règne humain, le règne animal ou même le règne végétal. Il faut donc se rappeler que cette matière a en elle une sorte d'essence vivante, et l'étude de l'occultisme nous permet de distinguer entre les nombreuses variétés de cette essence, et d'apprendre que ces espèces diverses peuvent être employées en magie à des fins différentes. La matière subtile et plastique des plans mental et astral, est très sensible à l'action de la volonté humaine, de sorte que la force vivante que cette essence renferme, bien qu'elle soit divine, est cependant dans une grande mesure à la disposition de tous Ceux qui ont appris à s'en servir.

Nous rencontrons parfois dans la littérature théosophique le terme élémental : À proprement parler, ce terme ne s'applique qu'aux créations temporaires dues à l'action de la volonté humaine sur cette essence vivante et la matière à laquelle elle est liée. De telles entités sont éphémères, et ne sont en aucune façon des êtres qui évoluent. L'essence divine dont elles sont composées a une évolution à elle, en tant qu'essence, mais l'entité temporaire ainsi formée n'évolue pas en tant qu'entité, et ne se réincarne pas. On peut dire qu'elle a, pour un temps, un corps et une âme, car la matière jointe à son essence vivante, forme un véhicule animé par la pensée projetée, et la durée de cette forme-pensée dépendra de la force de la pensée qui en est le principe vivifiant, et en fait une entité. Aussitôt que cette force s'évanouit, le corps de matière astrale ou mentale animée par l'essence élémentale, se désagrège ; l'essence et la matière retournent à l'atmosphère environnante d'où elles avaient été tirées.

Ces formes-pensées peuvent cependant avoir beaucoup de force pendant leur vie, et leur emploi par la volonté du penseur est un des actes les plus communs et les plus efficaces de la magie. Ceux qui désireraient en savoir plus long sur ce sujet, n'ont qu'à consulter le livre qui s'appelle *Les formes-pensées*, livre que j'ai eu l'honneur d'écrire en collaboration avec Annie Besant. Je recommanderai à tous ceux qui s'intéressent à ces questions, d'étudier ce livre avec soin, car les illustrations coloriées qu'ils y trouveront les aideront à comprendre promptement la façon dont ces forces agissent.

LES ESPRITS DE LA NATURE

Nous avons aussi à considérer une autre classe d'entités que l'on emploie fréquemment en magie ; cette fois il s'agit d'êtres réels qui évoluent, et non plus de simples créations temporaires. Il y a tout un règne de vie qui n'appartient pas à notre ligne d'évolution mais qui lui est parallèle, et se sert du monde où nous vivons. Cette évolution comprend toutes sortes d'intelligences depuis les entités qui sont au niveau de nos animaux, jusqu'à celles qui égalent ou même dépassent de beaucoup l'intelligence humaine la plus élevée. Cette évolution ne descend pas normalement jusqu'au niveau le plus dense du plan physique ; ses membres tout au moins ne revêtent jamais de corps physiques aussi denses que les nôtres. La plupart de ceux dont nous nous occupons ici n'ont même qu'un corps astral, bien que nombre d'espèces descendent jusqu'aux sous-plans éthériques de notre plan physique, et revêtent un corps fait de leur matière, arrivant ainsi plus à portée de la vue humaine ordinaire. Il existe une multitude d'êtres de ce genre, et il y a parmi eux un nombre presque incalculable de tribus, de classes, d'espèces.

On peut, dans les grandes lignes, les diviser en deux classes principales : a) les esprits de la nature ou fées et b) les anges, ou comme on les appelle en Orient, les dévas. Cette seconde classe commence au niveau humain, mais s'élève à des niveaux bien au-dessus de ceux que l'humanité à jusqu'à présent atteints, de sorte qu'elle n'a à peu près rien à voir avec elle, si ce n'est dans un cas spécial dont je parlerai tout à l'heure.

Les esprits de la nature ont reçu des noms différents, suivant les pays et suivant les époques. Ce sont ceux que l'on désigne sous le nom de lutins, follets, sylphes, kobolds, gnomes, salamandres, ondines, fées, et bonnes dames. Chaque pays a ses légendes racontant leurs apparitions accidentelles. On suppose généralement qu'ils ont été créés de toutes pièces par la superstition populaire, et d'ailleurs on leur attribue beaucoup de choses qui ne résistent pas à un examen scientifique. Cependant, ils existent et, de temps à autre, quoique bien rarement, ils se montrent aux humains. Normalement ils n'ont rien à voir avec notre humanité, et la plupart évitent plutôt qu'ils ne la recherchent, la présence de l'homme dont les émotions déréglées, les passions et les désirs leur causent souvent beaucoup de trouble et d'ennui. Cependant, dans des circonstances exceptionnelles, quelques-uns d'entre eux ont été amenés à se rapprocher des hommes jusqu'à devenir leurs amis.

Ils ont naturellement des facultés, des pouvoirs à eux, et on peut parfois les amener ou les forcer à mettre ces pouvoirs au service de l'étudiant en occultisme. Bien qu'ils ne soient pas encore parvenus à l'individualité, et correspondent sous ce rapport à l'animal plutôt qu'à l'homme, leur intelligence est cependant, en beaucoup de cas, égale à celle de l'homme. Ils semblent pourtant n'avoir en général aucun sentiment de responsabilité, et la volonté est moins développée chez eux que chez la moyenne des hommes. Le magicien peut donc facilement les dominer par le mesmérisme, et les employer au service de sa volonté. Il peut leur faire faire beaucoup de choses, et tant que la tâche qu'il leur prescrit n'est pas au-dessus de leurs forces, ils l'accomplissent fidèlement et sûrement

Tout cela sans doute semblera bien étrange et bien nouveau, à quelques esprits, mais n'importe quel occultiste confirmera ce que je viens de vous dire quant à l'existence de ces créatures, et à la possibilité de les utiliser, quand une fois on les comprend, pour l'accomplissement de desseins variés. J'ai moi-même beaucoup étudié ce sujet, et il faut par conséquent m'excuser si je parle d'une façon aussi positive, aussi affirmative, de beaucoup de choses qui sembleront peut-être, à la plupart d'entre vous, douteuses ou dépassant la partie de la crédulité humaine. Énumérer en détail toutes les sortes d'esprits de la nature équivaudrait à écrire une espèce d'histoire naturelle du plan astral, et leur description remplirait plusieurs gros volumes. Cependant celui qui veut s'occuper sérieusement et avec fruit de ce qu'on appelle la magie pratique, ne doit pas seulement pouvoir reconnaître immédiatement ces milliers d'espèces, mais il lui faut encore savoir lesquelles sont les plus aptes à le servir dans n'importe quel but.

Les forces auxquelles j'ai fait allusion sont celles qu'on emploie le plus souvent dans les espèces les plus communes de magie ; mais, en plus de cela, l'étudiant en occultisme a à résoudre d'énormes réserves de forces d'espèces variées que le monde scientifique ne connaît pas encore. Il y a une pression éthérique, tout comme il y a une pression atmosphérique ; mais l'homme de science ne pourra jamais utiliser cette force, ni même en démontrer l'existence, avant d'avoir inventé une, substance imperméable à l'éther, de façon à pouvoir construire une chambre ou un récipient dont on pourra, en pompant, faire sortir l'éther, tout comme on fait sortir l'air du récipient d'une pompe à vide. Il y a des procédés connus de la science occulte pour arriver à ce résultat, et se servir de la prodigieuse pression éthérique ainsi canalisée. Il y a aussi de puissants courants électriques qui peuvent être captés et amenés au niveau physique ordinaire par quiconque les comprend. On peut enfin, libérer une énorme quantité d'énergie rien qu'en faisant passer la matière d'un état à un autre [15].

Il y a donc dans la nature beaucoup d'énergie de toute sorte à la disposition de celui qui sait s'en servir, et toute cette énergie peut être dirigée par la volonté humaine. Un autre point qu'il ne faut pas oublier c'est qu'il y a autour de nous tous ceux que nous appelons les morts, ceux qui ont récemment abandonné leur corps physique, et restent encore tout près de nous dans leur corps astral. Eux aussi peuvent être influencés soit par le mesmérisme, soit par la persuasion, tout comme les vivants ; et, dans beaucoup de cas il nous faut tenir compte de leur intervention, et de la mesure dans laquelle on peut utiliser leur pouvoir de manier les forces astrales.

MAGIE ÉVOCATRICE

L'étude de la magie peut se diviser en deux parties, d'après les moyens employés, car on trouve deux méthodes de magie, la magie qui procède par évocation, et celle qui procède par invocation, en d'autres termes, la magie qui commande, et celle qui demande.

---

15   V. les théories de G. Le Bon sur l'*évanouissement de la Matière* (NDT).

Étudions d'abord la première. L'unique force employée dans toute magie de cette espèce, c'est la volonté humaine, bien qu'elle agisse par différents moyens. Grâce à elle la vitalité, l'éther nerveux peuvent être dirigés ; toutes les variétés d'essence élémentale guidées, choisies et groupées en forces simples ou complexes, suivant le but qu'elles doivent servir. De cette façon, par une espèce de magnétisme, on peut maîtrise toutes les sortes d'esprits de la nature, dominer la volonté des vivants et des morts, et faire de ceux-ci des instruments aux mains du magicien. On ne peut guère assigner de limite à la puissance de la volonté humaine bien dirigée ; cela dépasse tellement ce que peuvent s'imaginer la moyenne des hommes, que les résultats auxquels on arrive ainsi leur semblent étonnants, surnaturels. Quand on étudie ce sujet, on en arrive peu à peu à comprendre ce que signifient ces mots, que la foi, quand elle est assez forte, peut soulever les montagnes et les jeter à la mer. Cette façon orientale de dire les choses ne semble guère exagérée quand on considère quelques exemples authentiques de ce que ce pouvoir merveilleux est parvenu à accomplir.

Mais pour que cette puissante machine qui s'appelle la volonté puisse travailler efficacement, il faut que le magicien ait confiance en lui. Or il pourra acquérir cette confiance de différentes façons, suivant la tendance de son esprit. Les magiciens se divisent, à ce point de vue, en quatre grandes catégories bien que si nous voulions entrer dans le détail, il nous faudrait considérer les subdivisions et les modifications variées de chacune de ces classes.

Quatre sortes de magiciens

Il y a d'abord les hommes qui possèdent une volonté de fer, et qui ont tellement confiance en eux et en leur puissance, qu'ils dominent la nature par leur seule force d'âme, et arrivent à leurs fins rien que par l'acharnement qu'ils mettent à les poursuivre. Le magicien de cette espèce comprend que sa volonté est la seule force motrice, et il ne soucie pas de rechercher par quels intermédiaires cette force peut agir. Il ne se soucie pas des méthodes, et ne sait même peut-être pas qu'elles existent, mais il vient à bout de tous les obstacles rien que par la force. Il fait ce qu'il veut, simplement parce qu'il croit fermement qu'il le peut, et qu'il y arrivera. De tels magiciens sont rares mais il y en a pourtant, et s'ils n'ont pas de bons motifs, ils peuvent être très dangereux. Ils n'ont pas besoin d'apprendre à acquérir la confiance, ils semblent la posséder naturellement.

La seconde espèce de magiciens acquièrent la confiance nécessaire pour commander, en étudiant, le moyen d'arriver à bien connaître le sujet dont ils s'occupent et les forces qu'ils emploient. On peut les appeler les magiciens scientifiques, car ils étudient à fond la physique astrale et mentale ; ils connaissent toutes les espèces d'essence élémentale et les différentes sortes d'esprits de la nature, de sorte que, dans chaque cas, ils savent se servir des moyens les mieux appropriés à obtenir les résultats qu'ils désirent, avec le minimum d'efforts et de difficultés. Comme ils connaissent à fond leur sujet, ils s'y sentent à l'aise et ils sauront se tirer d'affaire dans tous les cas qui pourront se présenter.

Beaucoup de ces magiciens-là étudient également outre les forces, les époques et les saisons convenables ; ils savent à quel moment il leur sera plus facile de produire un résultat donné, et ils arrivent ainsi à se procurer ce dont ils ont besoin avec le moindre effort possible. Cette question des époques, des saisons et des influences périodiques est extrêmement intéressante ; mais cela nous entraînerait trop loin, car l'examiner reviendrait en somme à discuter et à étudier toute la question de l'astrologie. Qu'il nous suffise de savoir pour l'instant qu'il y a des époques, des circonstances où l'on peut plus facilement tenter certains efforts, si bien que ce à quoi on ne pourrait arriver (si même on y arrivait) qu'avec les plus grandes difficultés, à un certain moment, devient relativement facile à un autre moment. Une telle théorie implique l'existence "d'influences" planétaires ou autres, agissant sur notre monde et au dedans de lui, et la connaissance parfaite de ces influences et de leurs combinaisons devient naturellement nécessaire pour celui qui s'occupe de magie pratique.

Une autre espèce de magicien acquiert par la foi ou la dévotion la confiance qui assurera l'obéissance. Celui-là aura une foi si ferme en son maître ou en son dieu, qu'il sera absolument sûr qu'un ordre quelconque donné au nom de ce maître ou de ce dieu sera immanquablement exécuté. Je ne parle pas seulement des résultats qui peuvent se produire ainsi sur le plan astral ou sur le plan mental, mais encore d'effets physiques visibles et précis. Nous n'avons qu'à relire l'histoire de l'église pour rencontrer des guérisons merveilleuses de maux physiques, causées par une foi de ce genre. Le récit des guérisons de Lourdes en France et de ce Kusch en Irlande, guérisons absolument prouvées, montre que beaucoup de maux purement physiques ne résistent pas à la foi profonde. Quiconque aura, de cette manière, acquis la confiance indispensable, verra sa volonté devenir si puissante qu'il pourra, par elle, produire les résultats les plus inattendus.

Il est bon de se rappeler que dans ce cas, comme dans les autres, c'est toujours la volonté de l'homme qui agit, sans que le grand Être invoqué ait besoin d'intervenir. Je sais que beaucoup de chrétiens sincères attribuent les guérisons au Christ lui-même, parce qu'elles ont été opérées en son nom; mais s'ils étudient ce sujet à fond, ils verront bientôt que des cures absolument analogues et tout aussi étonnantes, ont été obtenues au nom du Seigneur Bouddha ou de quelque autre grand maître ou grand instructeur, par des hommes également sincères. C'est la foi puissante qui donne la force, quelle que soit d'ailleurs la base de cette foi. L'Être dont on invoque ainsi le nom peut ne rien savoir de ce qui se passe; en tous cas s'il en a connaissance et s'il intervient, nous pouvons être surs que ce sera en fortifiant la foi et la volonté de son adorateur, plutôt qu'en se servant de sa propre force.

Une dernière classe de magiciens comprendra ceux qui croient à l'efficacité de certaines cérémonies ou de certaines formules. Pour eux, et entre leurs mains, les formules ou les cérémonies sont efficaces ; dans la plupart des cas, ce n'est pas cependant parce qu'elles possèdent une vertu intrinsèque, mais parce que le magicien croit fermement que quand il s'en sert, certains résultats s'ensuivent infailliblement. Si nous lisons les ouvrages racontant les travaux des alchimistes au moyen-âge, nous verrons que ces hommes avaient beaucoup de cérémonies de ce genre, et que la plupart d'entre eux se seraient cru incapables d'obtenir les mêmes résultats sans l'entourage auquel ils étaient habitués. Ils portaient des robes diverses, se servaient de signes cabalistiques, agitaient au-dessus de leur tête des épées magnétisées dans un but précis ; ils brûlaient des parfums ou répandaient des essences. Il est vrai que quelques-unes de ces choses ont en elles-mêmes une certaine puissance, mais, dans la majorité des cas, tout cela ne fait que donner confiance à l'opérateur, fortifier sa volonté et l'amener au point voulu. Les maîtres ou les Écritures lui ont dit que tous ces accessoires sont utiles, et qu'il réussira certainement s'il les emploie. L'homme livré à lui-même pourrait hésiter et prendre peur, mais avec ses robes, ses signes et ses armes il se sent si sûr du succès qu'il va jusqu'au bout sans frayeur.

TROIS ESPÈCES DE FORCES

Le magicien, à quelque classe qu'il appartient, aura à sa disposition les forces de trois plans différents : le plan mental, le plan astral, et les sous-plans éthériques. Toutes ces forces peuvent être dirigées par la volonté humaine, et lorsqu'il se sert de l'une ou de l'autre, le magicien fait aussi vibrer les autres. S'il a tant soit peu d'esprit scientifique, il choisira entre elles et s'épargnera ainsi beaucoup de mal. Les magiciens des autres catégories mettent en mouvement beaucoup plus de force, emploient beaucoup plus d'énergie qu'il n'est nécessaire ; ils arrivent toutefois à leurs fins, mais c'est souvent en causant des agitations superflues, en se fatiguant plus qu'ils ne le devraient.

Sans entrer dans les détails, il n'est pas difficile de voir comment celui qui comprend les choses peut choisir les matériaux. S'il a affaire à un homme très développé intellectuellement, et très réceptif sur le plan mental, il communiquera avec lui à ce niveau, au moyen de pensées précises ou par l'entremise des esprits de la nature résidant sur ce plan. Si au contraire il a affaire à un homme profondément émotif, il trouvera probablement plus facile de l'influencer à ce niveau ; il lui enverra donc des formes-pensées revêtues de matière astrale ou il se servira des esprits de la nature d'une espèce inférieure, dont le corps est fait de la matière de ce plan. S'il a affaire à un homme très matériel, complètement plongé dans le plan physique, il semble rationnel d'employer les forces et les intelligences qui se revêtent le plus facilement de matière physique. Mais dans tous les cas, la puissance motrice invisible est toujours la volonté indomptable de l'opérateur, quels que soient les canaux par lesquels elle juge à propos de se manifester.

La magie dans la religion

Nous trouvons dans les cérémonies de presque toutes les religions du monde de nombreuses traces de cette magie évocatrice. Vous vous rappelez peut-être qu'en vous parlant du Bouddhisme, j'ai attiré votre attention sur une des manifestations de ce pouvoir magique, celle qui se produit lorsqu'on chante le Pirit. Vous en rencontrerez beaucoup aussi dans les récits des anciennes cérémonies égyptiennes. Nous avons même, dans la liturgie, de l'église chrétienne, des restes de magie d'une origine beaucoup plus récente.

Tous les étudiants en occultisme savent très bien par exemple, que l'eau est de toutes les substances, celle qui se charge de force le plus facilement. On peut aisément l'imprégner d'une "influence" quelconque qu'elle retiendra très longtemps intacte. Du reste nous pouvons nous rendre compte de ce fait sur le plan physique, car nous savons que l'eau qui est restée la nuit dans une chambre à coucher sans être couverte, n'est pas buvable, parce qu'elle a absorbé toutes les impuretés rejetées par les corps physiques des dormeurs. On peut de même la charger de magnétisme de toute sorte, dans un bon ou dans un mauvais but, comme on peut s'en convaincre en lisant les récits d'expériences mesmériques dans les livres consacrés à cette étude.

Ce fait semble avoir été bien connu de ceux qui établirent les cérémonies de l'Église chrétienne primitive. De nos jours encore, à la porte des églises catholiques, se trouve ce qu'on appelle un bénitier; les fidèles en entrant trempent leurs doigts dans l'eau bénite et font ensuite le signe de la croix. Si on leur demande la signification de ce rite, ils répondent que cela chasse les mauvaises pensées ou les mauvais sentiments, et qu'ils se purifient ainsi pour l'office auquel ils vont prendre part. Le protestant ignorant et vantard considère sans doute, cet acte comme inspiré par la plus basse superstition; mais cela montre tout simplement, comme toujours, qu'il ne connaît pas ce dont il parle.

Tout étudiant en occultisme qui prendra la peine de lire, dans le missel catholique, la cérémonie par laquelle on procède à la bénédiction de l'eau, ne pourra pas manquer d'être frappé du fait qu'il s'agit là, sans aucun doute, d'une cérémonie complète de magie. Avant la bénédiction, le prêtre doit prendre de l'eau propre et du sel propre; il commence d'abord par exorciser l'eau et le sel. Il récite à cet effet certaines formules que, par déférence, on a appelé des prières, et qui sont en réalité des "adjurations" de l'espèce la plus forte.

Il "adjure" le sel et l'eau, dans un langage très net, commandant aux influences mauvaises de s'en échapper, afin que ces substances deviennent propres et pures, et ce faisant, il pose, à plusieurs reprises, la main sur les vases renfermant l'eau et le sel. La cérémonie n'est évidemment qu'une cérémonie de mesmérisme, et l'influence mauvaise, s'il y en a une, est certainement chassée quand le prêtre a fini ses dévotions. Ayant alors purifié ces substances, c'est-à-dire fait disparaître tout ce qu'il pouvait y avoir de mauvais en elles, il se met à les magnétiser avec force dans un but spécial et précis. Il récite de nouveau quelques adjurations, fait le signe de la croix au-dessus des substances en question tout en prononçant les paroles puissantes, avec la ferme volonté de bénir. C'est-à-dire qu'il sature le sel et l'eau de sa propre influence magnétique, dirigée par sa volonté vers un but bien défini et, toutes les fois que cette eau sera employée, elle chassera les pensées ou les sentiments mauvais. Enfin, dans un dernier effort, le prêtre jette le sel dans l'eau en faisant une croix, et la cérémonie est achevée.

Je suis certain que beaucoup de prêtres accomplissent cette cérémonie tout simplement comme une formalité, sans y mettre ni pensée, ni force. Mais je sais aussi qu'il y en a beaucoup d'autres pour lesquels la liturgie est une réalité, et qui mettent dans leurs actes toute la force dont ils sont capables. Dans ce cas naturellement, l'eau est fortement chargée d'un puissant magnétisme et produit des effets magnétiques certains. J'ai moi-même souvent accompli cette petite cérémonie, comme prêtre de ce qu'on appelle la section ritualiste de l'Église anglicane, et je puis certifier que je croyais pour ma part, très fortement à l'efficacité de l'opération, et je suis certain que l'eau que je magnétisais ainsi était réellement efficace pour ce à quoi elle était destinée. Un sensitif qui entre dans une église catholique peut dire, en touchant l'eau bénite, si le prêtre qui a consacré cette eau, a mis ou non dans cet acte toute sa force, et toute sa pensée.

L'eau bénite est employée dans beaucoup d'autres cérémonies de l'Église. Dans le baptême par exemple, l'eau est soigneusement bénie avant le commencement de la cérémonie ; dans l'office de l'Église anglicane, on en retrouve quelques traces, car le prêtre prie pour que l'eau soit sanctifiée et puisse, au sens mystique, laver les péchés ; et tout en prononçant ces mots il fait d'ordinaire le signe de la croix dans l'eau qui va être employée. On sait aussi que les églises et les cimetières sont des endroits consacrés, dédiés à un but sacré ; on s'efforce donc de répandre en ces endroits de bonnes influences, de façon à ce que tous ceux qui y pénètrent soient amenés aussitôt à l'état d'esprit convenable.

Autrefois, presque tous les objets employés dans l'église étaient consacrés de la même manière : les vases de l'autel, les vêtements du prêtre, les cloches, l'encens, tous étaient bénis avec un cérémonial spécial. Les cloches, par exemple, étaient imprégnées d'un certain magnétisme, et devenaient capables d'émettre des vibrations d'un certain rythme, car on croyait que les pensées et les sentiments déterminés par ces vibrations et ce magnétisme, se répandaient au dehors quand on sonnait les cloches, croyance d'ailleurs parfaitement scientifique au point de vue de la physique occulte. De même on bénissait l'encens, afin que cette bénédiction pût agir partout où il répandrait son parfum, et aussi afin que ce parfum pût chasser les pensées et les influences mauvaises de l'église là où l'on s'en servirait.

On retrouve aussi l'influence mesmérique dans la cérémonie de l'ordination des prêtres. Non seulement l'évêque pose les mains sur la tête du candidat, mais tous les prêtres présents font converger leurs forces sur lui, et posent également leurs mains sur sa tête. Quand tous ceux qui assistent à cette cérémonie sont absolument sincères, il n'y a aucun doute que ce Soit là bien autre chose qu'une pure forme ; il doit circuler de l'un à l'autre une forte influence de piété et de sincérité, qui aide à confirmer la foi du prêtre nouvellement ordonné dans les pouvoirs dont on vient de l'investir.

L'étudiant en occultisme sait bien que toutes ces cérémonies sont manifestement les vestiges d'une époque où la magie pratique était parfaitement comprise dans l'Église. Il n'existe guère de cérémonies dans les églises grecque, romaine ou anglicane, qui n'aient quelque signification occulte très réelle, bien qu'aujourd'hui la plupart des prêtres les accomplissent comme de simples formalités, sans même jamais se douter qu'il puisse y avoir en elles quoi que ce soit de réel ou d'important. Autrefois on était non seulement moins sceptique, mais encore moins ignorant ; et ceux qui établirent le rituel de l'Église savaient très bien ce qu'ils faisaient.

Talismans

Cela nous conduit à parler des talismans. On croyait autrefois que les bijoux, et à vrai dire à peu près n'importe quels objets, pouvaient être chargés d'influences bonnes ou mauvaises. Bien que cette croyance soit regardée de nos jours comme une simple superstition, il est cependant évident qu'une force de cette espèce peut être déposée dans un objet physique et y demeurer très longtemps. Un homme peut infuser son magnétisme dans un objet de ce genre, de façon à ce que l'objet émette ensuite la vitesse vibratoire de cet homme, comme le soleil émet la lumière. L'influence que l'on enferme ainsi dans l'objet peut être bonne ou mauvaise, utile ou nuisible. Dans beaucoup de cas, cette action magnétique ressemble à celle d'un cordial, elle est simplement stimulante ; dans d'autres cas, elle a pour but de calmer le sujet, afin de lui permettre de dominer ses craintes ou son inquiétude. On peut aussi magnétiser le talisman dans le but d'aider le sujet à résister à une certaine tentation, la sensualité par exemple, et quand l'objet a été bien chargé de magnétisme, il exerce sûrement une influence puissante.

Nous avons là toute l'explication des reliques ; nous voyons pourquoi elles ont toujours été un objet de vénération, et pourquoi on a toujours cru à leur efficacité. Chacun de nous a une vitesse vibratoire mentale et astrale qui lui est propre; tout objet qui nous a appartenu pendant longtemps s'est imprégné de ces vibrations et pourra à son tour les émettre, ou communiquer l'énergie ainsi concentrée à toute personne qui le portera ou se trouvera à distance convenable pour être influencée par lui. Un objet quelconque, ayant appartenu à un grand saint ou à une personne pieuse, aura par conséquent emmagasiné une certaine quantité de magnétisme individuel, et tendra à faire naître, chez l'homme ou chez la femme qui le portera ensuite, les mêmes sentiments que ceux qui existaient chez la première personne. J'ai connu beaucoup de cas où un semblable talisman produisait son effet; j'en ai vu par exemple qui permettaient de calmer, de pacifier des individus atteints de maladies nerveuses, leur procurant ainsi le repos dont ils avaient tant besoin.

Il ne faut pas oublier que, dans beaucoup de cas, la foi du porteur intervient et contribue à produire l'effet. Si quelqu'un en qui nous avons confiance nous assure qu'un certain talisman produira sans aucun doute un certain effet, nous nous attendons à ce que l'effet se produise, et par cela même, nous le faciliterons. Mais indépendamment de la foi, il y a des talismans qui produisent leur effet quand on ne soupçonne même pas leur présence. Certains objets gardent très longtemps leur magnétisme s'ils ont été chargés par un bon mesmériste. J'ai vu au Musée Britannique de Londres des talismans gnostiques qui émettaient encore une influence puissante et visible; ils avaient dû cependant être magnétisés il y a au moins dix-sept cents ans. Quelques scarabées égyptiens, plus anciens encore par conséquent, avaient aussi conservé une certaine puissance. L'objet ainsi chargé peut l'être naturellement pour le bien ou pour le mal, et en lisant l'histoire de Magie d'Ennemoser, vous en trouverez beaucoup d'exemples.

Les charmes ou mantrams

C'est encore à la magie qu'il faut rattacher les charmes ou mantrams. Ce sont des formules au moyen desquelles on est censé obtenir certains résultats occultes. Ici aussi, comme avec les talismans, les effets précis sont parfois produits, et comme avec les talismans, on peut réussir de deux manières différentes, ou même en combinant les deux manières. Dans la majorité des cas, la formule ne fait que fortifier la volonté de la personne qui s'en sert, et imprimer dans l'esprit du sujet le résultat que l'on désire produire. La confiance parfaite qu'a l'opérateur en sa formule et la ferme croyance du sujet qui est sûr que l'effet va se produire, suffiraient à elles deux à assurer le succès.

Il y a une espèce de mantram, beaucoup plus rare que l'autre, pour laquelle les sons eux-mêmes produisent un certain effet. Chaque son cause une certaine vibration, et on peut, en disposant dans un certain ordre, une série de vibrations, provoquer chez le sujet des sentiments, des émotions ou des pensées d'un certain genre. La plupart des mantrams sanscrits dont on se sert aux Indes sont de cette nature. Dans ce cas, le charme n'est pas traduisible, il doit être employé dans la langue originale et prononcé correctement. Mais il n'est pas du tout nécessaire que celui qui l'emploie en comprenne le sens, ni même que les mots aient un sens. On trouvera dans quelques-uns des écrits gnostiques, des exemples de séries de sons qui ne forment pas des mots intelligibles.

Rappelez-vous toujours que, quels que soient les mots dont se sert le magicien, et sa façon de se donner confiance, il peut employer les forces dont il dispose pour le bien ou pour le mal, suivant l'intention qui l'anime. Nous avons surtout parlé du côté agréable du sujet, nous occupant principalement de cas où l'opérateur désirait aider ; mais il y a eu, il y a encore des cas où une volonté mauvaise entre en jeu, et il est bon de le savoir, car parfois cette volonté s'exerce inconsciemment. Mais cela appartient à une autre partie du sujet traitant des applications pratiques de la magie à l'homme, et dont j'espère vous entretenir la semaine prochaine.

Magie invocatrice

Passons maintenant à la seconde espèce de magie, celle qui opère par l'invocation, celle qui ne commande pas, mais persuade. On verra que cette magie-là dispose de moins de ressources que l'autre. Le suppléant ne fait plus rien, il prie seulement quelqu'un d'autre d'agir pour lui, en lui promettant parfois une récompense. La forme-pensée n'est plus à ses ordres; il ne dispose pas non plus des forces dont nous avons parlé, comme la pression éthérique, ou l'emploi de l'essence élémentale. Il se contente d'obtenir les services de quelque entité vivante déterminée, humaine ou non.

Il y a bien plus d'efforts tentés dans cette direction qu'on ne le croirait au premier abord, car toutes les fois qu'un homme essaie de produire un résultat, d'obtenir quelque chose pour lui-même, ou de faire modifier quoi que c'e soit par un agent ou une force en dehors du plan physique, il se sert en réalité de la magie invocatrice, bien que ce nom ne lui vienne pas à l'esprit.

Beaucoup de prières ordinaires ayant un but égoïste en sont des exemples. Je parle seulement de l'espèce inférieure de prière, qui est la seule d'ailleurs à laquelle on puisse donner ce nom, celle qui demande nettement quelque chose. Le mot *prière* vient du sanscrit *prashna* par le latin *precor*, et se rattache à l'allemand *fragen*, de sorte qu'étymologiquement il signifie à proprement parler une pieuse requête. On donne souvent ce nom cependant à ce qui est en réalité de l'adoration ou de la méditation, c'est-à-dire à la contemplation de l'idéal le plus élevé que puisse imaginer l'adorateur, et à l'effort qu'il fait pour élever son esprit et son cœur jusqu'à l'objet de son adoration. Mais la simple prière ordinaire, demandant des bienfaits précis et souvent physiques, n'est qu'un effort pour attirer, des plans supérieurs, une influence qui produira des effets physiques ; elle se range donc nettement dans notre définition de la magie. Il arrive souvent par exemple que deux nations qui se font la guerre prient toutes deux pour demander le succès, et la destruction de leurs ennemis. C'est là un effort pour s'attirer l'aide des forces invisibles. Heureusement l'idée d'indiquer ainsi l'aide d'influences extérieures à notre plan physique peut aussi servir un bon but, et c'est ainsi qu'on demande parfois l'aide spirituelle.

L'exemple le plus frappant du bon côté de la prière est peut-être celui que nous offre la vie du Brahmane. Cette vie n'est qu'une prière perpétuelle ; pour chacun de ses actes, même le plus infime, une invocation spéciale lui est indiquée. Bien que plus détaillées, ces prières sont à peu près celles dont on se sert dans les couvents catholiques. Dans ces derniers en effet, le novice chaque fois qu'il mange doit prier pour que son âme soit nourrie du pain de vie ; chaque fois qu'il se lave les mains, il doit formuler le souhait que son âme aussi puisse se conserver pure ; chaque fois qu'il entre à l'église il doit demander que sa vie extrême ne soit qu'une longue prière ; chaque fois qu'il sème son grain, il doit penser à la semence de la parole de Dieu à laquelle il doit donner la première place dans son cœur pour qu'il puisse à son tour la semer dans le cœur des autres et ainsi de suite. La vie du Brahmane est remplie de la même façon, si ce n'est que sa dévotion est plus étendue encore, et embrasse beaucoup plus de détails. On ne saurait douter que celui qui obéit réellement et sincèrement à tous ces ordres, soit profondément et constamment affecté par cette façon d'agir.

On peut voir que si le magicien de cette catégorie est beaucoup plus limité dans son champ d'action que celui qui procède par commandement, il a cependant le choix entre plusieurs classes d'entités auxquelles il peut adresser sa requête. Il peut en effet demander assistance aux anges, aux esprits de la nature ou aux morts. Nous savons que nos amis catholiques invoquent souvent l'aide de leur ange gardien qu'ils croient toujours à leurs côtés. C'est là de la magie invocatrice, et elle peut, dans beaucoup de cas, produire des résultats; d'ailleurs l'homme ayant confiance dans l'efficacité de sa supplication, il y a toujours un certain effet produit.

Mauvaises invocations

C'est là le bon côté de cette magie qui a cependant aussi son mauvais côté très réel. Nous le voyons se manifester chez les nègres dans les cérémonies des Vaudous et des Obis. Dans ces cérémonies les magiciens essaient d'invoquer de l'aide extra-physique afin de faire du mal sur le plan physique, et il est hors de doute qu'ils réussissent parfois très bien dans leurs tentatives. J'en ai vu beaucoup dans l'Amérique du Sud, je puis donc personnellement affirmer qu'ils obtiennent des résultats de cette manière. Il en est de même aux Indes, surtout parmi les tribus montagnardes. Là il n'est pas rare de voir adorer le dieu de la tribu en lui offrant des sacrifices propitiatoires, en échange desquels le dieu consent parfois à manifester son pouvoir sur le plan physique.

On lit par exemple dans les récits des voyageurs que certains villages prospèrent tant que le dieu de l'endroit reçoit ses offrandes accoutumées; aussitôt qu'on cesse de lui servir régulièrement ses repas, il se produit des troubles d'une espèce ou d'une autre. J'ai entendu parler d'un cas où des incendies éclatèrent spontanément dans diverses cabanes du village, aussitôt que les habitants négligèrent de s'occuper du dieu de la tribu comme ils avaient l'habitude de le faire. Dans des cas de ce genre une entité quelconque se donne pour le dieu de l'endroit, entité qui aime à recevoir les adorations et retire plaisir ou profit des sacrifices qui lui sont offerts.

Les sacrifices sont généralement de deux sortes: ou bien on sacrifie une créature vivante en répandant son sang, ou bien on brûle de la nourriture, le plus souvent de la chair, pour que la fumée s'exhale et monte sur le dieu. Cela montre bien que le dieu n'est dans ce cas qu'une entité d'un ordre très inférieur, possédant un véhicule formé d'éther physique, véhicule qui lui permet d'absorber ces fumées physiques et de s'en nourrir, ou tout au moins d'en retirer une certaine puissance. Règle générale, toutes les fois qu'une divinité quelconque, quel que soit le nom qu'elle se donne, réclame des sacrifices sanglants, ou de la chair brûlée, on se trouve en présence d'un esprit de la nature d'une espèce très inférieure, car ce n'est évidemment qu'une créature de ce genre qui peut prendre plaisir à de telles abominations.

On se rappelle qu'aux premiers jours de la religion juive d'horribles holocaustes de ce genre étaient fréquemment offerts, mais, dans les temps les plus rapprochés, à mesure que les Juifs se civilisèrent, ces sacrifices disparurent naturellement. Il est à peine nécessaire d'insister sur ce fait évident qu'aucun être évolué, ange ou déva, ne pourrait exiger ni même accepter des offrandes entraînant la souffrance ou la mort. Aucune divinité bienfaisante ne s'est jamais délectée à l'odeur répugnante et aux fumées du sang, et les religions d'une espèce plus élevée n'ont jamais eu recours à de telles horreurs.

La Magie noire

Le trait caractéristique de la magie à laquelle on donne généralement ce nom c'est d'avoir un but entièrement égoïste. Dans beaucoup de cas elle n'est qu'égoïste ; son but n'est pas de faire le mal, mais d'obtenir pour celui qui possède les pouvoirs, tout ce qu'il peut désirer à ce moment. Beaucoup de la sorcellerie des tribus primitives appartient à cette espèce, et il est certain que les efforts de leurs magiciens sont, dans une certaine mesure, couronnés de succès. J'en ai vu moi-même des exemples ; je me suis même donné la peine d'apprendre un rituel compliqué qui m'aurait assuré, si je m'en étais servi, les bons offices d'une entité qui s'engageait à procurer, à son associé, tout ce que celui-ci pouvait désirer. Non seulement l'entité consentait à lui procurer une richesse immense, mais encore elle devait l'aider à servir ses amis et à triompher de ses ennemis. D'après ce que je vis obtenir, je sais que ces offres étaient réelles, dans une très grande mesure ; mais les conditions exigées étaient telles qu'aucun homme au jugement droit ne pouvait y souscrire. Le rituel était facile à suivre, mais il fallait d'abord cimenter l'alliance avec du sang humain, et l'entité exigeait par la suite, une nourriture régulière entraînant le sacrifice de formes vivantes moins évoluées. Cette magie est beaucoup plus répandue qu'on ne le croit, et dans diverses parties du monde. Certaines pratiques, qui n'entraînent pas les horreurs dont je viens de parler, sont même assez intéressantes.

LES À-CÔTÉS DE LA MAGIE

Il n'est pas rare de trouver en Orient des hommes auxquels leurs ancêtres ont légué les services de quelque entité non humaine, qui, en échange d'une provision insignifiante de nourriture, consent à produire des phénomènes variés, mais de peu d'importance, pour la personne à laquelle elle est spécialement attachée. Il y a parfois de bizarres restrictions dans le contrat. Presque toujours l'associé humain est tenu de ne révéler à personne le nom ou la nature de son aide invisible, et, chose curieuse, une des conditions est souvent qu'aucun argent ne sera demandé ou accepté en échange des pouvoirs exhibés, ou en tous cas qu'une somme très faible et fixée à l'avance ne sera pas dépassée.

Je me rappelle avoir vu un jour un homme qui avait un aide invisible. L'entité manifestait surtout son pouvoir en apportant à son associé humain tout ce qu'on pouvait demander à celui-ci, comme cela se pratique fréquemment dans les séances spirites. Heureusement il était stipulé dans le contrat que l'aide invisible n'apporterait jamais ce qui honnêtement n'appartenait pas à son ami, sans cela il y aurait eu des vols commis constamment, sans qu'on pût découvrir ou punir le voleur.

Ce que je vis me convainquit de la réalité de ce pouvoir. J'allai avec le magicien chez un fruitier, et j'achetai un choix de fruits de toutes sortes, et je demandai qu'on les mette de côté jusqu'à ce que je les envoie chercher. Il suffisait que le magicien ait vu les fruits, et sache exactement où ils se trouvaient. Je rentrai immédiatement chez moi en voiture avec mon magicien et ceux qui nous accompagnaient. Les fruits étaient restés dans la boutique. Je demandai alors à l'homme s'il ne lui serait pas possible de faire venir les fruits choisis dans l'ordre que nous adopterions. Il nous dit que oui, et nous vîmes bientôt qu'il ne se trompait pas, qu'il avait raison de se fier à son ami invisible. Ce magicien appartenait à la basse classe et n'avait aucune instruction ; il n'avait comme vêtement qu'une ceinture, de sorte qu'on ne peut pas dire qu'il avait caché les fruits sur lui. Nous étions assis sur une terrasse avec le ciel au-dessus de nos têtes, et cependant chaque fruit que nous demandions arrivait comme s'il avait été lancé du ciel. Tout ce que nous avions acheté arriva de cette manière, et dans l'ordre que nous avions choisi ; et nous étions à plusieurs kilomètres de l'endroit où nous avions acheté les fruits.

La plupart des tours incompréhensibles des jongleurs indiens se font de cette manière. Un prestidigitateur européen adroit peut tromper les regards de ses spectateurs et accomplir des choses merveilleuses par des moyens que ne s'explique pas celui qui ne les connaît pas. Cependant il y a des limites à son pouvoir, et il a besoin pour la plupart de ses tours d'un assez grand nombre d'accessoires ; il faut aussi quelquefois que les spectateurs soient disposés d'une certaine façon. Le jongleur oriental se trouve dans des conditions bien différentes ; il travaille généralement en plein air, sur le pavé d'une cour, au milieu d'une foule excitée qui se presse autour de lui. Dans ces conditions la plupart des ressources de son rival européen ne lui serviraient de rien.

Tout le monde a entendu parler du fameux tour du manguier, qui consiste à faire germer une graine qui donne (ou semble donner) un arbre en quelques minutes, sous les yeux des spectateurs, et cet arbre porte même des fruits que l'on fait, circuler et goûter. Il y a aussi le tour du panier, qui consiste à cacher un enfant sous le panier, à feindre de le couper en morceaux puis à soulever le panier qui est vide, l'enfant arrivant en courant, sain et sauf de derrière les spectateurs. Parfois aussi c'est une corde qu'on lance et qui semble rester miraculeusement, suspendue dans les airs, le magicien lui-même, et parfois un des assistants, grimpant à la corde et disparaissant. Quelques-uns de ces tours sont manifestement impossibles, et, si l'on approfondit la chose, on découvre bientôt qu'il s'agit dans ce cas d'illusions mesmériques produites sans le secours habituel des passes ou de la transe. J'ai eu moi-même la preuve qu'il en était ainsi, de sortes que ces tours-là ne font nullement partie de ce que nous avons appelé la magie invocatrice ; cependant le pouvoir mesmérique n'est pas toujours exercé dans ce cas par le magicien, mais par son associé invisible qui dispose des ressources variées du plan astral.

Beaucoup de tours moins forts que les précédents paraissent être accomplis par l'entité astrale. Je me rappelle par exemple une petite expérience dont j'ai été témoin, et qui semble appartenir à cette catégorie. Ici encore le magicien n'était pour ainsi dire pas vêtu, il ne pouvait par conséquent dissimuler aucun appareil qui lui aurait permis d'accomplir ses merveilles. On me demanda de mettre une pièce d'argent dans la paume de ma main ; je m'approcherai du magicien qui souffla sur la pièce sans la toucher, puis je repris ma place à environ cinq mètres de lui. On me dit alors de recouvrir la pièce avec mon autre main, et le jongleur se mit à marmotter des paroles incompréhensibles. Aussitôt je sentis quelque chose de très froid qui semblait se gonfler entre mes mains et voulait les forcer à s'ouvrir. Au bout d'un instant, cette bizarre masse froide commença à remuer, et j'ouvris les mains pour voir ce qui trouvait. À ma profonde terreur je vis un énorme scorpion noir à la place de la pièce. Instinctivement je le jetai par terre, et le scorpion, après avoir redressé sa queue, s'éloigna rageusement.

Un autre spectateur se prêta à la même expérience, et trouva un petit serpent très vivant gentiment replié entre ses mains quand il les ouvrit. Cela n'a rien à voir avec le lapin vivant qui sort du chapeau du prestidigitateur

ordinaire, car notre jongleur se trouvait à cinq mètres environ, la pièce de monnaie était bien une pièce de monnaie et pas autre chose, même après que nous nous étions éloignés de lui. L'illusion seule pourrait expliquer le phénomène, comme dans les tours précédents, mais certaines circonstances m'empêchent de considérer cette hypothèse comme probable ; je crois qu'il s'agissait véritablement d'un cas de substitution due à quelque entité astrale.

Je vis quelques années plus tard un autre exemple assez curieux de ce pouvoir magique traditionnel, employé par un homme sans instruction qui ignorait par quels moyens sa magie opérait. Je m'étais fait un jour une blessure dont le sang s'échappait avec abondance ; un coolie qui passait arracha aussitôt une feuille à un arbuste qui se trouvait sur la route, la pressa un instant sur la blessure en marmottant une demi-douzaine de mots, et immédiatement le sang cesse de couler. Je demandai naturellement à l'homme ce qu'il avait fait, mais il ne voulut ou ne sut me donner de réponse satisfaisante. Tout ce qu'il put me dire fut que ce charme qu'il lui était défendu de révéler, se transmettait dans sa famille, depuis plusieurs générations, et selon lui, c'était un esprit évoqué par le charme qui produisait le résultat voulu. Je lui demandai si la feuille choisie concourait au succès de l'expérience, mais il me répondit que n'importe quelle feuille, voire même un papier ou un linge aurait fait aussi bien l'affaire. Il croyait évidemment que l'effet produit était dû entièrement aux mots employés et peut-être sa foi aidait-elle sa volonté à amener le résultat physique.

Dans tous les cas que je viens de décrire, la magie ne servait pas à des fins mauvaises ou égoïstes, mais j'ai bien peur que nombre d'autres cas ne soient pas aussi innocents. Les histoires de sorciers du moyen-âge, les récits étranges des pactes avec le diable, sont probablement des exemples de magie noire. Tout cela se retrouve encore de nos jours, dans certaines parties du monde, et les beaux esprits qui prétendent que ce sont là des imaginations ou des superstitions, parlent de choses qu'ils ne connaissent pas. Il n'y a toutefois aucune raison de craindre de pareils maléfices, où d'avoir peur que des ennemis se vengent ainsi sur nous. Il est certain que les charmes des Vaudous et des Obis produisent des effets parmi les nègres, mais il est bien rare qu'ils parviennent à affecter les blancs généralement incrédules.

Comment on résiste au mal

Dans certains cas ils y sont cependant parvenus mais il faut se rappeler que le mal venant du dehors a dû trouver chez la victime un terrain favorable qui lui a permis d'agir. Celui dont l'âme est forte et bonne ne peut être affecté par de pareilles machinations. Les mauvaises pensées et les pratiques dictées par l'envie ou par la haine ne peuvent agir que de deux façons. Elles peuvent éveiller la crainte chez la victime et la jeter ainsi dans un état lamentable, où la maladie et le mal pourront facilement l'atteindre. Celui qui ne craint rien est beaucoup plus capable de résister à ces choses, tout comme celui qui n'a pas peur des maladies contagieuses est moins exposé à les attraper que celui qui est constamment sous l'empire de la frayeur. Le clairvoyant qui observe l'effet produit par la nervosité et la crainte dans le corps astral et le double éthérique, comprend pourquoi il en est ainsi, et il voit que l'immunité de l'homme qui n'a pas peur s'explique par des raisons scientifiques.

Une autre manière plus terrible encore dont ces forces peuvent agir pour le mal, c'est de provoquer chez leur victime des vibrations de même nature que les leurs. Si l'homme a en lui le germe de l'envie, de la jalousie de la haine, de la sensualité, ces sentiments pourront être excités au plus haut point, et le conduire à commettre des actes que, dans ses moments de calme, il regarderait avec horreur. L'altruisme, la droiture, la pureté de pensée préservent l'homme de ces dangers ; il n'a donc aucune raison de craindre les effets que les autres pourraient produire sur lui. Craignons plutôt de céder nous-mêmes à des sentiments peu louables, vis-à-vis des autres, et de leur causer ainsi des préjudices C'est là un péril bien plus réel et contre lequel nous ne pouvons nous garantir qu'en veillant à ce qu'aucune pensée de malice, de colère, d'envie ou de jalousie, n'entre, ne fût-ce que pour un instant, dans notre cœur. Quant au reste, celui qui est bien intentionné, altruiste, ne donne aucune prise aux influences mauvaises qui ne sauraient pénétrer dans son cœur. Si notre vie et nos pensées sont en harmonie avec la Volonté divine, soyons assurés qu'aucun magicien noir ne pourra nous nuire. Ce danger n'est pas qu'on nous nuise, mais bien que nous nuisions aux autres en n'étant pas suffisamment maîtres de nous-mêmes, de nos pensées et de nos désirs Mais ce côté pratique du sujet se rattache plutôt à notre prochaine étude sur "l'Usage et l'abus des pouvoirs Psychiques".

CHAPITRE IX

USAGE ET ABUS DES POUVOIRS PSYCHIQUES

À proprement parler, les pouvoirs psychiques sont les pouvoirs de l'âme, puisque le mot psychique vient du grec *psyche* qui veut dire âme. Mais dans le langage courant ce terme est employé pour désigner ce qu'en théosophie nous appelons les pouvoirs du corps astral, ou même dans bien des cas, ceux qui appartiennent à la partie éthérique du corps physique. Quand on dit que certaines personnes sont psychiques, cela veut dire tout simplement qu'elles sont sensitives, qu'elles voient ou entendent plus que ce que voient ou entendent la moyenne des gens qui les entourent. Or, si on a raison de dire que c'est là un pouvoir de l'âme, on aura tout aussi raison de dire que toutes les facultés dont nous nous servons dans la vie physique sont des pouvoirs de l'âme ; car les corps, qu'ils soient astraux ou physiques, ne sont après tout que des véhicules.

Ce qu'on entend donc généralement par pouvoirs psychiques, ce n'est qu'une légère extension de nos facultés ordinaires ; mais l'expression s'applique aussi à d'autres manifestations qui sont encore quelque peu anormales chez l'homme, comme par exemple le pouvoir mesmérique ou le pouvoir guérisseur. Or puisque la volonté est incontestablement une faculté de l'égo, et que c'est elle qui agit dans le mesmérisme et dans la "mind cure", je suppose qu'il n'y a pas d'inconvénient à appeler ces manifestations des pouvoirs psychiques.

La télépathie, la psychométrie sont souvent rangées dans cette catégorie, bien que ces facultés n'indiquent en réalité qu'une sensibilité peu commune aux impressions du dehors. À la vérité tous ces pouvoirs de l'âme sont inhérents à chacun de nous, mais ils ne sont développés que chez un petit nombre d'individus, et encore ne s'y manifestent-ils que partiellement, à moins que ces individus n'aient eu le privilège inestimable de recevoir un entraînement occulte défini.

Importance de entraînement psychique

Dans mes conférences sur la clairvoyance, j'ai souvent été obligé de faire une distinction entre les individus ayant un entraînement, et les autres. Avant d'avoir étudié la chose pratiquement et par soi-même, on ne peut guère s'imaginer combien cet entraînement accroît le pouvoir de l'homme doué de facultés psychiques. En somme tous ceux qu'en Occident nous appelons des psychiques, n'ont aucun entraînement de ce genre. Ce sont tout simplement des gens qui possèdent, à un léger degré, les facultés supérieures, innées chez eux, parce qu'ils se sont efforcés de les développer dans leurs existences antérieures, ayant peut-être été vestales dans quelque temple antique, ou ayant pratiqué, au moyen-âge, une forme de magie moins recommandable. Dans la plupart des cas, ils se servent de leurs pouvoirs à l'aveuglette; peut-être même ne font-ils aucun effort conscient pour s'en servir, et se contentent-ils de recevoir les impressions qui leur arrivent.

Aux Indes et dans d'autres pays de l'Orient, on a étudié ces choses scientifiquement depuis des siècles, en sorte que tous ceux chez lesquels ces facultés apparaissent, ou bien apprennent à en réprimer toute manifestation, ou se soumettent à un entraînement régulier, dirigé par ceux qui ont l'intelligence complète de cet ordre de faits. L'esprit indou considère ces problèmes d'un tout autre point de vue. Pour l'Indou, la sensibilité psychique n'est nullement une qualité désirable, car il craint qu'elle n'amène la médiumnité, état qui lui fait horreur. Pour lui, ces pouvoirs de l'homme ne sont pas le moins du monde anormaux; il sait qu'ils existent dans tout homme, et n'est donc nullement surpris quand ils se manifestent. Mais il sait aussi que s'ils ne sont pas dirigés et développés convenablement, ils pourront être, pour celui qui les possède, une source d'erreurs, surtout au début de ses expériences.

L'étudiant indou sait comment traiter ces facultés qui ont été classées il y a des milliers d'années. Il y a aux Indes des instructeurs qui se chargent de développer un homme au point de vue psychique, tout comme dans nos pays on le développe par les sports, ou on lui fait apprendre une science quelconque. En Orient, il existe, pour ces facultés tout un système méthodique entraînement, et beaucoup de ceux que nous appelons chez nous des psychiques ou des clairvoyants, seraient considérés là-bas comme des élèves des plus médiocres. Je crois même que la plupart des instructeurs orientaux ne voudraient pas se charger d'un homme ayant déjà en germe certaines facultés psychiques, car il arrive que cet homme a beaucoup à désapprendre, et qu'il est, par cela même, beaucoup plus difficile à diriger que celui chez lequel aucune de ces facultés ne s'est encore manifestée. C'est qu'en Orient, ils connaissent la question à fond; ils guident leurs élèves dès le début, en leur expliquant toutes les causes de mépris et d'erreur, de façon à les en préserver le plus possible.

Dans nos pays occidentaux, la clairvoyance ne jouit pas d'une très bonne réputation, parce que justement beaucoup de ceux qui prétendent la posséder ne commettent que des erreurs. Il peut y en avoir parmi eux qui soient de simples imposteurs, mais je crois que chez la plupart cette faculté est partiellement développée, bien qu'ils s'illusionnent souvent sur le peu qu'ils possèdent. Il est certain qu'en Orient personne ne voudrait se présenter au public ou même se donner comme clairvoyant, de quelque façon que ce soit, avant d'être suffisamment développé pour ne plus tomber dans les erreurs grossières qui sont si communes parmi nos soi-disant clairvoyants. Si nous comprenons bien ce fait, nous verrons aussitôt qu'il doit y avoir une énorme différence entre les clairvoyants entraînés, et ceux qui ne le sont pas, et combien peu, en général, il convient d'avoir confiance en ces derniers.

La plupart de nos psychiques se croient infaillibles, et s'imaginent toujours que les messages qui leur arrivent, proviennent d'une source supérieure, alors qu'il leur suffirait d'un peu de bon sens et d'étude pour se rendre compte qu'il ne saurait en être ainsi. Il est évident que la subtile vanité du médium est flattée s'il se croit, à l'exclusion des autres, en communication avec quelque archange. Mais si le médium voulait bien se donner la peine de lire les ouvrages traitant de ces questions, il verrait bien vite que des centaines de gens ont eu aussi leurs archanges, et ont cependant été grossièrement trompés. Il est évident qu'un clairvoyant entraîné ne tombera jamais dans une pareille erreur, mais comme je l'ai déjà dit, la plupart de nos psychiques en Europe et en Amérique n'ont subi aucun entraînement Quelques-uns sont parfois guidés par les morts, par ceux que l'on appelle les "esprits-guides"; mais ce n'est pas là une direction pratique ni sure, et elle aboutit plus souvent à la médiumnité et à la sensibilité générale, qu'à la maîtrise de soi-même et au développement personnel.

Je ne crois pas que beaucoup de nos psychiques occidentaux consentiraient à se soumettre, même pour un instant, à entraînement que les sages orientaux jugent nécessaire. Là-bas l'élève doit produire maintes et maintes fois, avec patience et persévérance, les phénomènes les plus simples jusqu'à ce qu'il atteigne la perfection. On lui demande d'édifier sa connaissance des plans supérieurs, pas à pas, en partant de ceux avec lesquels il est déjà familier, et on n'encourage pas ces envolées hardies qui lui feraient abandonner le roc inébranlable des faits prouvés. Nos psychiques occidentaux se jugeraient probablement offensés, si on les forçait à s'appliquer avec acharnement à acquérir la maîtrise du soi, comme on l'exige tout naturellement dans les écoles orientales de développement psychique.

Il y a des sciences qui ne sont pas des sciences psychiques proprement dites. Beaucoup de gens qualifient de sciences psychiques, l'astrologie, la phrénologie et la chiromancie. Je crois toutefois que nous ne pouvons leur donner ce nom, sous prétexte que ces sciences prétendent obtenir leurs résultats par des déductions tirées de faits observés. L'astrologue étudie la position des astres à un moment donné, et d'après elle, tire son horoscope ou dessine son diagramme; cela fait, il ne s'agit plus que de trouver par de simples calculs quelles sont les influences en jeu. De la même façon le chiromancien observe les lignes de la main, puis travaille sur ces données d'après les lois reconnues par sa science, le phrénologiste procède de la même manière après avoir examiné d'abord la conformation du crâne. Dans toutes ces sciences, la capacité du praticien consiste simplement à peser les indications contraires et à décider entre elles; en cela, il est vrai, il est souvent aidé par des intuitions qui se rapprochent des facultés psychiques. Ce sont ces pouvoirs, qui n'appartiennent pas aux sciences elles-mêmes, qu'on pourrait seuls qualifier de psychiques; nous ne nous occuperons donc pas de ces études dans cette conférence.

Il arrive parfois que celui qui s'occupe de ces sciences, a l'habitude de recevoir des impressions, des communications, qui lui viennent de quelque entité astrale, impressions qui l'aident beaucoup à juger exactement entre les faits qui lui sont présentés. Dans ce cas son succès ne dépend plus de ses facultés personnelles, mais bien de celles de son aide invisible, doué des facultés astrales ordinaires.

Il ne nous semble pas non plus que la médiumnité doive être comprise dans les pouvoirs psychiques, et qu'on puisse même l'appeler un "pouvoir". Le médium n'exerce pas de pouvoir, mais au contraire abdique le contrôle qu'il devrait légitimement exercer sur ses organes, ou sur ses différents corps. Le médium a essentiellement besoin que ses corps se séparent facilement. Si c'est un médium à transes ou un médium écrivain, cela veut dire que n'importe quelle entité astrale peut facilement s'emparer de son corps physique, et se servir de sa main ou de ses organes vocaux, de sorte que le médium n'est qu'un individu qui peut être aisément possédé par un mort. Si c'est un médium à matérialisations (qu'il s'agisse de formes nettes et visibles, ou de mains invisibles qui touchent les assistants, jouent sur des instruments de musique, ou transportent de petits objets), qualité spéciale qu'il possède consiste à pouvoir, vivement et sans danger, donner de la substance éthérique, ou même de la nature physique de son corps pour l'obtention des divers phénomènes de la séance.

Dans tout cela le médium est passif, nullement actif, et l'entité peut facilement s'emparer de lui et l'obséder.

Il ne possède ni n'utilise aucun pouvoir; il a simplement celui de se mettre dans un état spécial, qui permet à d'autres de s'emparer de lui.

Pouvoirs psychiques conscients

Nous pouvons donc réserver ce nom de pouvoirs psychiques à l'emploi déterminé de la volonté ou des sens astraux ou éthériques, c'est-à-dire que nous pouvons y faire entrer la clairvoyance véritable et consciente, la "mind cure", le mesmérisme, la télépathie et la psychométrie. Il y a également beaucoup de pouvoirs psychiques qui s'exercent inconsciemment, mais j'en parlerai plus loin ; nous allons d'abord examiner l'emploi conscient de ces pouvoirs, qui n'est encore que le partage d'un très petit nombre d'individus. On trouve assez souvent de bons mesméristes, il y a aussi un assez grand nombre de gens qui possèdent le pouvoir de guérir d'une façon ou d'une autre ; mais ce nombre est bien petit, comparé à la population totale de la terre. Les pouvoirs inconscients sont au contraire possédés par nous tous, et nous les utilisons plus ou moins.

Je tiens à dire d'abord à tous ceux qui possèdent consciemment les pouvoirs psychiques, que ces pouvoirs peuvent être bien ou mal employés, et qu'il convient par conséquent d'être très prudent dans l'usage qu'on en fait. La règle générale qui peut s'appliquer à tous est celle-ci : il ne faut se servir des pouvoirs psychiques que dans un but parfaitement altruiste. Si l'on s'en sert afin de s'assurer un gain quelconque, que ce soit de l'argent ou de l'influence, on s'en sert mal. Ce sont des pouvoirs de l'âme, avons-nous dit ; ils se rattachent au développement, au progrès supérieur de l'homme, il ne faut donc pas les employer autrement. C'est là un point important que tous les psychiques devraient avoir constamment présent à l'esprit, c'est la seule règle sure que l'on puisse leur indiquer. Ces pouvoirs permettent d'avoir des échappées sur l'avenir de la race humaine. Si chacun se sert pour lui-même de ces facultés qui seront notre partage à tous, l'avenir peut être sombre et terrible. Si au contraire, à mesure qu'elles se développent, les hommes apprennent à les utiliser pour aider la race et la faire progresser, l'avenir sera splendide. Nous savons que dans le passé il y eut une race qui posséda ces facultés au plus haut point ; mais elle s'en servit mal et par conséquent disparut. Nous qui appartenons à la cinquième race mère, devrons à notre tour passer par la même épreuve ; nous hériterons des mêmes pouvoirs. Leur apparition parmi nous aujourd'hui est un présage de l'époque où ils seront aux mains de tous, où tous les accepteront et les comprendront.

La grande question est donc de savoir si nous ferons comme nos prédécesseurs, et si, une fois que nous aurons développé ces pouvoirs, nous nous en servirons mal. Dans ce cas nous suivrons aussi nos prédécesseurs dans la ruine. Si au contraire, comme on peut l'espérer, nous faisons mieux, et s'il y a parmi nous un plus grand nombre d'individus qui s'en servent pour le bien de l'humanité, nous éviterons peut-être leur sort, car le bon sens et le sentiment de la majorité condamneront et réprimeront l'emploi de ces pouvoirs dans un but égoïste. Si cela doit être, si nous voulons qu'il y ait parmi nous un grand nombre de gens comprenant les choses et se servant intelligemment de leurs pouvoirs, il est certain qu'il faut commencer dès maintenant, alors que ces pouvoirs ne sont encore qu'à l'état de germe, à nous en servir dans un but altruiste et à rejeter l'idée de les employer pour le soi inférieur. On n'a déjà que trop de tendances à les faire servir à des fins personnelles ; l'avidité des ignorants leur fait employer tous les avantages nouveaux qu'ils croient à leur portée, à essayer de se procurer la fortune ou la renommée pour leur misérable personnalité.

Il ne faut pas que l'éclosion de ces facultés supérieures soit gâtée par des sentiments ou des pensées de ce genre ; nous devons nous rappeler que des facultés plus hautes entretiennent une responsabilité plus grande, que celui qui les possède se trouve déjà dans des conditions spéciales, puisqu'il lui est ainsi possible de se développer dans maintes directions. Nous comprenons bien cela quand il s'agit du plan physique ; personne ne songerait à soutenir que la responsabilité du sauvage qui commet un vol ou un meurtre, est égale à la nôtre si nous commettons le même crime. Nous comprenons instinctivement qu'on peut nous demander davantage parce que nous sommes plus éclairés que lui. Il en est de même pour cette connaissance nouvelle, qui met entre nos mains un pouvoir nouveau ; car ce pouvoir signifie des occasions nouvelles, et par conséquent une responsabilité nouvelle.

Le mesmérisme et la "mind cure"

J'ai expliqué dans des conférences précédentes quelle était l'opinion théosophique au sujet du mesmérisme et de la "mind cure", je n'ai donc pas besoin de la redire ici. Il est facile de voir comment il est possible d'abuser du pouvoir mesmérique, en l'employant pour dominer le mental du sujet et l'influencer en faveur de l'opérateur. On entend parfois parler de cas où un homme désirant une situation ou ayant besoin d'argent, emploie son pouvoir mesmérique à se faire donner l'emploi qu'il n'est d'ailleurs pas capable de tenir, on réussit par ce moyen à se faire donner ou léguer de l'argent qui devrait, selon les lois ordinaires de la justice, passer en d'autres mains. Il n'est pas rare de voir dans les journaux des annonces où l'on offre d'enseigner l'usage du pouvoir mesmérique en affaires, et d'apprendre à la personne qui l'emploiera, à triompher des malheureux qui se trouveront sur son chemin.

Il est évident que ce sont là de sérieux abus, dont on peut aussi rapprocher l'usage public du pouvoir mesmérique, exposant le sujet au ridicule. Mais il n'est pas moins évident que le mesmérisme peut être employé très utilement à guérir. On peut, comme je l'ai déjà dit, dissiper un mal de tête, un mal de dents, au moyen de quelques passes, sans qu'il soit nécessaire pour cela d'endormir le sujet. Je suis sûr qu'on pourrait même de cette façon, et sans le secours de la transe, guérir une grande partie des maux "auxquels la chair est assujettie". On ne devrait d'ailleurs que très rarement avoir recours à la transe, parce qu'elle implique la domination de la volonté; le seul cas dans lequel elle soit justifiée, est peut-être le cas des opérations chirurgicales. Vous trouverez, dans les ouvrages du Dr Esdaile de Calcutta et du Dr Elliotson de Londres, le récit de son emploi efficace dans ces opérations.

On peut voir également combien il serait facile d'abuser de la "mind cure". On emploie souvent ce pouvoir pour se procurer de l'argent ; il me semble que c'est là un terrible danger, car on risque fort de céder à des motifs impurs et d'employer des moyens indélicats dans la pratique. On dit parfois que ceux qui consacrent tout leur temps et toutes leurs forces à guérir les autres doivent gagner leur vie d'une façon ou d'une autre, et que, sous ce rapport la "mind cure" peut se comparer à la médecine ordinaire. Je ne puis me ranger à cet avis. Quand il s'agit d'une médecine ordinaire, nous savons qu'il a fallu faire des études coûteuses pour se préparer à soigner convenablement les malades ; nous savons tous que nous lui achetons les services que son expérience et son habileté lui permettent de mettre à notre disposition. Mais le mind curist est parfois absolument ignorant, il n'a eu aucune préparation et en tous cas, il se sert d'un pouvoir qu'on ne peut pas évaluer sur le plan physique puisqu'il appartient à des régions plus élevées et moins matérielles. Si le praticien n'a pas de fortune et consacre tout son temps à guérir les malades, il peut naturellement accepter les dons que ses patients reconnaissants désirent lui offrir en échange de l'aide qu'il leur a donnée ; mais il me semble peu honnête de fixer un tarif pour des services de cette nature ; cela est contraire à l'esprit de l'enseignement occulte. Chacun doit évidemment juger ces choses d'après sa conscience, mais il me parait dangereux d'introduire un élément de gain personnel dans l'emploi de pouvoirs qui appartiennent à des régions supérieures ; il vaut mieux, dans ce cas, éviter jusqu'à l'apparence du mal.

La clairvoyance

Cela est vrai aussi pour la clairvoyance. Cette faculté peut servir au bien dans beaucoup de cas. À celui qui possède cette faculté, les mondes supérieurs s'ouvrent partiellement, du moins de temps à autre, et, par suite, il peut utiliser ce pouvoir à s'instruire. Dans ce but il est nécessaire que le clairvoyant étudie tout ce qui a été écrit sur ce sujet, afin de se rendre compte de ce que les autres ont déjà appris, de profiter de leur expérience, et d'éviter les pièges dans lesquels certains sont tombés. Un clairvoyant qui ne connaît rien de la clairvoyance, qui n'essaie pas de vérifier ses visions, de les comparer aux expériences des autres, pourra se tromper sérieusement, et par ses prédictions, ses descriptions fantastiques, discréditer cette faculté dans l'esprit de ceux qui ne la connaissent pas encore.

Mais pour celui qui se sert de cette faculté avec jugement, sans se laisser entraîner par sa vanité, dans un esprit d'investigation scientifique plutôt que dans l'espoir d'en tirer un gain personnel, la clairvoyance peut être une source, non seulement de grande joie, mais aussi de grand progrès. Non seulement il peut acquérir pour lui-même la science qu'il est libre d'ailleurs de transmettre à ses semblables, mais il peut aussi apprendre à voir quand et comment les gens doivent être aidés, et discerner la manière la plus efficace de donner cette aide. Souvent il peut voir où se fait sentir le besoin d'une parole bienveillante, et où l'envoi d'une pensée affectueuse et réconfortante, produira un résultat immédiat. Le clairvoyant a, en tous cas, un pouvoir de faire le bien, plus grand que ses semblables, à condition de rechercher les occasions de l'employer, et de toujours penser à aider les autres plutôt qu'à gagner quelque chose pour lui-même.

De splendides perspectives s'offrent à nous, quand nous songeons à ce pouvoir qui sera entre les mains de tous, dans un avenir assez rapproché ; et celui qui est quelque peu clairvoyant jouit déjà, dans une faible mesure, de cette capacité de faire le bien qui deviendra notre lot à tous, à mesure que la race progressera. Le clairvoyant qui est complètement désintéressé, et dont les facultés nouvelles sont équilibrées par un robuste et solide bon sens, peut faire beaucoup de bien dans le monde, et se développe spirituellement rien qu'en aidant les autres.

Il n'est pas difficile de voir que l'on peut aussi abuser de ce pouvoir. On peut se servir, on se sert même parfois des informations que l'on obtient ainsi sur son prochain, pour un gain personnel, pour satisfaire sa curiosité et même dans un but de chantage. On voit donc qu'il est absolument nécessaire que le clairvoyant soit un honnête homme, et d'ailleurs quand il appartient à la catégorie que nous appelons, en théosophie, les Pitris de la première classe, il en est naturellement ainsi.

Abus scandaleux de la clairvoyance

Malheureusement la clairvoyance peut être acquise par des âmes moins évoluées et de sentiments peu délicats, comme on le voit en lisant les réclames éhontées qui paraissent si souvent dans nos journaux. Nous voyons là des personnes qui annoncent sans pudeur qu'elles mettent leur clairvoyance (quelle qu'en soit l'espèce), à la disposition de quiconque désire obtenir sur ses semblables un avantage illégitime, et qui offrent tout simplement d'aider à voler les autres, sous le couvert du jeu ou des paris de courses. Ces personnes flattent bassement les viles passions des hommes, elles descendent, de ce qui devrait être une région pure et élevée, dans la boue la plus immonde de la vie physique la plus grossière.

Et ce ne sont pas là les seuls coupables, car nous voyons aussi des annonces de gens qui offrent d'enseigner la clairvoyance ou une science occulte quelconque, pour une certaine somme d'argent. Ces praticiens sans scrupules ne vivent et ne prospèrent que grâce à l'ignorance du public qui ne connaît pas encore les véritables conditions de tout enseignement de ce genre. Aussitôt qu'un homme fait de la réclame, demande de l'argent pour un soi-disant service occulte, il se dénonce comme incapable d'enseigner le véritable occultisme. Le véritable enseignement occulte est entre les mains de grandes écoles, qui sont sous la direction de la grande Fraternité, et leurs élèves n'ont pas le droit d'accepter de l'argent pour la manifestation de leurs pouvoirs psychiques.

Ces gens se condamnent donc eux-mêmes, et leurs annonces publient leur condamnation; s'ils prospèrent et s'accroissent aux dépens de ceux dont ils se moquent, les victimes ne peuvent s'en prendre qu'à elles-mêmes des résultats de leur sotte crédulité. Je répète une fois de plus qu'il n'y a qu'une règle sure touchant l'emploi de ces facultés supérieures, règle d'après laquelle ces facultés ne doivent pas servir à des fins personnelles et égoïstes.

Pouvoirs psychiques inconscients

Laissons de côté ces pouvoirs qui n'appartiennent qu'à un très petit nombre d'entre nous, pour passer à ceux que nous possédons tous, et dont nous nous servons, bien que d'une façon inconsciente. Le premier et le plus grand est le pouvoir de la pensée. Beaucoup de gens ont vaguement entendu dire que les pensées sont des réalités, sans que cette assertion ait eu pour eux aucun sens précis. Quand une fois on a la chance de posséder la clairvoyance sur le plan mental, on peut témoigner de l'extrême importance de la vérité exprimée par cette assertion. Si au moyen des sens mentaux le clairvoyant regarde les corps mentaux de ses semblables, il voit comment la pensée se manifeste à ce niveau et quels résultats elle produit. C'est dans le corps mental ou intellectuel de l'homme, que la pensée se montre d'abord à la vision clairvoyante, comme une vibration prenant naissance dans la matière de ce corps. D'après les gravures que j'ai publiées dans "*l'Homme visible et, invisible*", on peut se rendre compte de l'aspect que présente ce corps mental, quoique les dessins ne soient qu'une tentative pour reproduire partiellement, et sur le plan physique, l'impression beaucoup plus grandiose et plus puissante, produite sur la vision mentale par ce corps plus élevé.

Si un homme pense pendant qu'un clairvoyant l'observe, ce dernier voit une vibration naître dans le corps mental, et cette vibration produit deux résultats distincts. Comme toutes les autres vibrations, elle tend à se communiquer à la matière environnante capable de la recevoir ; de cette façon, l'atmosphère étant remplie de matière mentale qui se met facilement en mouvement, le premier effet produit est celui d'une sorte d'onde qui se propage à travers l'espace environnant ; absolument comme lorsqu'on jette une pierre dans une mare, on voit des ondes s'éloigner du centre en rayonnant sur la surface de l'eau. Dans le cas de la pensée, la radiation ne se produit pas sur un seul plan, mais dans toutes les directions, comme les radiations du soleil ou d'une lampe. Il faut se rappeler que l'homme vit dans une mer immense de matière mentale, tout comme sur le plan physique nous vivons au milieu d'une atmosphère, bien que nous y pensions rarement.

Cette vibration irradie donc dans toutes les directions, devenant moins puissante à mesure qu'elle s'éloigne de sa source. Comme toutes les autres vibrations elle tend à se reproduire toutes les fois que l'occasion s'en présente, et chaque espèce de pensée a sa vitesse vibratoire propre, cela veut dire que toutes les fois que cette onde vient frapper un autre corps mental, elle tend à provoquer en lui des vibrations analogues à celles qui lui ont donné naissance. C'est-à-dire que si nous regardons l'homme dont le corps mental est ainsi touché, nous voyons que l'onde tend à reproduire en lui une pensée identique à celle qui a été émise par le premier penseur.

La distance à laquelle l'onde mentale est transmise, la force et la persistance avec laquelle elle frappe le corps mental des autres, dépendent de la force et de la netteté de la pensée originelle. La voix de l'orateur met en mouvement des ondes sonores qui, à travers l'air, s'éloignent en rayonnant dans toutes les directions, et transmettent son message à tous ceux qui sont à portée de sa voix ; or, la distance à laquelle sa voix peut être perçue dépend de la force et de la netteté de son débit. De la même façon, une pensée forte portera plus loin qu'une pensée faible et vague ; mais la netteté et la précision importent plus que la force. Mais, tout comme la voix de l'orateur peut tomber dans des oreilles inattentives, si les gens sont absorbés par leurs affaires ou leurs plaisirs, de même une onde puissante de pensée peut ne pas affecter l'homme dont l'esprit est profondément absorbé par d'autres espèces de pensées. La plupart des hommes ne pensent fortement et avec netteté que dans la poursuite de quelque affaire qui réclame leur attention. Il y a donc à notre portée beaucoup d'esprits qui ont chance d'être affectés par les pensées qui viennent les frapper. Nous sommes donc responsables des pensées que nous émettons et des effets qu'elles produisent sur les autres.

Voilà un pouvoir psychique que nous possédons tous, et que nous exerçons tous; et cependant, combien peu d'entre nous songent à la sérieuse responsabilité qu'il implique! Inévitablement, et sans que nous fassions pour cela aucun effort, toutes les pensées que nous entretenons dans notre esprit influencent ceux qui nous entourent. Voyez donc combien notre responsabilité est terrible si cette pensée est impure ou mauvaise, car alors nous répandons la contagion morale parmi nos semblables. Rappelez-vous que des milliers de gens ont en eux des germes latents de mal, germes qui peut-être ne fleuriront pas et ne porteront pas de fruits, si quelque force du dehors ne vient pas agir sur eux et éveiller leur activité. Si vous vous laissez aller à une pensée profane ou impure, les vibrations que vous produisez ainsi pourront être le facteur qui éveillera le germe à la vie active, et fera commencer sa croissance; et vous pourrez de cette façon provoquer la perdition d'une âme. Plus tard ce germe pourra donner des pensées, des paroles, des actes mauvais, et ceux-ci à leur tour pourront affecter des milliers d'hommes dans un avenir éloigné. Nous voyons par-là quelle responsabilité nous encourons par une seule pensée mauvaise. C'est ainsi que l'homme fait constamment du mal, et bien qu'il le fasse inconsciemment, il n'en est pas moins responsable, car il sait du moins qu'il doit purifier ses pensées et il a négligé de le faire.

Si donc il nous arrive d'avoir une pensée mauvaise ou égoïste, hâtons-nous d'envoyer à sa suite une forte pensée de bonté et de charité, de façon à réparer dans la mesure du possible, le mal que nous aurions pu faire. Car heureusement tout ce que nous venons de dire s'applique aussi aux bonnes pensées, et celui qui comprend cela peut essayer de devenir un véritable soleil, rayonnant sur tous ceux qui l'entourent des pensées d'amour, de paix et de calme. C'est là une puissante force psychique, et qui est pourtant à la portée de tous, riches ou pauvres, enfants ou sages. Nous voyons donc clairement que nous avons le devoir de maîtrise nos pensées et de les tenir au niveau le plus élevé que nous puissions atteindre.

FORMES-PENSÉES

Ce n'est là cependant qu'un des résultats de la pensée. Le clairvoyant qui surveille la genèse d'une pensée voit que, non seulement elle émet une vibration qui rayonne à l'infini, mais qu'elle produit aussi une forme déterminée. Tous les étudiants théosophes connaissent l'essence élémentale, cette vie étrange, semi-intelligente qui nous environne ; ils savent combien elle est prompte à répondre à l'influence de la pensée humaine, et comment chaque impulsion venant du corps mental se revêt aussitôt d'un véhicule temporaire fait de cette essence. Il se forme ainsi pour un temps une sorte de créature vivante, dont l'âme est la pensée et le corps l'essence élémentale. Ces formes-pensées revêtent une infinité de couleurs et de formes ; on les appelle parfois des élémentals artificiels. Chaque pensée attire autour d'elle la matière qui lui convient et la fait vibrer comme elle ; la couleur varie avec chaque espèce de pensée, et il est extrêmement intéressant d'étudier ces variations et ces combinaisons diverses.

Dans le livre dont j'ai parlé : *L'homme visible et invisible*, vous trouverez la liste des couleurs et leurs significations, et dans le volume qui lui fait suite: *Les formes-pensées,* vous trouverez toute une collection de dessins coloriés représentant différentes espèces de formes-pensées.

Dans la plupart des cas, les pensées ne sont que des nuages mouvants, d'une couleur appropriée à l'idée qui leur a donné naissance; mais quand il s'agit d'une pensée précise, la forme a des contours bien plus nets et est souvent très belle. Si la pensée est intellectuelle ou impersonnelle, si par exemple le penseur essaie de résoudre un problème d'algèbre ou de géométrie, ses formes-pensées et les ondes vibratoires resteront dans le plan mental. S'il s'agit d'une pensée spirituelle, si elle se colore d'amour et d'aspirations profondément altruistes, elle s'élèvera au-dessus du plan mental et revêtira la splendeur et l'éclat du plan bouddhique. Son influence sera alors très puissante, car chaque pensée de ce genre est une force pour le bien qui produira certainement un effet très net sur tous les corps mentaux environnants capables toutefois de vibrer à l'unisson.

Si d'autre part la pensée est personnelle, égoïste, ses vibrations se dirigent vers le bas, et elle prend, outre son vêtement mental, un corps de la matière astrale.

Une telle forme-pensée pourra agir non seulement sur le corps mental, mais sur le corps astral des autres hommes, et pourra non seulement éveiller des pensées, mais susciter des émotions. Nous voyons donc une fois de plus quelle terrible responsabilité nous encourons, en envoyant des pensées égoïstes ou chargées de magnétisme impur et mauvais. S'il se trouve auprès de nous une personne ayant un point faible (et qui n'en a pas?), notre pensée égoïste ira peut-être trouver ce point faible, et y fera germer la fleur du mal qui bientôt portera ses fruits. Mais les pensées bonnes et aimantes projettent aussi des formes, et agissent sur les autres tout aussi fortement que les pensées mauvaises agissent dans un sens opposé; ce qui nous prouve que nous avons d'innombrables occasions de nous rendre utiles quand une fois nous sommes parvenus à maîtrise parfaitement nos pensées et nos sentiments.

Effets des formes-pensées

Il n'est peut-être pas inutile d'étudier d'un peu plus près cette forme-pensée et de la suivre dans ses diverses pérégrinations. Il arrive souvent que nos pensées sont dirigées d'une façon précise vers une autre personne ; nous envoyons à quelqu'un des pensées d'affection, de gratitude, et parfois aussi malheureusement, des pensées d'envie, de jalousie ou de haine. Une pensée de ce genre donne naissance, comme toutes les autres, à une vibration ; mais la forme-pensée ainsi générée, ayant une intention définie, se dirige, aussitôt qu'elle quitte le corps mental et le corps astral du penseur, vers la personne à laquelle il a pensé, et s'attache à elle. On peut la comparer à une bouteille de Leyde, chargée d'électricité. Si l'homme vers lequel elle est dirigée est à ce moment dans un état passif, ou s'il a en lui des vibrations actives qui peuvent s'harmoniser avec celles de la forme-pensée, la décharge a immédiatement lieu. La pensée aura alors pour effet de provoquer, s'il n'en existe pas encore, des vibrations analogues aux siennes, ou de les intensifier si elles existent déjà. Si l'esprit de cet homme est fortement occupé à d'autres pensées, et si les vibrations ne peuvent pénétrer, la forme-pensée planera autour de lui, attendant une occasion.

Malheureusement, au degré d'évolution que nous avons atteint, la majorité des hommes sont généralement occupés d'eux-mêmes, quand ils ne sont pas activement égoïstes. Leurs pensées sont mêlées de désirs, et dans ce cas, elles descendent aussitôt sur le plan astral, se revêtent de la matière de ce plan, et réagissent constamment et avec force sur l'homme qui leur a donné naissance. On peut voir la plupart des hommes entourés d'une toque de formes-pensées, qui planent tout autour d'eux, et réagissent perpétuellement sur eux. Elles tendent alors à se reproduire, c'est-à-dire à provoquer en eux les mêmes pensées. Beaucoup de gens ont conscience de cette pression du dehors, de cette suggestion constante des mêmes pensées, et si les pensées sont mauvaises, ils s'imaginent fréquemment que ce sont des démons qui les poussent au péché. Ce sont pourtant leurs créations, car c'est toujours l'homme qui est son propre tentateur.

Les pensées qui aident

Mais remarquons aussi quel immense pouvoir nous avons entre les mains, et combien cette connaissance doit nous rendre heureux, car nous pourrons l'utiliser quand nous connaissons quelqu'un qui souffre ou qui est dans la peine, comme cela nous arrive à tous fréquemment. Il se peut que nous soyons absolument incapables de faire quoi que ce soit sur le plan physique, car beaucoup de raisons nous empêchent souvent d'aider physiquement, quelque anxieux que nous soyons de le faire. Dans certaines circonstances notre présence même peut n'être pas désirable ; le cerveau physique de celui que nous voulons aider peut être réfractaire à ce que nous pouvions lui dire, à cause de ses préjugés religieux ou autres. Mais son corps astral et son corps mental sont plus sensitifs, plus aisément impressionnables, et nous pouvons toujours les influencer par des pensées d'aide ou des sentiments affectueux et un vif désir de consoler. Rappelez-vous que ces pensées auront nécessairement leur effet, et qu'il est impossible que nos efforts ne soient pas couronnés de succès quand bien même nous ne pourrions apercevoir aucun résultat sur le plan physique.

La loi de la conservation de l'énergie se retrouve sur ce plan, il faut donc que l'énergie ainsi émise atteigne son but, produise son résultat. Il est certain que la pensée que nous voulons faire parvenir à notre ami pour le consoler ou raider, lui arrivera ; mais elle ne se présentera clairement à son esprit que si nous sommes parvenus à lui donner des contours bien nets, et aussi si son état mental à ce moment le permet. Il se peut qu'il soit trop préoccupé de ses soucis, de ses souffrances, pour qu'une idée étrangère arrive à pénétrer; dans ce cas, notre pensée attendra son heure, et quand l'attention de notre ami sera détournée ou que la fatigue le forcera à suspendre l'activité de ses propres pensées, elle se glissera dans son mental et fera son œuvre de consolation. Il en est de même sur un autre plan des sentiments d'affection que nous envoyons avec force à celui qui souffre; s'il arrive qu'il soit trop préoccupé de ses propres sentiments, ou trop excité pour recevoir et accepter une suggestion du dehors, il viendra cependant un temps où notre forme-pensée fidèle trouvera moyen de pénétrer et de se décharger, et alors notre sympathie produira son effet. Il y a beaucoup de cas où, avec la meilleure volonté du monde, nous ne pouvons rien faire sur le plan physique, mais il n'y a pas d'occasions où, sur les plans mental et astral, on ne puisse aider par une ferme concentration de la pensée.

Les phénomènes de la "mind cure" montrent combien la pensée peut être efficace même sur le plan physique, et maintenant que nous savons qu'elle est beaucoup plus puissante encore sur les plans supérieurs, nous voyons quel pouvoir immense est à notre disposition si nous voulons seulement nous en servir. Rappelons-nous qu'il faut toujours nous représenter les gens comme nous voudrions les voir. L'image que nous formerons ainsi agira puissamment sur eux et essaiera de les transformer à sa ressemblance. Fixons nos pensées sur les bonnes qualités de nos amis, car en pensant à une qualité nous contribuons à en intensifier les vibrations et par suite à la fortifier. Il n'est jamais légitime d'essayer de dominer la pensée et la volonté d'autrui, fût-ce même dans un but louable à nos yeux; mais il est toujours permis de présenter à quelqu'un l'idéal auquel nous voudrions le voir atteindre, en souhaitant qu'il y arrive bientôt.

De cette façon nos pensées persistantes agiront sur ceux que nous aimons ; n'oublions pas qu'elles agiront en même temps sur nous, et que nous fortifierons ainsi en nous-mêmes le pouvoir de notre pensée qui deviendra de plus en plus nette et de plus en plus puissante. Si nous connaissons les défauts ou les vices de notre prochain, envoyons-lui de fortes pensées visant les vertus contraires, de façon à ce que ces vertus entrent petit à petit dans son caractère. Nous ne devons en aucun cas nous appesantir sur ce qu'il y a de mauvais en lui, car notre pensée ne ferait ainsi qu'accroître le mal. Voilà pourquoi les commérages, les propos malveillants sont si nuisibles. Un certain nombre de gens fixent leur pensée sur les défauts de leur prochain, attirant sur ces défauts l'attention d'autres personnes qui auraient bien pu ne pas les remarquer ; de sorte que si le mal existe déjà, leur sotte conduite ne fait que l'accroître, et si au contraire, comme c'est souvent le cas, il n'existe que dans leur imagination, ils font tout ce qu'il faut pour le faire naître. Quand notre société atteindra un niveau plus élevé, les gens apprendront à unir leurs pensées pour le bien, et non plus pour le mal ; lorsqu'un homme sera affligé d'un défaut dominant, ils essaieront de se représenter fortement la vertu contraire et enverront à cet homme de fortes ondes de pensées ; ils réfléchiront à ses bons côtés et essaieront de les fortifier en concentrant leur attention sur eux, et s'efforceront par ce moyen de l'aider à triompher ; leur critique sera devenue cette critique bienveillante qui cherche les perles aussi avidement que la critique moderne se jette sur les défauts imaginaires.

Sensibilité psychique

Il est une autre qualité psychique que nous possédons tous à un degré quelconque, c'est la sensibilité aux impressions. Tous, nous recevons ces impressions de temps à autre. Elles sont encore imparfaites et nous ne pouvons guère y ajouter foi ; mais il faut cependant les noter et les surveiller avec soin, afin de les faire servir au développement d'une faculté plus parfaite. Elles peuvent parfois nous aider à découvrir ceux qui ont besoin d'aide, à qui une bonne pensée ou une parole affectueuse feraient du bien. Il arrive parfois qu'en présence d'une personne, nous nous sentons gagnés par un abattement profond. Si vous avez vu dans "*l'homme visible ou invisible,*" l'image que représente un homme sous l'influence de l'abattement, vous vous rappelez sans doute qu'il semble y être enfermé, comme l'avare qui s'est fait une prison de ses pensées égoïstes. Ceux qui se rappellent cette image impressionnante, verront aussitôt ce que peut faire la pensée pour un tel individu. Elle pourra, en envoyant de fortes vibrations, l'aider à briser les barreaux de sa prison, à rejeter leur poids terrible, et à se délivrer du lourd nuage qui l'entoure.

Si nous nous sentons déprimés en présence d'un tel homme, nous pouvons être surs qu'il a quelque raison à cela, et qu'une occasion nous est offerte.

Puisque l'homme est une étincelle de la Divinité, il doit toujours y avoir en lui quelque chose capable de répondre à notre pensée affectueuse et calme, et nous pourrons ainsi le rassurer et l'aider. Essayons de lui faire comprendre qu'en dépit de ses ennuis et de ses chagrins personnels, le soleil luit encore pour tous, qu'il lui reste bien des raisons d'être reconnaissant, car il y a encore beaucoup de belles et bonnes choses dans le monde. Nous verrons souvent un changement se produire, et cela nous encouragera à recommencer; car nous aurons la preuve que nous savons maintenant utiliser nos pouvoirs psychiques, d'abord la sensibilité qui nous a aidé à découvrir le mal, et ensuite la pensée qui nous a permis de le soulager.

Mais cette faculté peut aussi être mal employée. Nous pourrions par exemple nous laisser abattre, soit par nos propres souffrances, soit par celles d'autrui. Le sensitif rencontre en effet beaucoup de choses qui lui sont désagréables, surtout s'il habite une grande ville et qu'il se trouve en contact avec ce qu'on appelle la civilisation moderne. Mais il doit se rappeler qu'il est de son devoir de rester joyeux, et de résister à toutes les pensées de tristesse et de désespoir. Il doit, de son mieux, essayer d'imiter, sur les plans supérieurs, ce que fait sur le plan physique, le soleil : ce glorieux symbole du Logos. Comme celui-ci répand sa lumière et sa vie, le sensitif doit s'efforcer de devenir un centre de calme et de paix, à travers lequel la puissance supérieure se déversera sur ses semblables, Il pourra devenir ainsi le véritable collaborateur de Dieu, car, par lui, la grâce et la force divines qu'il réfléchira, affecteront ceux qu'elles ne pourraient atteindre directement.

Le soleil physique répand sur nous à grands flots sa vie et sa lumière, et il y a cependant des grottes et des caves dans lesquelles sa lumière ne peut pénétrer directement ; mais un miroir placé sur terre au niveau de l'orifice pourra réfléchir les rayons solaires de façon à éclairer les recoins les plus obscurs. L'homme peut devenir lui aussi un miroir reflétant la gloire divine qui, par lui, pourra se manifester à ceux dont les yeux seraient sans cela aveugles à sa lumière.

Les chagrins nous viennent toujours, mais il ne faut pas nous laisser égoïstement abattre par eux, car nous mettrions ainsi les autres en danger, en répandant l'abattement autour de nous, et en intensifiant celui de nos amis. Il y a toujours bien assez d'anxiété et de chagrin dans le monde, sans y ajouter égoïstement en nous lamentant sur nos propres souffrances ; travaillons plutôt avec la Divinité qui a voulu que l'homme soit heureux. Efforçons-nous de chasser l'abattement, et de répandre au moins la résignation et le calme si nous ne pouvons pas encore aller jusqu'à la joie. Nous avons donc, dans cette voie aussi, beaucoup à faire ; la tâche est à notre portée, il ne tient qu'à nous de l'assurer.

La sensibilité psychique peut encore être mal employée d'une autre manière, car elle peut nous entraîner à être tellement repoussés par les défauts de ceux que nous rencontrons, qu'il nous devient impossible de les aider, quand l'occasion s'en présente. Un homme vertueux et pur, éprouve, pour tout ce qui est vicieux ou grossier, une répulsion instructive très forte ; ce sentiment donne lieu à bien des malentendus, car nous pouvons l'éprouver sans que la personne qui nous répugne soit vulgaire et grossière.

Vibrations discordantes

Si nous cherchons à expliquer, du point de vue de la matière, cette répulsion de l'homme délicat pour celui dont les pensées et les sentiments sont purement égoïstes, nous verrons que c'est tout simplement parce que leurs vibrations sont discordantes. Tous deux ont, dans leur corps astral, de la matière astrale à tous les degrés, mais ils s'en sont servis différemment. L'homme vertueux a développé avec persévérance les vibrations d'une espèce plus subtile, qui affectent les espèces plus subtiles de matière astrale, tandis que l'homme aux pensées égoïstes s'est à peine servi de cette partie de son corps astral, et n'a fait que fortifier en lui les vibrations qui affectent surtout la matière la plus grossière. Aussi quand ces deux êtres se trouvent en présence, leurs vibrations différentes produisent un sentiment de gêne et de discordance. Ils s'évitent donc instinctivement, et ce n'est que quand l'homme vertueux a appris qu'il est de son devoir et en son pouvoir d'aider, qu'il essaie d'influencer quand ce ne serait qu'à distance, son frère moins évolué.

Il arrive parfois cependant que deux personnes également bonnes, également évoluées ne sont pas en harmonie. Bien que la différence entre elles puisse n'être pas aussi grande que celle dont nous parlions tout à l'heure, elle peut être néanmoins suffisante pour faire naître un sentiment de discorde et par conséquent de répulsion. Il ne serait pas prudent de conclure, quand nous n'aimons pas la société d'une personne, que cette personne est nécessairement mauvaise. C'est pourtant une erreur que beaucoup de gens très bons et bien intentionnés commettent fréquemment, et c'est pourquoi il n'est pas inutile d'y insister. Il est certain que ce sentiment, quand il est trop marqué, rend l'aide difficile, alors qu'an contraire, quand nous nous sentons attirés vers une personne, nous pourrons être surs qu'il nous sera très aisé de lui être utile, car cette personne sera toute disposée à se laisser guider par nous. On peut cependant surmonter ce sentiment de répulsion, et quand il n'y a personne d'autre pour aider, il est tout naturellement de notre devoir de le faire.

Nous devons donc tous nous efforcer de comprendre ces pouvoirs psychiques que nous possédons, et une fois que nous les comprenons, de les employer sagement et bien. Il est vrai que notre responsabilité s'en accroît, mais il ne faut pas pour cela les éviter. Puisque beaucoup s'en servent inconsciemment pour le mal, il est d'autant plus nécessaire que nous, qui commençons à les comprendre un peu, nous nous en servions consciemment pour le bien. Acceptons-les donc joyeusement, mais n'oublions jamais de leur donner, comme contrepoids, l'étude et le bon sens. Nous éviterons ainsi tout danger de les mal employer, et nous nous préparerons à utiliser d'autres facultés plus élevées encore qui nous viendront au cours de l'évolution, à les utiliser pour aider à l'accomplissement du plan divin et pour le bien de nos semblables.

CHAPITRE X

VÉGÉTARISME ET OCCULTISME

Avant de parler des rapports du végétarisme et de l'occultisme, il est préférable de commencer, ainsi que nous l'avons toujours fait, par une définition des termes. Nous savons tous ce qu'on entend par végétarisme, et bien qu'il y en ait plusieurs variétés, il n'est pas nécessaire de nous étendre sur elles. Un végétarien est un homme qui s'abstient de nourriture carnée. Il y a des végétariens qui admettent les produits d'origine animale que l'on peut obtenir sans tuer les animaux comme par exemple le lait, le beurre et le fromage. Il y en a d'autres qui s'en tiennent à certaines catégories de végétaux, comme les fruits et les noix par exemple ; d'autres préfèrent ce qui peut être mangé cru ; d'autres encore ne veulent pas manger ce qui pousse sous le sol, comme les pommes de terre, les navets, les carottes. Nous n'avons pas besoin de nous occuper de ces divisions, et nous définirons le végétarien : "Celui qui s'abstient de toute nourriture entraînant le meurtre des animaux, y compris bien entendu les oiseaux et les poissons.

Comment définirons-nous l'occultisme ? Le mot vient du latin *occultus :* caché, c'est donc l'étude des lois cachées de la nature. Or, comme toutes les grandes lois de la nature agissent en somme dans le monde invisible beaucoup plus que dans le monde visible, l'occultisme implique une vue beaucoup plus large de la nature que celle que l'on accepte généralement. L'occultiste est donc celui qui étudie toutes les lois de la nature qui lui sont accessibles ou dont il peut entendre parler, qui s'identifie avec ces lois et consacre sa vie au service de l'évolution.

Comment l'occultisme considère-t-il le végétarisme ? Il le considère très favorablement et cela pour beaucoup de raisons. Ces raisons peuvent se diviser en deux classes : les raisons ordinaires physiques, et les raisons occultes ou cachées. Beaucoup de raisons militent en faveur du végétarisme sur le plan physique, et elles sont évidentes pour quiconque veut se donner la peine d'étudier le sujet ; ces raisons sont encore plus fortes aux yeux de l'occultiste qu'à ceux de l'homme ordinaire. Mais l'étudiant en occultisme a d'autres raisons, bien supérieures aux précédentes, qui lui sont fournies par l'étude de ces lois cachées que la majorité des hommes comprend encore si peu. Il nous faut donc diviser notre étude en deux parties, examinant d'abord les raisons physiques ordinaires.

Raisons égoïstes en faveur d'une nourriture convenable

Les raisons physiques ordinaires peuvent-elles-mêmes se subdiviser en deux classes, la première comprenant les raisons égoïstes et l'autre les considérations morales et désintéressées. Examinons d'abord les raisons qui ne concernent que l'homme lui-même et qui sont purement physiques. Nous laisserons de côté pour le moment l'effet produit sur les autres, ce qui est encore bien plus important, et ne nous occuperons que des résultats qui intéressent l'homme lui-même. Il est nécessaire que nous insistions sur ces résultats car une des objections que l'on fait fréquemment au végétarisme est que c'est une très belle théorie qu'il est toutefois impossible de mettre en pratique, car l'homme ne peut vivre sans absorber de la chair morte. Cette objection est irrationnelle et repose sur l'ignorance ou la perversion des faits. Je puis le prouver, car je vis depuis vingt-sept ans à l'abri de cette souillure, sans manger ni poisson, ni volaille, ni œufs, et non seulement je vis encore, mais j'ai joui pendant tout ce temps d'une santé remarquablement bonne. Et je ne suis pas une exception, car je connais des milliers de gens qui ont fait la même chose; je connais quelques jeunes gens qui, depuis qu'ils sont au monde, ont eu le bonheur de ne jamais être souillés par la nourriture animale, et ils sont certainement moins sujets aux maladies que ceux qui mangent de la viande. Il y a donc certainement beaucoup de raisons égoïstes en faveur du végétarisme, et je les présente d'abord, parce que je sais que les considérations égoïstes ont plus de prise sur la plupart des gens, bien que j'espère que, sur ceux qui étudient la théosophie, les considérations morales que j'exposerai plus loin agiront plus énergiquement.

Nous voulons ce qu'il y a de mieux

Je suppose qu'en nourriture, comme en tout, nous voulons tout ce qu'il y a de mieux. Nous devons souhaiter de mettre notre vie, et par conséquent notre nourriture journalière qui forme une partie assez importante de notre vie, en harmonie avec nos aspirations, en harmonie avec ce que nous connaissons de plus élevé. Nous devons être heureux de prendre ce qu'il y a réellement de mieux, et si nous sommes encore trop ignorants pour être en mesure d'apprécier ce qu'il y a de meilleur, nous devons être heureux qu'on nous enseigne à le faire. En y réfléchissant nous verrons que nous agissons ainsi en musique, en art ou en littérature.

On nous a appris dès l'enfance que si nous voulions développer et épurer notre goût musical, il nous fallait choisir seulement la meilleure musique, et que si nous n'étions pas capables au premier abord de l'apprécier et de la comprendre, nous devions attendre et écouter patiemment, jusqu'à ce qu'à la fin un peu de sa beauté se fasse sentir à notre âme et que nous arrivions à comprendre ce qui n'éveillait aucun écho dans notre cœur. Si nous voulons apprécier le meilleur en art, il ne faut pas nous repaître la vue de représentations de faits divers, ou de ces abominations qu'on appelle à tort des images "comiques", mais il nous faut regarder et étudier avec persévérance les œuvres de Turner par exemple, jusqu'à ce que le mystère en soit révélé à notre contemplation patiente, ou celles de Velasquez, jusqu'à ce que nous en comprenions l'ampleur.

Il en est de même de la littérature; plus d'un parmi nous a fait cette triste constatation qu'une grande partie de ce qu'il y a de meilleur et de plus beau est perdu pour ceux dont la nourriture mentale se compose à peu près exclusivement du journal sensationnel, ou du roman à bon marché, ou de cette masse écumeuse de matériaux de rebut qui flotte, comme la scorie, sur le métal fondu de la vie: nouvelles, feuilletons, articles qui ne peuvent servir ni à instruire les ignorants, ni à fortifier les faibles, ni à développer les jeunes. Si nous voulons développer l'esprit de nos enfants, nous ne les abandonnons pas en toutes ces choses, à leurs goûts incultes, mais nous essayons de les aider à développer le goût véritable, aussi bien en art qu'en musique ou en littérature.

Nous pouvons donc aussi chercher ce qu'il y a de meilleur en nourriture physique comme en nourriture mentale, et ce n'est pas seulement par instinct que nous le trouverons, mais en y réfléchissant, et en étudiant la question à un point de vue plus élevé. Il peut y avoir dans le monde des gens qui ne désirent nullement le mieux, qui sont tout disposés à rester sur les niveaux inférieurs, et à introduire consciemment et intentionnellement dans leur corps ce qui est grossier et vil. Mais il y en a aussi beaucoup qui désirent s'élever plus haut, qui se tourneraient avec joie et avec ardeur vers ce qu'il y a de mieux, s'ils le trouvaient ou si seulement on le leur signalait. Il y a des hommes et des femmes qui, au point de vue moral, sont parmi les plus dignes, et qui cependant ont été habitués à se nourrir comme les hyènes et les loups, et auxquels on a appris qu'il leur fallait pour vivre les cadavres d'animaux égorgés. Or il n'y a pas besoin de réfléchir beaucoup pour comprendre que cette nourriture horrible ne peut être la plus pure, et que si nous voulons jamais nous élever sur l'échelle des êtres, si nous voulons que nos corps deviennent purs et sans tache, comme devaient l'être les temples du Maître, il nous faudra renoncer à cette habitude répugnante, et nous mettre du côté de ceux qui luttent pour l'évolution de l'humanité, qui luttent pour ce qu'il y a de plus noble et de plus pur en tout, pour eux et pour les autres. Voyons donc en détail pourquoi une nourriture végétarienne est assurément la plus pure et la meilleure.

Le régime est plus nutritif

Premièrement. — Parce que les végétaux sont plus nourrissants que la chaire morte à quantité égale. Cela paraîtra étonnant, incroyable à beaucoup de gens, parce qu'ils ont été élevés avec l'idée qu'ils ne pourraient vivre sans viande, et cette erreur est si répandue qu'il est difficile de convaincre du contraire les gens de culture moyenne. Sachez bien qu'il ne s'agit ici ni d'habitude, ni de sentiment, ni de préjugés ; c'est un fait au sujet duquel il ne saurait y avoir le moindre doute.

Il y a quatre catégories de substances alimentaires : a) les matières azotées ; b) les hydrates de carbone ; c) les hydrocarbures ou graisses ; d) les sels. Telle est la classification généralement adoptée par les physiologistes, bien que des recherches plus récentes tendent à la modifier quelque peu. Or, il n'est pas douteux que toutes ces substances se trouvent en bien plus grande quantité dans les végétaux que dans la viande. Par exemple le lait, la crème, le fromage, les noix, les pois et les haricots, contiennent une plus grande proportion de substances azotées. Le blé, l'avoine, le riz et autres céréales, les fruits et la plupart des légumes (excepté peut-être les pois, les haricots et les lentilles), se composent principalement d'hydrates de carbone, c'est-à-dire de sucre et d'amidon. Les hydrocarbures ou graisses se trouvent dans beaucoup de cas et peuvent aussi être absorbés sous forme de beurre ou d'huile. Les sels se trouvent en fait dans tous les aliments, en quantité plus ou moins grande. Ils sont de la plus grande importance pour l'entretien des tissus, et ce qu'on appelle la déminéralisation est la cause de beaucoup de maladies.

On prétend quelquefois que la viande contient quelques-unes de ces substances en plus grande quantité que les végétaux, et on a dressé des tableaux de façon à l'indiquer ; mais encore une fois, il s'agit de faits qu'il faut bien admettre : les seules sources d'énergie contenues dans la chair morte sont les matières protéiques qu'elle renferme, et la graisse ; mais comme cette graisse n'a certainement pas plus de valeur qu'une autre, la seule chose à considérer, c'est la matière azotée. Or, rappelons-le-nous, les protéides n'ont qu'une origine ; ils sont organisés dans les plantes et nulle part ailleurs. Les noix, les pois, les haricots et les lentilles en sont beaucoup plus riches que n'importe quelle espèce de viande, et ils ont cet avantage énorme que les protéides y sont purs, et contiennent par conséquent toute l'énergie qu'ils ont emmagasinée lors de leur formation. Dans le corps de l'animal qui les a absorbés pendant sa vie en mangeant des plantes, les protéides subissent une désorganisation constante, au cours de laquelle l'énergie primitivement emmagasinée est libérée. Par suite, ce qui a déjà été utilisé par un animal ne peut pas l'être par un autre.

Dans quelques-uns de ces tableaux, la quantité de protéides est déduite de la quantité d'azote ; mais il y a dans la viande des produits de désassimilation tels que l'urée, l'acide urique et la créatine, qui contiennent de l'azote, entrent par conséquent dans l'évaluation des protéides, alors qu'ils n'ont absolument aucune valeur nutritive. Et ce n'est pas là leur seul défaut, car cette désassimilation est nécessairement accompagnée de la formation de poisons variés, qui se trouvent toujours dans toutes les espèces de viande, et qui sont parfois très virulents.

Vous voyez donc que si nous trouvons un aliment dans la viande, c'est parce que l'animal a absorbé de la matière végétale; d'ailleurs on n'y trouve plus autant de matières nutritives que l'animal en a absorbé, car il en a déjà utilisé la moitié; et on y trouve en revanche des substances inutiles, voire même quelques poisons actifs qui sont évidemment tout à fait nuisibles. Je sais que beaucoup de médecins prescrivent cette abominable alimentation dans le but de fortifier les gens, et qu'ils arrivent parfois à leurs fins, mais même sur ce point ils ne sont pas tous d'accord, car le Dr Milner Fothergill écrit: "Toutes les victimes de l'humeur belliqueuse d'un Napoléon ne sont rien, comparativement au nombre de gens qui ont perdu la vie pour avoir, à tort, accordé leur confiance à la soi-disant efficacité du bouillon."

En tous cas on peut obtenir aisément les mêmes effets fortifiants à l'aide de végétaux, une fois que l'on comprend bien la science de l'alimentation; et alors on les obtient sans l'horrible souillure de l'autre système avec tout ce qu'il entraîne.

Je vais vous montrer que ce ne sont pas là des assertions injustifiées, et vous citer les opinions de médecins, d'hommes dont les noms sont bien connus dans le monde médical; vous pourrez voir ainsi que tout ce que j'ai dit s'appuie sur de nombreuses autorités. Sir Henry Tompson, membre du Collège royal de chirurgiens, nous dit: "C'est une erreur commune que de croire que la viande, sous quelque forme que ce soit, est nécessaire à la vie. Tout ce qui est nécessaire au corps humain peut lui être fourni par le règne végétal. Le végétarien peut extraire de sa nourriture tous les principes nécessaires à la croissance et à l'entretien du corps, aussi bien qu'à la production de la chaleur et de la force. Il faut admettre comme un fait indubitable que quelques personnes sont plus fortes et mieux portantes pour avoir suivi ce régime. Je sais que le régime prépondérant, qui est l'alimentation carnée, est non seulement un gaspillage extravagant, mais encore une source de graves inconvénients pour celui qui le suit." Voilà une constatation précise, émanant d'un médecin bien connu.

Voyons maintenant ce que dit un membre de la Société Royale, Sir Benjamin Ward Richardson, docteur en médecine : "Il faut avouer honnêtement que, poids pour poids, la substance végétale, si elle est soigneusement choisie, présente des avantages très remarquables sur la nourriture animale, au point de vue de la valeur nutritive. Je voudrais voir se généraliser une alimentation basée sur les légumes et les fruits, et je suis sûr que cela arrivera."

Le médecin bien connu Willian S. Playfair, C. B., a dit nettement : "Le régime carné n'est pas nécessaire à l'homme", et le Dr F. J. Sykes, médecin-chef de Saint-Paneras écrit : "La chimie, pas plus que la biologie, n'est opposée au végétarisme. La nourriture carnée n'est certainement pas nécessaire pour fournir les produits azotés exigés par la réparation des tissus. Une nourriture bien choisie, empruntée au règne végétal, convient parfaitement au point de vue chimique, à la nutrition de l'homme."

Le Dr Francis Vacher, membre du Collège royal de chirurgiens, F. C. S. remarque : "Je ne crois pas que l'on se trouve mieux, physiquement ou intellectuellement, de l'adoption du régime carné."

Le Dr Alexander Haig, membre du Collège royal de médecine, médecin principal d'un des grands hôpitaux de Londres a écrit : "Les physiologistes n'auraient pas besoin qu'on leur démontre qu'il est possible d'entretenir la vie avec les seuls produits du règne végétal, même si la plus grande partie de la race humaine n'était pas constamment occupée à le leur prouver ; et mes recherches m'ont démontré que c'est non seulement possible, mais infiniment préférable à tous égards, et qu'il en résulte pour l'esprit et pour le corps une puissance plus grande."

Le Dr M. F. Coomes dans le journal *American Pratitioner and News* de juillet 1902, terminait comme il suit un article scientifique : "Je constaterai d'abord que la chair des animaux à sang chaud n'est pas une nourriture nécessaire pour maintenir le corps humain en parfaite santé." Il continue par quelques autres remarques que nous citerons dans le paragraphe suivant.

Le doyen de la Faculté du Collège médical de Jefferson (Philadelphie) dit : "C'est un fait bien connu que les céréales constituent pour l'économie humaine une excellente nourriture quotidienne ; ils contiennent des substances qui suffisent amplement à l'entretien de la vie dans ses formes les plus élevées. Si l'on connaissait mieux la valeur nutritive des produits tirés des céréales, ce serait une bonne chose pour la race. Des nations entières s'en nourrissent exclusivement et s'en trouvent bien, et il a été abondamment démontré que la viande n'est pas indispensable."

Voilà un certain nombre de déclarations catégoriques, et toutes sont empruntées aux écrits d'hommes en renom, qui ont étudié à fond la chimie alimentaire ; il est impossible de croire que l'homme puisse exister grâce seulement à cet horrible régime, et de nier qu'il y ait plus de matières nutritives dans une certaine quantité de végétaux que dans la même quantité de viande. Je pourrais vous fournir beaucoup d'autres citations, mais celles qui précèdent suffisent, et elles donnent une idée juste du reste.

Il engendre moins de maladies

Deuxièmement. — Parce que beaucoup de maladies graves proviennent de cette détestable habitude de dévorer des cadavres. Ici encore, il me serait facile de vous donner une longue liste de citations, mais comme tout à l'heure, je me contenterai de quelques-unes. Le Dr Josiah Oldfield, membre du Collège royal de chirurgiens, du collège royal de médecins à Londres, écrit : "La viande est une nourriture antinaturelle, et par suite tend à créer des désordres fonctionnels. Telle qu'elle est prise dans les civilisations modernes, elle est infectée de terribles maladies facilement transmissibles à l'homme, comme le cancer, la tuberculose, la fièvre, les vers intestinaux, etc., dans d'énormes proportions. Il n'y a pas à s'étonner que la consommation de la viande soit une des plus sérieuses parmi les causes des maladies qui emportent quatre-vingt-dix-neuf pour cent des gens qui naissent."

Sir Edward Saunders nous dit : "Toute tentative faite pour enseigner au genre humain que le bœuf et la bière ne sont pas nécessaires à la santé et au bienêtre, ne peut qu'être bonne, et conduire à l'économie et au bonheur. À mesure qu'elle réussira je crois que nous entendrons moins parler de goutte, de mal de Bright, de troubles du foie et des reins d'une part, de brutalités, de femmes battues et de meurtres. Je crois que la tendance est au régime végétarien, qu'on le reconnaîtra comme le seul convenable, et que le temps n'est pas éloigné où l'idée d'une nourriture animale paraîtra révoltante à l'homme civilisé."

Sir Robert Christison, docteur en médecine, affirme positivement que "la chair et les sécrétions des animaux atteints de maladies charbonneuses et d'anthrax, sont si toxiques que ceux qui les mangent ont chance de souffrir gravement, soit d'inflammation du tube digestif, soit d'une éruption de clous".

Le docteur A. Kingsford, de l'Université de Paris dit : "L'usage de la viande peut engendrer des maladies cruelles et répugnantes. La scrofule elle-même, cette cause active de souffrance et de mort, doit très probablement son origine à l'habitude de consommer de la viande. C'est une chose curieuse que le mot *scrofule* vienne du latin *scrofal*, trine. Dire que quelqu'un a de la scrofule, c'est donc dire qu'il a le mal des pourceaux."

Dans le cinquième rapport adressé au Conseil Privé en Angleterre, nous voyons le professeur Gamgee affirmer que "le cinquième de la quantité totale de viande consommée, provient d'animaux atteints de maladies infectieuses"; et le professeur A. Wynter Blyth, membre du Collège royal de chirurgiens écrit: "Au point de vue économique la nourriture carnée n'est pas nécessaire; de plus, la viande d'animaux sérieusement malades peut être préparée de façon à avoir l'air de viande saine. Beaucoup d'animaux qui meurent des maladies de poitrine assez avancées, ne présentent, quand on examine leur chair à l'œil nu, aucune apparence les distinguant des animaux normaux."

Le Dr M. F. Coomes dans l'article cité plus haut remarque: "Nous avons beaucoup d'aliments que nous pouvons substituer à la viande, et qui n'ont pas les effets pernicieux de cette nourriture sur l'économie, à savoir le rhumatisme, la goutte et autres maladies analogues, sans parler de la congestion cérébrale qui se termine souvent par l'apoplexie, et par des maladies des veines, d'une espèce ou d'une autre, de la migraine et autres sortes de maux de tête, provenant de l'abus de la viande, et apparaissant même avec un usage modéré de la viande."

Le Dr J. H. Kellogg remarque: "Il est intéressant de noter que les hommes de science dans le monde entier commencent à s'apercevoir que la chair des animaux n'est pas seulement nutritive, mais est mêlée à des substances toxiques, présentant le caractère d'excrétions, et qui sont les résultats naturels de la vie animale. Le végétal emmagasine de l'énergie. C'est au monde végétal (au bois et au charbon) que nous empruntons l'énergie qui fait marcher nos machines, nos trains, nos bateaux, et qui aide à l'œuvre de la civilisation. C'est au monde végétal que tous les animaux empruntent directement ou indirectement, l'énergie qui se manifeste dans la vie animale par le travail musculaire et mental. Le végétal emmagasine de l'énergie, l'animal la dépense. Des scories, des produits toxiques résultent de la manifestation de l'énergie, chez l'animal ou dans la machine. Les tissus animaux ne peuvent continuer leur activité que parce qu'ils sont continuellement nettoyés pour le sang, ce flot sans cesse en mouvement, qui coule à travers eux ou autour d'eux, et qui emporte aussitôt formés, les produits toxiques résultant do leur travail. Le sang veineux doit son caractère à ces poisons qui sont rejetés par les reins, les poumons, la peau et les intestins. La chair d'un animal mort contient une grande partie de ces poisons, dont l'élimination cesse avec la mort, bien qu'ils continuent à se former pendant quelque temps encore. Un médecin français bien connu a récemment déclaré que le bouillon était une véritable solution de poisons. Les médecins intelligents de tous les pays commencent à reconnaître ces vérités et à les appliquer.

Vous voyez que là encore les témoignages ne manquant pas, et la plupart de ces citations qui parlent des poisons introduits dans l'organisme par l'absorption de la viande, ne sont pas empruntées à des médecins végétariens, mais à ceux qui estiment qu'il est bon de manger du cadavre en petite quantité, et qui ont cependant étudié la question jusqu'à un certain point. Mais sachez bien que la chair morte ne peut jamais être en parfaite santé, parce que la pourriture commence aussitôt que l'animal est tué. Au cours de cette régression, toutes sortes de produits se forment, tous inutiles, et dont beaucoup même sont positivement dangereux et toxiques. Dans les anciennes écritures des Indous se trouve un passage très remarquable, faisant allusion à l'usage de la viande adopté, à une période très reculée, par quelques-unes des castes inférieures de l'Inde. D'après ce passage, à l'origine, trois maladies seulement existaient, dont la vieillesse. Mais depuis que les hommes se furent mis à manger de la viande, soixante-dix-huit maladies nouvelles apparurent. Cela nous montre qu'on pensait déjà, il y a des milliers d'années, que la maladie pouvait provenir de l'absorption de cadavres.

Il est plus naturel à l'homme

Troisièmement. — Parce que l'homme n'est pas fait pour être carnivore, et que, par conséquent, cette nourriture horrible ne lui convient pas. Ici encore, permettez-moi de faire quelques citations afin de vous montrer quelles autorités sont pour nous. Le baron Cuvier écrivait: "La nourriture naturelle de l'homme à en juger par sa structure, consiste en fruits, en racines et autres végétaux." Le professeur Lang nous dit: "L'homme n'a certainement jamais été fait pour être carnivore." Sir Richard Owen, F. R. S. écrit: "Les anthropoïdes et tous les quadrumanes tirent leur alimentation des fruits, des graines, et autres substances végétales succulentes, et la stricte analogie qui existe entre la structure de ces animaux et celle de l'homme, démontre clairement la nature frugivore de ce dernier."

Un autre membre de la Société royale, le professeur William Lawrence, écrit: "Les dents de l'homme n'ont pas la moindre ressemblance avec celles des animaux carnivores, et si nous considérons les dents, les mâchoires ou les organes digestifs, nous voyons que la structure de l'homme ressemble de très près à celle des animaux frugivores."

Encore une fois le Dr Spencer Thompson remarque: "Aucun physiologiste ne contestera que l'homme devrait vivre de végétaux;" et le Dr Sylvester Graham écrit: "L'anatomie comparée prouve que l'homme est naturellement un animal frugivore, fait pour subsister de fruits, de graines, et de végétaux farineux."

Tous ceux qui croient à l'inspiration des Écritures n'auront pas besoin qu'on leur prouve que la majorité de la nourriture doit être végétale, car ils se rappelleront que Dieu, a dit à Adam dans le paradis terrestre: "Voici, je vous ai donné toute herbe portant semence, et qui est sur toute la terre; et tout arbre qui a en soi du fruit d'arbre portant semence, ce qui pour vous sera nourriture." Ce ne fut qu'après la chute de l'homme, quand la mort apparut dans le monde, qu'une conception plus dégradante de la nourriture pénétra avec elle. Si nous espérons maintenant revenir à l'Éden, il nous faut absolument commencer par abolir les meurtres qui nous procurent une nourriture désastreuse et avilissante.

Il donne plus de force

Quatrièmement. — Parce que les hommes sont plus forts et meilleurs quand ils se nourrissent de végétaux. Je sais que les gens disent : "On est si faible quand on ne mange pas de viande !" En fait ce n'est pas vrai. Je ne sais pas s'il y a des gens qui se trouvent plus faibles quand ils mangent des légumes. Mais ce que je sais c'est que, dans la plupart des récents matchs, les végétariens se sont montrés les plus forts et les plus endurants. Par exemple, dans les courses cyclistes en Allemagne, tous ceux qui arrivèrent premiers étaient végétariens. Il y a eu beaucoup d'essais de ce genre qui montrent que, toutes choses égales, l'homme qui se nourrit proprement prospère. Il nous faut envisager les faits, et les faits sont tous du même côté, tandis que les sots préjugés et les goûts dépravés sont de l'autre. La raison en a été donnée récemment par le Dr J. D. Haig qui écrit : "Les mangeurs de viande, surtout s'ils vivent en plein air, se vantent souvent de leur vigueur corporelle, mais chose curieuse, ils n'ont pas l'endurance des végétariens. La raison en est que la nourriture carnée est déjà en voie de régression, et que sa présence dans les tissus est de peu de durée. L'impulsion communiquée par le corps de l'animal auquel elle appartenait, se produit par une impulsion analogue dans le corps qui l'absorbe. C'est pourquoi l'énergie qu'elle contient est vite épuisée, et le mangeur éprouve bientôt un impérieux besoin de la remplacer. Le mangeur de viande peut faire beaucoup d'ouvrage en peu de temps, s'il est bien nourri. Mais il a vite faim, et alors il s'affaiblit. Au contraire les produits végétaux se digèrent lentement. Ils contiennent toute leur provision d'énergie primitive et aucun poison. Leur régression est moins rapide que celle de la viande, car elle vient seulement de commencer. Leur force donc se libère plus lentement et avec moins de perte. La personne qui s'en nourrit peut travailler plus longtemps, même sans manger si c'est nécessaire ; elle n'en sera pas incommodée. Les gens qui, en Europe, s'abstiennent de manger de la viande, appartiennent à la classe intelligente et élevée, et ils ont étudié à fond la question d'endurance. En Allemagne et en Angleterre, on a souvent ouvert des concours entre végétariens et mangeurs de viande, pour des choses qui demandaient de l'endurance. Ce sont toujours les végétariens qui l'ont emporté."

Nous n'avons qu'à étudier cette question pour nous apercevoir bientôt que c'est un fait reconnu depuis longtemps, car on en trouve des preuves dans l'histoire ancienne. On se rappelle en effet que de tous les peuples grecs, les Spartiates furent de l'avis de tous, les plus forts et les plus endurants. Or tout le monde connaît la frugalité de leur alimentation végétale. Souvenez-vous aussi des athlètes grecs, de ceux qui se préparaient avec tant de soin à courir aux jeux olympiques et isthmiques. Si vous lisez les classiques, vous verrez que ces hommes, les premiers du monde dans leur spécialité, se nourrissaient de figues, de noix, de fromage et de maïs. Les gladiateurs romains dont la vie et la gloire dépendaient de leur force, se nourrissaient exclusivement de gâteaux d'orge et d'huile, car ils savaient bien que c'était là la nourriture la plus fortifiante.

Tous ces exemples nous montrent que l'erreur commune, et si persistante, qui consiste à croire qu'il faut manger de la viande pour être fort, ne repose nullement sur des faits. C'est le contraire qui est vrai. Charles Danvin disait dans une de ses lettres : "Les travailleurs des plus extraordinaires que j'aie jamais vus, les ouvriers des mines du Chili, ont une alimentation exclusivement végétale, comprenant beaucoup de graines de légumineuses." Sir F. Head écrit au sujet de ces mêmes mineurs : "Les mineurs travaillant aux mines de cuivre du Chili, transportent généralement des fardeaux de deux cents livres de minerai, douze fois par jour, à une hauteur qui, en ligne verticale, représenterait quatre-vingts mètres ; et leur nourriture est entièrement végétale : un déjeuner de figues et de petits pains, un dîner de haricots bouillis, et un souper de froment grillé."

M. F. T. Ward dans ses *Découvertes à Éphèse* écrit : "Les porteurs turcs de Smyrne portent souvent de quatre à six cents livres sur leur dos. Leur capitaine me montra un de ses hommes qui avait porté le long d'une pente menant à un magasin situé plus haut un énorme ballot de marchandises pesant huit cents livres. Malgré leur nourriture frugale, ils jouissent d'une force peu commune."

Sir W. Fairhain écrit au sujet de ces mêmes Turcs : "Le Turc peut vivre et se battre là où des soldats d'autres nationalités mourraient de faim. L'habitude de vivre simplement, l'abstention de boissons alcooliques, la nourriture normalement végétale, leur permettent de supporter les plus grandes fatigues, et de subsister avec une alimentation peu abondante et très frugale."

Je puis moi-même témoigner de la force colossale dont jouissent, dans l'Inde méridionale, les coolies tamils. Je leur ai souvent vu porter des fardeaux dont le poids m'étonnait. Je me rappelle qu'une fois, sur le pont d'un navire, je regardai un de ces coolies qui, après avoir posé sur son dos une énorme caisse, porta celle-ci lentement mais d'un pas assuré le long d'une planche, et une fois arrivé sur le rivage, la déposa sous un hangar. Le capitaine qui était à côté de moi s'écria : "Dire qu'il a fallu quatre ouvriers anglais à Londres, pour apporter cette caisse des docks à bord !" J'ai vu aussi un autre coolie emporter un piano à queue sur son dos, à une distance considérable. Et cependant ces hommes-là sont végétariens, car ils se nourrissent principalement de riz et d'eau, avec parfois un peu de tamarin en guise de parfum.

Le Dr Alexander Haig que nous avons déjà cité, écrit : "Une fois que je me fus débarrassé de l'acide urique, mes forces physiques redevinrent ce qu'elles étaient quinze ans auparavant. Et même j'ai peine à croire qu'il y a quinze ans, j'aurais pu prendre l'exercice que je me donne aujourd'hui, sans être fatigué sur le moment, ni courbaturé par la suite. Je dis souvent que maintenant rien ne peut me fatiguer, et je crois que c'est relativement vrai." Ce médecin distingué est devenu végétarien à la suite d'une étude sur les maladies causées par la présence de l'acide urique dans l'économie, étude au cours de laquelle il s'aperçut que la viande était le principal producteur de ce poison mortel. Un autre point intéressant à noter est qu'il déclare que ce changement de nourriture amena aussi un changement de caractère très prononcé. De très nerveux et très irritable, il devint beaucoup plus calme, plus tranquille, moins violent. Il se rend très bien compte que cela est dû au changement de nourriture.

Si nous voulons d'autres preuves, nous les trouverons à notre portée, dans le monde animal. Nous verrons là que les carnivores ne sont pas les plus forts. Tout le travail est fait par les herbivores, par les chevaux, les mulets, les bœufs, les éléphants et les chameaux. On n'utilise ni le lion ni le tigre, car la force de ces mangeurs de chair n'est pas égale à celle de ceux qui assimilent l'énergie empruntée directement au règne végétal.

Il développe moins les passions animales

Cinquièmement. — Parce que l'absorption de cadavres conduit à boire à l'excès et fortifie chez l'homme les passions animales. M. H. B. Fowler qui a étudié la dipsomanie et a fait des conférences à ce sujet, déclare que l'usage de nourriture carnée, par l'excitation qu'elle produit sur le système nerveux, prépare la voie aux habitudes d'intempérance en général, et plus on consomme de viande, plus on a chance de tomber dans l'alcoolisme invétéré. Beaucoup de savants médecins ont fait des expériences analogues qu'ils mettent à profit dans leur traitement des dipsomanes.

La nature inférieure de l'homme est certainement fortifiée par l'habitude de la viande. Même après avoir fait un repas abondant, le mangeur de viande ne se sent pas rassasié ; il a encore une vague sensation de besoin, et en conséquence souffre beaucoup de fatigue nerveuse. Ce désir n'est que la faim des tissus organiques, qui ne se renouvèlent pas avec la maigre pitance qu'on leur accorde. Pour satisfaire .ce désir, ou plutôt pour apaiser les nerfs excités et ne plus rien sentir, on a souvent recours aux stimulants. Parfois on prend des boissons alcooliques, parfois on essaie de calmer ces sensations par le café noir ; d'autres fois on a recours au tabac. C'est là l'origine de l'intempérance. Dans la majorité des cas, l'intempérance commence en essayant, de remédier, par la boisson, à cet inconfortable besoin qui suit l'absorption d'une nourriture appauvrie. Il n'est pas douteux que l'alcoolisme, ainsi que la pauvreté, la misère, la maladie, le crime qui l'accompagnent, provient fréquemment d'une mauvaise alimentation.

Nous pourrions pousser cet argument très loin, et parler de l'irritabilité qui mène parfois à la folie, laquelle, on le reconnaît aujourd'hui, provient souvent d'une alimentation mal comprise. Nous pourrions parler des nombreux symptômes de mauvaise digestion que nous connaissons bien, et montrer qu'ils sont tous dus à une alimentation défectueuse. Mais nous en avons certainement dit assez pour montrer l'importance d'une nourriture saine, et son influence considérable sur la santé de l'individu et de la race.

M. Bramwell Booth, chef de l'Armée du Salut, a lancé une proclamation dans laquelle il se prononce nettement et fortement en faveur du végétarisme, et donne dix-neuf bonnes raisons pour lesquelles les- hommes devraient s'abstenir de manger de la viande. Il dit que la diète végétarienne est nécessaire si l'on veut être pur, chaste, et maîtrise parfaitement les appétits et les passions. Il fait remarquer que l'extension du régime carné est une des causes du développement de l'alcoolisme, et qu'elle favorise la paresse, l'indolence, le manque d'énergie, la mauvaise digestion, la constipation, et beaucoup d'autres misères. Il dit aussi que l'eczéma, les hémorroïdes, les vers, la dysenterie et les migraines, sont fréquemment causés par la nourriture carnée. Il croit aussi que le développement considérable du cancer et de la tuberculose, pendant le siècle dernier, est dû à l'extension correspondante de l'usage de la viande.

IL EST PLUS ÉCONOMIQUE

Sixièmement. — Parce que la nourriture végétale est à tous égards moins chère que la viande en même temps que meilleure. Dans l'encyclique mentionnée ci-dessus M. Booth déclare qu'une des raisons pour lesquelles il recommande l'alimentation végétale est que : "Le régime de froment, de maïs, d'avoine et autres céréales, de lentilles, de pois, de fèves, de noix et de produits similaires est dix fois plus économique que le régime carné.

La viande contient de l'eau pour la moitié de son poids, et on paie cette eau comme si c'était de la viande : Un régime végétarien, même si l'on permet le fromage, le beurre et le lait, ne coûte que le quart de ce que coûte un régime de viande et de légumes mélangés.

Des milliers de pauvres gens, qui ont aujourd'hui la plus grande difficulté à joindre les deux bouts, pourraient se tirer très bien d'affaire s'ils substituaient à la viande des filins, des végétaux de tous genres, et autres aliments économiques."

Il y a encore une autre raison économique qu'il ne faut pas négliger. Remarquez qu'un certain nombre d'arpents de terre dans laquelle on ferait pousser du blé, nourrirait beaucoup plus de gens que la même étendue de pâturages. Si, de plus, vous réfléchissez que dans le premier cas la terre fournirait à beaucoup plus d'hommes un travail salubre, je crois que vous verrez qu'il y aurait beaucoup à dire à ce point de vue.

Tuer les animaux est coupable

Nous avons parlé jusqu'à présent des considérations physiques et égoïstes qui devraient amener l'homme à renoncer à manger de la viande, et à adopter, dans son propre intérêt, un régime plus pur. Voyons maintenant les raisons morales et désintéressées qui dictent le devoir de l'homme vis-à-vis de ses semblables. La première de ces raisons, la plus forte peut-être, est que nous sommes absolument coupables de tuer ainsi les animaux.

Ceux qui habitent Chicago savent que ce massacre effroyable et constant s'y pratique sur une grande échelle (car c'est de cette ville que l'on envoie de la viande dans le monde entier), et que l'argent gagné à ce commerce abominable est souillé de sang. Je vous ai montré, par des preuves irrécusables, que tout cela n'est pas nécessaire. La destruction de la vie est toujours un crime. Il peut y avoir des cas où elle n'est qu'un choix entre deux maux. Celle-ci est inutile et ne peut se justifier le moins du monde. Elle n'est que le résultat de l'avidité égoïste et peu scrupuleuse de ceux qui font monnaie des angoisses des animaux et flattent les goûts pervertis des êtres assez dépravés pour désirer une nourriture aussi répugnante.

Ce ne sont pas seulement ceux qui accomplissent cette affreuse besogne qui sont coupables devant Dieu. Ceux qui les encouragent en se nourrissant de chair morte, rendent ainsi le crime rémunérateur. Tous ceux qui absorbent ces aliments impurs prennent part à ce crime inouï et à l'origine des souffrances par lesquelles cette nourriture a été obtenue. Il a toujours été reconnu que *Qui facit per alium facit per se*, tout ce qu'un homme fait par un autre, il le fait lui-même. Mais on dit souvent : "Cela n'apportera aucun changement, à toutes ces horreurs, si je suis seul à cesser de manger de la viande." Ce n'est pas vrai, et cette réponse est de mauvaise foi. Cela apportera certainement un changement, car quand bien même vous ne consommeriez qu'une livre ou deux de viande par jour, en très peu de temps cela arriverait à faire le poids d'un animal. De plus ce n'est pas une question de quantité, mais de complicité dans le crime, et si vous profitez des résultats du crime, vous aidez à le rendre rémunérateur, vous participez à la faute. Aucun honnête homme ne peut manquer de le reconnaître. Mais quand il s'agit de leurs passions inférieures, les hommes sont généralement peu honnêtes, et se refusent à regarder des faits en face. Il ne peut y avoir de différences d'opinion au sujet de ce que j'avance : tout ce massacre horrible et inutile est bien un véritable crime.

Il y a aussi un autre point à considérer, c'est la façon cruelle de transporter par terre et par mer ces malheureux animaux, et de les tuer. Ceux qui désirent justifier ces crimes abominables vous diront qu'on s'efforce de les tuer rapidement et avec le moins de souffrances possibles. Lisez les comptes rendus et vous verrez que dans beaucoup de cas, on ne se conforme pas à ces intentions, et que de terribles souffrances s'ensuivent.

Le métier de boucher avilit l'homme

Un autre point à considérer est que l'on force ainsi d'autres hommes à s'avilir et à se rendre coupable de meurtre. Si vous étiez obligés de vous servir du couteau ou de la hache, et de tuer l'animal avant de vous nourrir de sa chair, vous vous rendriez mieux compte de ce que cela signifie. Vous refuseriez bientôt d'accomplir une besogne aussi écœurante. Les dames délicates qui mangent de sanglants biftèques aimeraient-elles voir leurs fils faire ce travail ? Si non, elles n'ont pas le droit d'infliger cette tâche aux fils d'autres femmes. Nous n'avons pas le droit d'imposer à nos semblables une besogne que nous nous refuserions à faire. On me dira peut-être qu'on n'oblige personne à choisir cet horrible gagne-pain. Ce n'est là qu'un détour, car en mangeant de la viande nous forçons quelqu'un à s'avilir et à descendre au-dessous du niveau humain.

Vous savez que l'usage de la viande nécessite un métier spécial, et que ceux qui l'exercent ne jouissent pas d'une très bonne réputation. Il est tout naturel que ceux qui s'habituent par ce travail à devenir brutaux, se montrent brutaux aussi dans d'autres circonstances. Ils sont d'un caractère fougueux et querelleur. J'ai entendu dire que dans plus d'un crime on a trouvé sur la victime les traces de coups révélant la main d'un boucher. Vous ne pouvez donc pas ne pas reconnaître que c'est là un travail répugnant et que, si vous y contribuez, vous forcez un de vos semblables à faire ce que vous ne consentiriez, en aucun cas, à faire vous-mêmes. Et cela non par nécessité, mais pour satisfaire vos passions.

Et puis nous devrions bien nous rappeler que nous espérons tous une époque de paix et de bonté universelle, un âge d'or où la guerre aura disparu, un temps où il n'y aura plus ni luttes, ni haines, et où, par conséquent, les conditions d'existence auront absolument changé. Ne croyez-vous pas que les animaux auront eux aussi leur part de cet heureux temps, et que ce cauchemar qu'est la boucherie aura disparu ? Les races vraiment civilisées du monde sont plus avancées que nous sous ce rapport, et si les Occidentaux n'étaient pas si jeunes et n'avaient pas encore beaucoup des brutalités de la jeunesse, ils ne pourraient, même un seul jour, tolérer ces choses. Il n'est pas douteux que l'avenir soit au végétarisme. Il parait certain qu'à l'avenir nous penserons à notre époque avec horreur et dégoût Malgré ses découvertes merveilleuses, malgré ses machines superbes, malgré ses fortunes colossales, je suis sûr que nos descendants la regarderont comme une époque imparfaitement civilisée, et en somme encore bien proche de la barbarie. Or un des arguments sur lesquels ils s'appuieront sera certainement que nous avons toléré ce massacre inutile d'animaux innocents, que nous nous en sommes engraissés, enrichis, et que nous avons même créé une catégorie spéciale d'individus accomplissant pour nous cette besogne malpropre, et que nous n'avons pas eu honte de tirer profit de leur avilissement.

Toutes ces considérations ne se rapportent qu'au plan physique. Laissez-moi maintenant vous parler du côté occulte de la question. Jusqu'à présent je vous ai présenté des assertions, très catégoriques et très précises je l'espère, mais que vous pouvez toutes vérifier par vous-mêmes. Vous pouvez lire les témoignages de médecins et d'hommes de science bien connus : vous pouvez vous-mêmes expérimenter le côté économique de la question ; vous pouvez par l'observation vous rendre compte de la façon dont les végétariens de types très différents, arrivent à se très bien porter. Tout ce que je vous ai dit jusqu'à présent peut être vérifié par vous. Je vais maintenant abandonner le terrain des raisonnements physiques ordinaires, et vous conduire dans une région au sujet de laquelle vous serez naturellement obligés de croire sur parole ceux qui l'ont explorée. Examinons donc maintenant le côté occulte de la question.

Raisons occultes

Nous aurons encore ici deux sortes de raisons : celles qui se rapportent à nous-mêmes et à notre propre développement, et celles qui concernent le plan général de l'évolution, nous les diviserons encore en raisons égoïstes et en raisons désintéressées, quoiqu'il s'agisse maintenant d'un niveau bien supérieur. Je vous ai montré clairement, j'espère, dans la première partie de cette conférence, qu'il n'y a pas moyen de mettre en doute la valeur du végétarisme. Toutes les preuves, toutes les considérations sont en sa faveur, et il n'y a rien à leur opposer. Cela est encore bien plus vrai quand on l'examine au point de vue occulte.

Il y a des étudiants qui commencent à aborder l'occultisme, mais qui ne sont pas encore préparés à suivre ses préceptes jusqu'au bout, et qui, par conséquent, n'acceptent pas ses enseignements, quand ceux-ci viennent à l'encontre de leurs habitudes et de leurs désirs personnels. Quelques-uns d'entre eux ont donc essayé de soutenir que la nourriture était une chose peu importante au point de vue occulte, mais les écoles d'occultisme, anciennes ou modernes, ont toutes affirmé catégoriquement que la pureté est absolument nécessaire au progrès véritable, même sur le plan physique, et en matière de nourriture aussi bien que dans des choses beaucoup plus importantes.

Dans les conférences précédentes j'ai déjà expliqué qu'il existe différents plans de la nature, et qu'il y a autour de nous un vaste monde invisible; j'ai eu souvent l'occasion de dire que l'homme a en lui la matière de tous ces plans, de sorte qu'il possède un véhicule approprié à chacun d'eux, à travers lequel il peut recevoir des impressions, et au moyen duquel il peut agir. Ces corps supérieurs peuvent-ils être en aucune façon affectés par la nourriture absorbée par le corps physique auquel ils sont si étroitement unis ? Certainement oui, et cela pour la raison suivante.

La matière physique du corps de l'homme est étroitement unie à la matière de ses corps astral et mental, si bien que chacune d'elles est la contrepartie des autres. Il y a plusieurs espèces de matière astrale, toutes de densités différentes, de sorte qu'un homme peut avoir un corps astral fait de particules grossières et denses, alors qu'un autre aura un corps beaucoup plus délicat et plus raffiné. Comme le corps astral est le véhicule des émotions, des passions et des sensations, il s'ensuit que l'homme dont le corps astral est d'une espèce grossière sera facilement entraîné à ressentir les passions et les émotions grossières. Tandis que celui dont le corps astral est délicat, vibrera en réponse aux émotions et aux aspirations plus élevées, plus raffinées. Or celui qui fait entrer dans son corps physique de la matière grossière attire par cela même dans son corps astral, qui en est la contrepartie, de la matière grossière.

Nous savons tous que, sur le plan physique, l'homme qui consomme trop de viande a généralement un aspect grossier. Cela ne veut pas dire que le corps physique seul soit dans cet état peu enviable; les corps astral et mental, invisibles à la vue ordinaire, ne sont pas en meilleure condition. L'homme qui se construit un corps physique grossier et impur, se construit donc en même temps des corps astral et mental grossiers et impurs. Le clairvoyant voit cela tout de suite. Celui qui a appris à voir ces véhicules supérieurs se rend bien compte des effets qu'entraîne, dans les corps plus élevés, l'impureté du corps inférieur. Il voit aussitôt la différence qu'il y a entre celui qui alimente son corps physique au moyen d'une nourriture pure, et celui qui y fait entrer de la chair en putréfaction. Voyons comment cela affecte l'évolution de l'homme.

Véhicules impurs

Il est clair que l'homme se doit à lui-même de développer autant que possible tous ses Véhicules, afin d'en faire des instruments parfaits à l'usage de l'âme. Il viendra ensuite un stade plus élevé encore où l'âme elle-même se développera pour devenir un instrument parfait aux mains du Logos, un canal de la grâce divine. Mais le premier pas de l'âme pour arriver à ce but sublime consiste à apprendre à maîtrise parfaitement ses véhicules inférieurs, de façon à ce qu'il n'y ait en eux d'autres pensées et sentiments que ceux qu'elle veut bien permettre. Tous ces véhicules doivent donc être perfectionnés le plus possible. Ils doivent tous être purs et sans tache, et il est bien évident que ce résultat ne peut être obtenu tant que l'homme absorbe, dans son corps physique, des éléments impropres. Le corps physique lui-même et ses perceptions sensorielles ne peuvent atteindre leur plus complet développement si la nourriture qu'on lui donne est impure. Le végétarien s'aperçoit bien vite que son odorat et son goût sont beaucoup plus sensibles que lorsqu'il mangeait de la viande, et qu'il devient capable de discerner une différence de saveur très délicate entre des aliments qu'il trouvait insipides auparavant, comme le riz et le froment par exemple.

Il en est de même des corps supérieurs, et dans une plus grande mesure encore. Leurs sens ne peuvent pas non plus être très nets si les organes sont faits de matière impure et grossière. Ils sont au contraire paralysés, émoussés, et l'âme peut difficilement s'en servir. C'est là un fait que tous les étudiants en occultisme ont toujours reconnu, et vous verrez que tous ceux qui étaient initiés aux Mystères étaient des hommes d'une pureté absolue, et invariablement végétariens. La diète carnée est fatale à tout développement véritable, et ceux qui l'adoptent se créent ainsi des obstacles sérieux et inutiles.

Je sais bien qu'il y a des choses beaucoup plus importantes que le plan physique à considérer, et que la pureté du cœur et de l'âme importe plus que la pureté du corps. Mais il n'y a pas de raisons pour que nous ne visions pas aux deux. Même l'une appelle l'autre, et la pureté morale devrait impliquer la pureté physique. On a bien assez de mal à acquérir la maîtrise de soi-même et à se développer sérieusement, sans aller maladroitement chercher d'autres difficultés qui ne sont pas forcément sur notre route.

S'il est vrai qu'un cœur pur fera plus pour nous qu'un corps sans tache, ce dernier cependant sera précieux. Nous ne sommes ni les uns ni les autres, assez avancés sur la route de la spiritualité pour nous permettre de négliger l'avantage considérable que cela nous donne. Tout ce qui rend notre sentier plus pénible que de raison doit être évité à tout prix. Or quoi qu'il en soit, la nourriture carnée fait de notre corps physique un instrument plus mauvais, et sème des obstacles sur la route de l'âme en intensifiant toutes les passions, tous les éléments des régions inférieures.

D'ailleurs ces graves conséquences pendant la vie physique ne sont pas les seules dont nous ayons à tenir compte. Si à force d'introduire des impuretés dans son corps physique, on se fait un corps astral grossier et impur, il faudra, après la mort, passer quelque temps dans ce véhicule indigne. Grâce à la présence d'éléments grossiers, toutes sortes d'entités désagréables seront attirées par l'homme, s'associeront à lui, prendront leur demeure dans ses véhicules, et trouveront en lui un écho complaisant à leurs viles passions. Et non seulement les passions seront alors plus fortes que sur terre, mais l'homme souffrira violemment pour se débarrasser d'elles. Donc ici encore, en ne tenant compte que de l'intérêt égoïste, les considérations occultes confirment ce que le simple bon sens avait déduit des arguments physiques. Et si pour résoudre le problème, nous en appelons à la vue supérieure, celle-ci nous montre d'une façon encore plus nette, qu'il vaut mieux s'abstenir de manger de la viande puisque cela vitalise des déchets. Donc au point de vue du progrès personnel, l'habitude de se nourrir de viande doit être abandonnée le plus vite possible et pour toujours.

Devoir de l'homme vis-à-vis de la nature

Mais il y a aussi le côté désintéressé de la question, qui et de beaucoup le plus important, le devoir de l'homme envers la nature. Toutes les religions ont enseigné que l'homme doit travailler avec la volonté divine, avec le bien contre le mal, avec l'évolution contre la régression. Celui qui se met du côté de l'évolution voit qu'il est mauvais de détruire la vie, car il sait que s'il est dans un corps physique pour apprendre les leçons du plan physique, l'animal possède un corps pour la même raison, afin de gagner l'expérience à un degré inférieur. Il sait que la vie de l'animal est d'origine divine, car toute vie est divine. Les animaux sont donc véritablement nos frères, bien que des frères plus jeunes, et nous n'avons nullement le droit de les tuer pour gratifier nos goûts pervertis. Nous n'avons pas le droit de leur causer des souffrances terribles, dans le seul but de satisfaire nos viles et détestables passions.

Nous avons fait tant et si bien avec nos sports et nos massacres dans les abattoirs que toutes les créatures sauvages nous fuient. Est-ce que cela ressemble à la fraternité qui devait exister entre toutes les créatures de Dieu ? Est-ce là notre idéal de l'âge d'or à venir ? Sera-ce un état du monde tel que toutes les créatures vivantes fuiront la vue de l'homme à cause des instincts meurtriers de ce dernier ? Il est certain que nous ressentons tous le contrecoup de cet état de choses, et vous ne pouvez guère vous rendre compte de l'effet ainsi produit si vous ne le considérez pas d'un plan supérieur. Toutes ces créatures que vous tuez ainsi sans pitié ont, naturellement, leurs pensées et leurs sentiments. Elles ressentent de l'horreur, de la peine, de l'indignation, elles éprouvent aussi un sentiment d'injustice, bien qu'elles ne puissent l'exprimer. L'atmosphère qui nous environne en est remplie. J'ai entendu dire récemment, et à deux reprises différentes, à des psychiques, qu'ils avaient senti, même à plusieurs milles de distance, l'aura terrible qui entoure Chicago. Mme Besant elle-même m'a dit la même chose il y a deux ans, en Angleterre. Longtemps avant d'arriver en vue de Chicago, elle en sentit l'horreur, le voile funèbre de l'abattement descendit sur elle, et elle demanda : "Où sommes-nous donc, et pourquoi y a-t-il dans l'air cette horrible sensation ?" Une personne non développée ne peut ressentir ces choses, mais bien que tous les habitants n'en soient pas conscients et ne le reconnaissent pas comme Mme Besant, ils peuvent être surs qu'ils en souffrent inconsciemment, et que ces terribles vibrations d'horreur, de crainte et d'injustice agissent sur eux tous, sans qu'ils s'en doutent.

Effrayantes conséquences invisibles

La sensation de nervosité, de dépression profonde qui est si commune là-bas, est due à cette terrible influence qui s'étend sur la cité comme un nuage pestilentiel. Je ne sais pas combien on y tue d'animaux par jour, mais on en tue certainement beaucoup. Or, chacune de ces créatures est une entité distincte, non pas une individualité permanente qui se réincarne comme vous ou moi, mais néanmoins une entité qui peut vivre sur le plan astral pendant quelque temps. Chacune d'elles reste là à exhaler ses sentiments d'indignation et d'horreur causés par toute la torture et l'injustice qu'on lui a infligées. Représentez-vous l'atmosphère effrayante qui entoure les abattoirs; un clairvoyant y distingue des multitudes d'âmes d'animaux, il sait que leur frayeur, leur ressentiment sont très grands, et que ces sentiments agissent en retour sur la race humaine. Ils réagissent surtout sur ceux qui peuvent le moins leur résister, sur les enfants qui sont plus délicats et plus sensitifs que les adultes endurcis. La ville est donc un mauvais endroit pour y élever des enfants, car l'atmosphère tout entière, physique et psychique, est saturée de fumées de sang, et de tout ce qu'elles entraînent avec elles.

J'ai lu l'autre jour un article où l'on expliquait que l'odeur nauséabonde qui s'élève des abattoirs de Chicago et reste comme un miasme funeste sur la cité, n'est pas l'influence la plus fatale provenant de cet enfer chrétien des animaux, bien que ce soit un souffle de mort pour l'enfant chéri de beaucoup de mères. Les abattoirs constituent un trou pestilentiel, non seulement pour le corps des enfants, mais aussi pour leurs âmes. Les enfants sont non seulement occupés à faire un travail révoltant et cruel, mais toutes leurs pensées sont dirigées vers le meurtre. De temps à autre il s'en trouve un trop sensitif pour supporter les spectacles et les cris de cette terrible et incessante bataille entre la cruauté de l'homme et le droit inaliénable de chaque créature à la vie. J'ai lu qu'un jeune garçon auquel un pasteur protestant avait trouvé une place dans un abattoir, revenait chaque jour pâle, malade, incapable de manger ou de dormir; finalement, il alla trouver ce ministre de l'Évangile du doux Jésus, et lui dit qu'il aimait mieux mourir de faim que de baigner un jour de plus dans le sang. Les horreurs de l'abattoir l'avaient à ce point affecté qu'il ne pouvait plus dormir. Et cependant voilà ce que plus d'un jeune garçon fait et voit, jour après jour, jusqu'à ce qu'il s'endurcisse à tuer. Puis un jour, au lieu de couper le cou à un agneau ou à un porc, il tue un homme. Aussitôt, nous retournons contre lui notre passion du meurtre, et nous croyons avoir fait justice.

J'ai lu aussi qu'une jeune femme philanthrope de Chicago, a déclaré que, ce qui l'impressionne le plus chez les enfants, c'est qu'ils semblent n'avoir d'autres jeux que des jeux où l'on tue, qu'ils n'ont aucune idée qu'il puisse exister, entre les animaux et les hommes, d'autre rapport que celui de bourreau à victime. Voilà l'éducation que de soi-disant chrétiens donnent aux enfants des abattoirs : l'apprentissage journalier du meurtre ! Après cela ils s'étonnent du nombre et de la brutalité des meurtres dans cette région. Malgré cela ces chrétiens continuent à dire tranquillement leurs prières, à chanter leurs cantiques, et à écouter des sermons, tout comme si de tels outrages n'étaient pas perpétuellement commis contre des enfants de Dieu. Il faut croire que l'habitude de manger du cadavre nous a rendus moralement apathiques. Croyez-vous que vous faites bien en élevant vos futurs citoyens au milieu d'un entourage aussi brutal ? Même sur le plan physique c'est une chose sérieuse et du point de vue occulte, elle est encore bien plus sérieuse. Car l'occultiste voit les résultats psychiques de tout cela ; il voit comment ces forces agissent sur les gens et renforcent la brutalité et l'absence de scrupule ; il voit quel centre de vice et de crime vous avez créé, et comment l'infection s'en répand par degrés, jusqu'à ce qu'elle affecte tout le pays, et même tout ce qu'on appelle l'humanité civilisée.

Le monde en est en effet affecté de beaucoup de manières dont les gens ne se rendent pas compte du tout. Il y a constamment dans l'air des sensations de frayeur sans cause. Beaucoup d'enfants ont peur sans raisons, ils ressentent une frayeur dont ils ne connaissent pas le motif, ils ont peur de l'obscurité, peur quand ils sont seuls quelques instants. Des forces puissantes, et que vous ne pouvez vous expliquer, agissent autour de vous ; ne voyez-vous pas que tout cela vient de ce que l'atmosphère entière est pleine de l'hostilité de ces créatures massacrées ? Tous les degrés de l'évolution sont dans une étroite dépendance, les uns vis-à-vis des autres, et vous ne pouvez tuer ainsi vos frères plus jeunes sans que vos enfants subissent les résultats de vos crimes. Espérons donc qu'un temps meilleur viendra où notre civilisation se sera débarrassée de cette horrible souillure, où notre compassion, notre sympathie ne pourront plus tolérer ces crimes. Aussitôt que cette époque naîtra, nous verrons les choses s'améliorer et nous atteindrons ce niveau supérieur où nous serons libérés de ces terreurs et de ces haines instinctives.

Les temps meilleurs à venir

Nous pouvons en être libérés très vite si tous, hommes ou femmes, nous voulions seulement réfléchir un instant; car les hommes en général ne sont pas des brutes, mais ont au contraire le désir d'être bons. Ils ne réfléchissent pas, ils continuent à s'alimenter sans songer qu'ils participent ainsi à un crime abominable. Mais les faits sont les faits, il n'y a pas moyen de leur échapper; tous ceux qui participent à ces horreurs, aident à perpétuer le crime et ont, sans aucun doute, leur part de responsabilité. Vous savez bien que cela est vrai, et vous voyez combien c'est terrible, mais vous me direz peut-être: "Que pouvons-nous faire pour améliorer les choses, nous qui ne sommes que de faibles unités dans cette masse énorme qui constitue l'humanité?" Ce n'est précisément que lorsque des unités s'élèveront au-dessus des autres et deviendront plus civilisées, que nous arriverons finalement à ce que la race entière atteigne un degré plus élevé de civilisation.

L'âge d'or viendra, non seulement pour l'homme, mais pour les règnes inférieurs, et à cette époque, l'humanité comprendra quels sont ses devoirs envers ses frères plus jeunes; elle ne les détruira plus, mais les aidera, les éduquera, et recevra d'eux en échange non plus la crainte et la haine, mais l'amour, le dévouement, l'attachement et une coopération raisonnable. Le temps viendra où toutes les forces de la nature travailleront ensemble, d'une façon intelligente, au but final, non plus avec des soupçons et de l'hostilité, mais en reconnaissant la fraternité dont nous faisons tous partie, puisque nous sommes tous enfants d'un même Père.

Essayons du moins l'expérience; ne soyons plus complices de ces crimes affreux, efforçons-nous, chacun dans notre petit cercle, de hâter ce temps de paix et d'amour qui est le rêve, l'ardent désir de tout homme réfléchi et sincère. Nous devrions du moins être prêts à ce petit sacrifice pour aider à faire progresser le monde, vers cet avenir glorieux. Purifions-nous, nos pensées et nos actions en même temps que notre nourriture, et par l'exemple, comme par le précepte, faisons tout ce qui dépend de nous pour répandre l'évangile de l'amour et de la compassion, pour faire cesser le règne de la brutalité et de la terreur, et pour hâter l'aube du jour où règneront la justice et l'amour, et où la volonté de notre Père sera faite sur la terre comme au ciel.

CHAPITRE XI

CONSTRUCTION DU CARACTÈRE

L'idée qu'impliquent ces mots est certainement nouvelle à beaucoup de gens. On pense généralement que nous naissons avec un caractère déterminé qu'il est pratiquement impossible de le changer. On croit cependant que parfois le caractère se trouve modifié par de grandes Souffrances ou de grands chagrins. Mais bien peu de gens semblent se douter que le caractère est quelque chose que l'on peut prendre en main et modeler soi-même, et que l'on peut travailler à cette tâche avec persévérance, avec la certitude d'obtenir de bons résultats On peut réellement se modifier intelligemment et volontairement, et faire de soi ce que l'on veut dans une très grande mesure. C'est là certes une tâche très ardue.

Notre caractère actuel est le résultat de nos actions, de nos pensées d'autrefois. Vous à qui l'idée de réincarnation est familière, qui savez que cette vie est comme un jour d'une vie plus longue, vous reconnaître que ce jour doit nécessairement dépendre des jours précédents, et que nous sommes aujourd'hui le résultat de notre développement antérieur. Mais nous avons vécu beaucoup d'existences, c'est-à-dire que nous avons mis des milliers d'années à nous faire ce que nous sommes, bien que ce développement ait été inconscient de notre part, et sans but défini. Nous avons donc acquis un certain nombre d'habitudes bien marquées.

Or nous savons tous combien il est difficile de changer ses habitudes ; et qu'il est à peu près impossible de se débarrasser d'une particularité physique, quand elle est devenue partie intégrante de nous-mêmes. En jugeant des grandes choses d'après les petites, nous comprendrons aisément que, lorsque certaines habitudes ont été développées pendant des milliers d'années, c'est une tâche bien ardue d'essayer de s'opposer à leur force et de faire dévier leur courant. Ces façons de penser, ces sentiments, se sont intimement mêlés à l'individu, et se manifestent sous forme de qualités qui semblent profondément enracinées en lui. Et quand il leur a cédé ainsi pendant un certain temps, leur résister parait à peu près impossible, au point de vue mondain, et cependant la chose n'est nullement impossible au point de vue occulte.

Si on a par exemple, un caractère irascible, c'est parce que, dans des existences antérieures, on s'est laissé aller à des sentiments de ce genre, parce qu'on n'a pas appris à se maîtrise Si l'on est étroit, mesquin, avide, c'est parce qu'on n'a pas encore acquis les qualités contraires, c'est-à-dire la générosité, le désintéressement. Il en est de même pour tout ; celui qui a un esprit ouvert et un cœur généreux, a développé ces qualités pendant des siècles. Nous sommes exactement ce que nous nous sommes faits, sans aucun effort spécial de pensée ou d'intention, jusqu'à présent du moins.

Pendant ces vies passées, nous nous sommes développés sans but précis, et nous avons été, dans une large mesure, à la merci du milieu et des circonstances qui nous entouraient.

Il est possible que parfois nous ayons essayé de nous perfectionner d'après quelqu'un que nous admirions, et il se peut que cette personne ait beaucoup influencé notre vie pendant quelque temps. Mais, très probablement, notre héros avait des défauts en même temps que des qualités, et il est probable aussi, qu'à cette époque reculée, nous n'avions pas le discernement nécessaire pour ne choisir que ces dernières et repousser les premiers. Nous avons donc très probablement imité le mal comme le bien.

Aujourd'hui encore, les enfants sont dans ce cas, et en observant leurs actions nous pourrons nous rendre compte de la façon dont a dû agir notre âme-enfant dans le passé. Un jeune garçon a parfois une violente admiration pour une personne plus âgée que lui qu'il s'efforce d'imiter. Supposons que l'objet de son culte, soit un vieux matelot qui lui raconte de merveilleuses histoires d'aventures sur des mers orageuses, et dans les pays lointains. Ce que le jeune homme admire, c'est le courage et l'endurance de son héros, et il respecte l'expérience et le savoir que celui-ci a acquis dans ses voyages. Or il ne peut pas acquérir tout de suite le courage, l'endurance ou l'expérience du marin, mais il peut imiter ses particularités extérieures. Il le copiera donc en se servant de ses pittoresques expressions nautiques, en adoptant son habitude de chiquer, et le balancement de sa démarche. Nous avons dû sans doute être des imitateurs de ce genre, dans nos vies passées, et il se peut que nous ayons ainsi acquis plus d'une vilaine habitude, en imitant quelque chef de sauvage dont la bravoure fanfaronne excitait notre admiration.

Il est probable toutefois que cette idée de nous attacher à notre progrès ne se soit pas présentée à beaucoup d'entre nous avant notre vie actuelle. Sans aucun doute, déraciner de mauvaises habitudes invétérées et les remplacer par de bonnes réclames beaucoup d'efforts et une grande maîtrise de soi. C'est une tâche ardue, et l'homme ordinaire ne connaît pas de motif assez puissant pour être amené à l'entreprendre. N'ayant pas de motif suffisant, il ne voit pas pourquoi il se donnerait tant de peine. Somme toute il se trouve probablement assez aimable, quoiqu'il se reconnaisse une ou deux légères faiblesses ; mais il songe que chacun a son côté faible, que les autres en ont de bien plus mauvais que lui, et il se laisse vivre sans tenter aucun effort.

Avant qu'un homme comme celui-là puisse changer ses vieilles habitudes et se mette à l'œuvre pour en acquérir péniblement de nouvelles, il lui faut d'abord comprendre la nécessité de raisonner différemment et il lui faut pouvoir se faire dans la vie en général, une idée plus large, l'homme du monde ordinaire est franchement, cyniquement égoïste. Je ne dis pas qu'il soit intentionnellement cruel ou dépourvu de bons sentiments ; au contraire, il peut avoir de bonnes et généreuses impulsions ; mais il est certain que sa vie gravite en somme autour de lui-même, que sa propre personnalité est le pivot autour duquel tourne la majorité de ses pensées ; d'instinct, il juge immédiatement de toutes choses d'après la façon dont elles l'affectent personnellement. Ou bien, absorbé par la poursuite de la richesse, il est aveugle à l'aspect supérieur des choses et à la vie spirituelle ; ou bien son but principal dans le monde parait être la jouissance physique du moment.

INCONSCIENCE ET NULLITÉ DE L'HOMME ORDINAIRE

Nous verrons qu'il en est ainsi en regardant autour de nous les hommes que nous rencontrons chaque jour, en écoutant les conversations dans les rues ou dans les trains. Neuf fois sur dix, nous remarquerons que les gens parlent d'argent ou de plaisirs, ou qu'ils font des commérages. Leur seul but dans la vie semble être de se procurer "du bon temps", ou comme ils le disent fréquemment en se servant d'une expression encore plus vulgaire et moins recommandable, "de s'en payer", comme si c'était là le but et la fin de l'existence pour des créatures raisonnables, étincelles de vie faites à l'image de Dieu ! Cela m'a beaucoup frappé. Bien des gens semblent ne voir dans la vie que le plaisir passager des sens, l'amusement, rien que cela ! On dirait qu'ils ne peuvent rien comprendre d'autre. Dire d'un endroit quelconque qu'il n'est pas amusant, semble une raison suffisante de ne l'avoir point visité. J'ai souvent entendu faire la même remarque en France : là aussi "bien s'amuser" semble être le devoir que reconnaît la majorité ; c'est devenu une expression courante ; on écrit souvent à un ami : "J'espère que vous vous amusez bien !" comme si le plaisir du moment était la seule chose importante.

À écouter la conversation des hommes et des femmes de notre époque, ils sont comme des insectes d'un jour, sans souci du devoir, de la responsabilité, et dépourvus de tout sérieux. Ils ne se considèrent nullement comme des êtres immortels, qui sont ici-bas dans un but spécial, qui ont devant eux une évolution précise ; leur vie ne connaît autre chose que les insanités de l'ignorance et des amusements niais. La seule vie qu'ils connaissent est la vie du moment, et ils se rabaissent ainsi au niveau des animaux les moins intelligents qui les entourent. On a défini l'homme "un animal pensant", mais il parait évident que, jusqu'à présent, cette définition ne s'applique qu'à une partie de la race humaine. Il faut bien admettre que la majorité des peuples occidentaux se divise en deux catégories, l'une est absorbée par la chasse à l'or, l'autre par la chasse au plaisir ; ceux au contraire, dont la principale préoccupation est le devoir et qui recherchent le progrès spirituel, ne forment qu'une infime minorité.

Il y a beaucoup de gens qui apportent dans les affaires, un certain sentiment du devoir, et qui considèrent que tout doit leur être subordonné, même le plaisir personnel. Vous entendrez dire à ces hommes : "J'aimerais" bien faire cela, mais mes affaires ne me le permettent pas, et je n'ai pas de temps à perdre." De sorte que même l'idée du plaisir personnel passe au second plan. C'est déjà un petit progrès, mais cela aussi peut être poussé trop loin, car on voit beaucoup de gens pour lesquels les affaires deviennent à leur tour une espèce de dieu qu'ils adorent. Ils en sont les esclaves serviles, et ils ne peuvent échapper à son influence, même un seul instant ; ils le ramènent chez eux, ils en sont constamment préoccupés, ils en rêvent la nuit, ils sacrifient tout à ce Moloch, et n'ont pas le temps de vivre véritablement. On voit donc que, bien qu'il y ait là une naissante conception du devoir, elle est bornée au plan physique, et les pensées ne s'attachent qu'au moment présent. On ne trouve que peu de gens chez lesquels cette idée soit dirigée à son tour par une faible clarté émanant des plans supérieurs, et il est très rare qu'ils soupçonnent même l'existence d'un horizon plus vaste. Cette concentration de l'attention sur la vie physique du jour semble être la caractéristique de notre race actuelle, de la soi-disant civilisation qui règne actuellement en Europe et en Amérique. Il est évident que celui qui veut commencer à construire son caractère, devra changer de point de vue, car, sans cela, il ne trouvera pas de motif assez puissant pour entreprendre une tâche aussi ardue.

LA CONVERSION

Dans les milieux religieux, on donne à ce revirement le nom de conversion, et si le terme n'était pas associé avec l'idée désagréable de l'hypocrisie qui accompagne souvent la chose, il exprimerait assez bien ce qui se passe. Nous savons que le latin verto veut dire tourner, et con : avec ; la conversion est donc le moment où l'homme cesse de poursuivre des fins égoïstes comme de lutter contre le courant de l'évolution divine, et commence à comprendre sa position, à avancer dans le sens du courant. Dans la religion indoue, on appelle ce même changement viveka ou discernement, parce que l'homme qui change ainsi a appris à voir la valeur réelle des choses, et à distinguer, dans une certaine mesure, entre le réel et l'irréel, de sorte qu'il comprend dès lors que seules les choses supérieures sont dignes d'attention.

Dans la religion bouddhiste on donne à ce changement un autre nom encore, on l'appelle : "manodvâravar jana", l'ouverture des portes de l'esprit. L'homme a en effet ouvert les portes de son esprit, le discernement s'est éveillé en lui et lui a permis d'étudier les problèmes de la vie d'une façon nouvelle. Celui qui est absorbé par le plaisir n'a pas encore l'esprit ouvert, il ne pense pas à la vie d'une façon sérieuse, mais est plongé dans les courants inférieurs. L'homme d'affaires a développé le désir d'acquérir, et se sert de toute son énergie pour agir dans ce but, mais son esprit non plus ne s'est pas encore ouvert aux réalités d'une vie supérieure.

Cette ouverture des portes, ce discernement, cette conversion, signifie que l'homme s'aperçoit que les choses du plan physique sont temporaires et de peu d'importance, si on les compare aux autres choses qui, elles, sont invisibles et éternelles. C'est précisément ce que nous dit la Bible : "Attachez-vous aux choses d'en haut, et non à celles de la terre... car les choses visibles sont temporelles, mais les choses invisibles sont éternelles." Cela ne veut pas dire qu'il faut renoncer à la vie de tous les jours, abandonner ses affaires ou ses devoirs, afin de devenir ce qu'on appelle communément un homme pieux ou dévot ; mais cela signifie qu'il faut apprendre à apprécier d'une façon intelligente autre chose que ce que nous voyons sur le plan physique.

Nous avons tous à apprendre cette leçon à un moment donné ; il nous faut élargir notre horizon. Enfants, nous appréciions seulement ce qui est tout près de nous, nous ne savons pas regarder en avant, et faire des projets pour l'avenir. Mais à mesure que nous grandissons, nous apprenons qu'il faut parfois renoncer aux plaisirs du moment, afin de gagner plus tard quelque chose de meilleur et de plus important. C'est d'abord pour gagner quelque chose pour nous-mêmes ; puis peu à peu le désintéressement commence à poindre. Souvent l'enfant passerait son temps à jouer si on le laissait faire, et il est bien fâché qu'on l'en empêche, et qu'on le force à étudier. Et cependant nous reconnaissons tous qu'il est nécessaire que l'enfant apprenne, nous savons, alors que l'enfant l'ignore encore, que ce qu'il apprendra lui permettra de se faire place dans la vie, d'avoir une carrière plus belle, plus utile, que celle qu'il aurait s'il passait son temps à s'amuser au lieu d'apprendre.

Et cependant, nous qui forçons ainsi l'enfant à apprendre, nous voyons, en regardant les choses à un point de vue plus élevé, que nous faisons ce que nous lui reprochons. Nous travaillons aussi pour le moment présent, pour cette vie actuelle, et nous ne nous rendons pas compte qu'il y a, à notre portée, une autre vie infiniment plus heureuse, plus élevée, plus sublime. Nous ne travaillons qu'au jour le jour, et non pour l'avenir qui sera éternel.

Aussitôt que l'homme est convaincu de la réalité de cette vie supérieure, de cette éternité à venir, aussitôt qu'il comprend qu'il a un rôle à y jouer, tout naturellement son bon sens intervient et il se dit : évidemment, s'il en est ainsi, les choses matérielles ont relativement peu d'importance, et, au lieu de perdre mon temps, il me faut apprendre à me préparer à cette vie à venir." Voilà le motif suffisant dont nous avions tout à l'heure déploré l'absence ; voilà ce qui va nous pousser à apprendre à construire notre caractère, afin de nous préparer à cette autre vie plus élevée.

Le Puritanisme

Je crois que le puritanisme, qui a joué un rôle si important dans l'histoire d'Angleterre et dans celle d'Amérique, ne fut en somme qu'une réaction contre cette conception que j'exposais tout à l'heure, que la vie n'est faite que pour jouir, d'une façon égoïste et insouciante, du moment présent. Je crois que le puritanisme fut, en grande partie, une protestation ; et il a eu du bon, puisqu'il a affirmé la réalité de la vie supérieure, et la nécessité d'y prêter attention. Il est vrai qu'il a fait aussi beaucoup de mal, plus de mal que de bien, somme toute, parce qu'il a contribué, chose terrible, à identifier la religion avec la tristesse et l'amertume. Il fit croire aux gens que pour être bon, il fallait être malheureux, et en cela il corrompit, détruisit presque, l'idée d'un Dieu paternel et bon. Il blasphéma en racontant d'horribles et coupables mensonges sur la Divinité qu'il représenta comme un juge sévère et cruel, un monstre enfin, et non un Père plein d'amour et de compassion ; ce faisant, il faussa, déforma le christianisme anglo-saxon, et lui imprima une marque qui ne s'est même pas encore effacée.

La raison en est peut-être qu'il tomba dans une erreur bien commune, et confondit la cause et l'effet. Il est vrai que celui qui a appris à apprécier les joies plus élevées de la vie spirituelles se soucie peu de celles que lui présente la vie physique ordinaire. Ce n'est pas qu'il ait perdu le pouvoir de se réjouir, mais ayant aperçu des joies plus pleines et plus larges, les plaisirs inférieurs ont cessé de lui paraître désirables. Quand l'enfant devient homme, ses jouets ne l'amusent plus, et cependant il est capable de goût des plaisirs bien plus élevés que ceux que les jouets auraient pu lui procurer. Il en est de même quand l'homme progresse : il apprend à goût, au lieu des joies purement égoïstes, les joies bien plus profondes du travail désintéressé, et il s'aperçoit que les plaisirs ordinaires ne peuvent plus lui suffire, et ne valent plus la peine d'être recherchés. C'est tout simplement qu'il voit les choses d'un point de vue plus élevé, que son horizon est devenu plus vaste, et le résultat de ce changement donne, sur le plan physique, l'impression que les plaisirs physiques inférieurs ont cessé de l'intéresser.

Mais il ne faudrait pas, comme les malheureux puritains, confondre la cause avec l'effet, et supposer qu'en tournant le dos aux joies du plan physique, nous allons aussitôt devenir des êtres plus évolués, regardant les choses de plus haut. S'il est vrai que le jeune homme se détourne des plaisirs de l'enfance parce qu'il les a dépassés, il n'est pas vrai qu'en refusant les plaisirs de son âge l'enfant deviendrait adulte. Il est donc absolument nécessaire de comprendre clairement que la doctrine qui enseigne que, pour être bon, les hommes doivent être malheureux, est puérile et fausse. C'est le contraire qui est vrai ; Dieu veut le bonheur de l'homme, et c'est certainement le devoir de celui-ci d'être heureux, car s'il est malheureux il répand autour de lui l'abattement et rend ainsi la vie plus dure aux autres.

Comment l'homme en arrive-t-il alors à faire ce grand effort d'essayer de construire son caractère, de faire quelque chose de lui-même ? Le sentier le plus sûr et le plus satisfaisant est celui que nous venons d'indiquer. L'homme possédant une connaissance plus étendue, en vient à comprendre qu'il y a une vie plus noble, plus haute, il voit qu'il y a un plan dans l'univers, et que l'homme a sa place dans ce plan. Une fois qu'il comprend cela, qu'il apprécie dans une certaine mesure, la splendeur et la gloire de ce plan, il désire en devenir une partie intelligente, il désire y prendre sa place non plus comme un fétu balayé par la tempête, mais comme un être intelligent, et il veut prendre part à l'œuvre divine qui s'accomplit.

Chez certain, l'éveil se produit différemment, par la dévotion plutôt que par la reconnaissance. Ils sont attirés fortement soit par un haut idéal, soit par une grandiose personnalité ; leur émotion, leur admiration sont excitées, et, par amour pour cet idéal ou pour cette personnalité, ils font de grands efforts afin de se développer. Quand elle est inspirée par un idéal sublime, cette dévotion est vraiment une bonne chose, et ses effets ne peuvent se distinguer de ceux de la connaissance spirituelle. Quand elle s'attache à une personne, elle est souvent presque aussi belle, quoiqu'elle renferme déjà un certain élément de danger, provenant de ce que l'objet de l'affection intense est humain et doit nécessairement présenter quelques imperfections. Il arrive alors parfois que le dévot découvre soudain une de ces imperfections, et en reçoit un coup tel que sa dévotion peut en être ébranlée ou même détruite. L'idéal élevé ne peut jamais faire défaut à celui qui met en lui sa confiance, mais il n'en est pas de même de la personne ; la dévotion offre donc, dans ce cas, moins de sécurité.

Dans la société théosophique nous avons eu quelques expériences de ce genre, car beaucoup de nos étudiants viennent à la vérité par ce sentier de la dévotion. Quand leur dévotion s'attache à la théosophie, tout va bien; leur enthousiasme grandit à mesure que la vérité se découvre à eux; quel que soit le côté spécial qu'ils étudient, et quelque loin qu'ils poussent leurs recherches, ils ne sont jamais déçus. Mais quand la dévotion s'attache, non plus à la théosophie ni aux maîtres qui l'ont donnée au monde, mais à l'un de leurs instruments sur le plan physique, nous avons constaté que cette base est moins sure. Beaucoup par exemple entrèrent dans la société et commencèrent à étudier par attachement personnel à sa fondatrice Mme Blavatsky. Ceux qui connurent intimement cette dernière, ceux qui surent comprendre cette individualité si complexe, ne perdirent jamais leur foi en elle, et ne cessèrent jamais d'éprouver pour elle une affection, une dévotion sincère et profonde. Mais ceux qui la connaissaient moins bien furent troublés lorsqu'ils eurent connaissance des accusations extravagantes lancées contre elle, ou quand ils lurent le rapport défavorable que fit sur elle une société savante. Il arriva alors que leur foi reposant sur une personnalité, et une personnalité qu'ils ne comprenaient pas, ils se trouvèrent absolument désemparés et abandonnèrent l'étude de la théosophie pour cette incarnation. Une telle façon d'agir est évidemment irrationnelle, car quand bien même les histoires absurdes qui circulaient sur HPB eussent été vraies, les doctrines théosophiques n'en demeuraient pas moins les mêmes, et le système n'en restait pas moins inattaquable. Mais la personne émotive ne raisonne pas, et c'est ainsi que, leurs préjugés ayant reçu un choc, leurs sentiments ayant été blessés, ces braves gens, furieux, abandonnèrent la société, ne se rendant pas compte qu'eux seuls souffraient de leur folie.

La dévotion est une force magnifique, mais, sans une compréhension intelligente de ce à quoi elle s'attache, elle a parfois fait commettre de terribles erreurs. Si le plan divin de l'évolution est bien compris par l'homme et suscite sa dévotion, nous n'avons rien à craindre, car cette base ne lui fera jamais défaut. Plus il l'approfondira, plus il y sera attaché, plus il cherchera à s'identifier avec lui. Une telle dévotion n'a rien à craindre des recherches ; au contraire, une connaissance plus étendue entrain° une adoration plus profonde, un étonnement plus grand, un amour plus fort. Il vaut donc mieux s'attacher à un idéal qu'à une personnalité, quelque noble soit-elle. Il vaut mieux encore s'appuyer sur le raisonnement et les faits, et déduire de ce qui est scientifiquement bien connu, les choses encore inconnues du monde invisible. On peut faire des erreurs dans les déductions, mais on sait bien qu'on y est exposé, et on est par conséquent toujours prêt à abandonner ce qui est faux, quand une fois on en a découvert la fausseté. D'ailleurs de tels changements dans le détail ne sauraient affecter la base du système qui n'a pas été accepté par une foi aveugle, mais repose sur la raison et le bon sens.

Lorsqu'une fois nous savons qu'il existe (bien que nous ne le connaissions encore qu'imparfaitement), un plan de l'évolution, quand nous savons que nous sommes ici-bas dans un but spécial, et que nous devons essayer de jouer un rôle dans le monde, il ne nous reste plus qu'à nous préparer à jouer ce rôle. C'est alors que se pose la question de la construction du caractère. Nous nous apercevons que nous sommes prêts par certains côtés, mais bien empêchés peut-être par quelques particularités de notre caractère. Mais nous avons maintenant un motif suffisant de travailler à nous modifier, car nous savons que notre vie n'embrasse pas seulement cette période courte et éphémère, mais que nous avons tout une éternité devant nous, et que nos actions d'aujourd'hui vont décider des conditions de la vie à venir. Nous reconnaissons qu'il faut nous mettre en mesure de remplir notre noble tâche, nous ne voulons pas perdre notre temps à rester inactifs ou à nous amuser, sachant bien que nous serions alors incapables de tenir notre rôle. Il faut nous instruire, nous développer de diverses manières, afin d'être prêts à prendre notre part de l'avenir qui nous attend, de la gloire qui nous sera révélée.

Pour ce qui est de la marche à suivre, nous ne saurions mieux faire que d'écouter les paroles d'un des plus grands instructeurs du monde et que je citais dans une conférence précédente. Vous vous souvenez que lorsqu'on demanda au Seigneur Bouddha d'exposer sa doctrine merveilleuse en une seule strophe, il répondit par ces vers mémorables : "Cessez de faire le mal. Apprenez à faire le bien. Purifiez votre propre cœur : telle est la religion des Bouddhas." Étudions donc la constitution du caractère en suivant l'ordre indiqué par les préceptes d'or du grand prince indien, et nous verrons que sa strophe renferme l'œuvre de plusieurs vies.

Sabba Pâpassa Akaranam

"Cessez de faire le mal." Examinons-nous avec soin et réflexion, et voyons quels obstacles se trouvent sur notre route et nous empêchent de devenir parfaits. Nous savons quel est le but à atteindre ; nous avons lu, dans les ouvrages théosophiques, ce qu'on dit des Maîtres de Sagesse, de ces hommes presque surhumains, de leur gloire, de leur puissance, de leur compassion, et de leur sagesse. Il n'est pas fait mystère des qualifications requises pour devenir adepte ; nos livres décrivent tout au long les diverses étapes du sentier de Sainteté, et les qualités qui appartiennent à chacune. Ce que sont les Maîtres, ce que furent le Bouddha et le Christ, nous le deviendrons tous un jour. Ayons donc présent à l'esprit ce que nous savons de ces grands caractères, car, en nous comparant à eux, nous verrons aussitôt combien, à beaucoup d'égards, nous sommes éloignés de ce sublime idéal. Mais il ne faut pas pour cela nous désespérer, car ces grands Maîtres nous assurent qu'eux-mêmes sont sortis des rangs où nous luttons aujourd'hui, et que ce qu'ils sont aujourd'hui, nous le serons plus tard, dans un avenir plus ou moins rapproché, suivant les efforts plus ou moins grands que nous ferons pour cela.

En essayant de nous comparer à ces hommes parfaits, nous découvrirons aussitôt en nous de nombreux défauts qu'ils ont bannis depuis longtemps. En nous attachant à faire disparaître ces défauts peu désirables, nous commencerons à essayer d'obéir au commandement du Bouddha : "Cessez de faire le mal." Il ne faudra pas chercher bien longtemps avant de les découvrir. Prenons par exemple l'irritabilité, défaut très commun dans une civilisation comme la nôtre où l'on vit dans une agitation, dans un tourbillon perpétuels, et où le système nerveux est si surmené.

Voilà un défaut très répandu qu'il faut pourtant abandonner.

Certaines personnes s'imaginent souvent qu'elles sont nées avec un système nerveux très sensible, qui fait qu'inévitablement elles sentent les choses plus vivement que d'autres, et elles manifestent cette sensibilité par une extrême irritabilité. C'est là qu'est l'erreur. Il se peut que nous soyons vraiment très sensitifs, car à mesure que la race évolue, nombre de gens le deviennent, mais il n'en est pas moins certain que nous devons toujours être maîtres de nos véhicules, et que nous ne devons pas nous laisser emporter par le flot de nos passions.

TROUBLES ASTRAUX

Le clairvoyant voit que cette irritabilité correspond à une tendance à l'instabilité dans le corps astral. Le corps astral est un véhicule dont l'homme s'est revêtu afin d'apprendre et d'agir par lui. Or il ne peut évidemment remplir ce but que s'il est un instrument docile. Comme le disent les livres indous, les passions et les désirs sont comme des chevaux ; pour être utiles il faut qu'ils soient maîtrisés par le mental qui est le conducteur, et ce conducteur lui-même doit être prêt à obéir au plus petit commandement de l'homme véritable, assis dans le charriot, qui dirige les mouvements de ses serviteurs. Si l'homme se laisse entraîner, dominer par ses passions ou ses émotions, il laisse ses chevaux s'emporter et l'emmener où ils veulent, et non pas où lui veut aller. À nous de voir si nous voulons nous laisser maîtrise d'une façon si peu digne par ces sentiments qui devraient être nos serviteurs. Nous avons le droit et le pouvoir de dire que nous ne le voulons pas, et que ces chevaux indociles seront dressés. Peut-être leur avons-nous permis pendant longtemps d'agir à leur guise, si bien que nous nous sommes habitués à leur obéir au lieu de les dominer. Et cependant le premier pas sur le sentier consiste à en devenir maître ; il n'est pas douteux que nous devions faire ce pas, et le plus tôt sera le mieux.

Il n'est jamais trop tard pour commencer, et il est bien évident que chaque fois que l'on cède, il devient plus difficile de reprendre le dessus. L'homme irritable se laisse troubler constamment par de petits ennuis, et, sous leur influence, il se laisse aller à dire et à faire des choses qu'il regrette ensuite amèrement. Si fortes que soient ses résolutions, maintes et maintes fois la vieille habitude reprend le dessus, et sous son influence il dit et fait les choses avant d'avoir eu le temps de réfléchir. S'il continue cependant à faire de sérieux efforts pour se dominer, il arrivera à la fin à être capable de s'arrêter au moment même où il prononce des paroles trop vives ; et pourra détourner le cours de sa colère quand elle est à son paroxysme. De là à devenir capable de s'arrêter avant d'avoir parlé, il n'y a plus qu'un pas ; et quand il en sera là, il sera bien près de la victoire. Quand il aura empêché la manifestation extérieure de ses sentiments, il arrivera bientôt sans peine à ne plus les éprouver. Il aura fait alors un grand pas, car son irritabilité aura disparu, et sera remplacée par la patience qu'il possèdera de façon permanente, et il en jouira dans toutes ses vies futures.

La fatuité et les préjugés

Nous avons beaucoup de défauts que nous ne voyons même pas, et que cependant nous ne tarderons pas à découvrir, si nous prenons soin de nous examiner et de nous juger d'après un idéal suffisamment élevé. Un des plus répandus est la fatuité. Il est si naturel à l'homme de désirer penser du bien de lui-même, de s'appesantir sur les côtés par lesquels il croit qu'il excelle, et d'y attacher trop d'importance, en même temps que de glisser rapidement sur les points par lesquels il est inférieur aux autres. Cette fatuité doit être surveillée avec soin et détruite aussitôt qu'elle se manifeste, car elle est non seulement très répandue, mais très difficile à maîtriser ; quand on en vient à bout sous une forme, elle reparaît sous une autre forme. Elle est subtile, insinuante, elle se déguise avec beaucoup de succès, et cependant, jusqu'à ce qu'elle ait été arrachée, bien peu de progrès est possible.

Une autre mauvaise herbe qu'il faut arracher sans pitié, ce sont les préjugés. Nous sommes si souvent intolérants quand il s'agit d'une nouvelle idée, d'une croyance que nous ne partageons pas ; nous sommes obstinés, dogmatiques, pour certaines opinions, et nous ne voulons pas écouter la vérité. Nous avons, par exemple, nos préjugés au sujet de ce qu'on appelle la morale, et ils sont basés exclusivement sur des opinions conventionnelles ; une suggestion quelconque venant à l'encontre de ces idées, nous choque tellement que nous en perdons la tête, et que nous sommes aussitôt envahis par la fureur, l'amertume, la haine elle besoin irrésistible de combattre et de persécuter.

Plus d'un homme qui se croit tolérant parce qu'il n'a aucune croyance religieuse définie, est cependant tout aussi dogmatique dans ses idées matérialistes que n'importe quel dévot fanatique. Souvent un homme de science regarde toute espèce de religion avec une tolérance facile, la considérant comme ne pouvant convenir qu'aux femmes et aux enfants. Il regarde de haut, avec une supériorité amusée, l'horreur qu'une secte religieuse éprouve pour les opinions d'une autre secte, et se demande comment ces gens peuvent faire tant d'histoires pour des choses qui, en définitive, ne sauraient avoir d'importance. Et cependant il a lui aussi au sujet de la science, certaines idées arrêtées pour lesquelles il est tout aussi étroit que ses amis religieux le sont pour leurs dogmes. Il ne s'aperçoit pas qu'il y a un autre fanatisme que le fanatisme religieux et qu'en science comme en religion, l'esprit de l'homme doit rester ouvert à toute nouvelle vérité, quand bien même cette vérité renverserait beaucoup de ses idées préconçues.

Ce défaut n'est souvent qu'une forme subtile de cette fatuité dont je parlais tout à l'heure ; les idées que l'homme a adoptées étant ses idées à lui, doivent être traitées avec respect, et tout ce qui tend à les contredire ne saurait être admis par lui, même un instant, car il lui faudrait alors reconnaître qu'il a pu se tromper. Beaucoup de gens ont en eux, sans s'en douter, de la mesquinerie, de l'étroitesse d'esprit, et ces défauts ne se manifestent que quand les circonstances les mettent en évidence.

Souvent lorsque nous apercevons en nous quelque vilain défaut, nous nous excusons dans une certaine mesure, en disant qu'il est naturel. Que voulons-nous dire par là ? Tout simplement que la majorité des hommes, dans des circonstances semblables, manifesterait ce même défaut, et que, par conséquent, nous appartenons nous aussi à la moyenne de l'humanité. Mais souvenons-nous que, si nous sommes résolus à construire notre caractère en vue du haut idéal que nous avons adopté, nous nous efforçons de nous élever au-dessus de la moyenne, de sorte que ce qui est naturel à la moyenne des hommes ne suffit pas dans la vie supérieure que nous essayons de vivre. Il nous faut nous élever au-dessus de ce qui est naturel à la majorité, et nous mettre dans des conditions telles que seul ce qui est bien, bon et juste, nous devienne naturel. Il nous faut extirper le mal, le remplacer par le bien, de façon à ce que ce soit l'expression de ce dernier qui se manifeste quand nous agissons spontanément. Si nous essayons de réaliser la vie supérieure, nous efforçant de deviner des canaux par lesquels la force divine se déverse sur nos semblables, ce qui est naturel, jusqu'à présent, à la majorité, devient indigne de nos aspirations plus élevées. Il ne faut donc pas excuser nos fautes et nos défauts en disant qu'ils sont naturels, mais nous devons travailler à rendre naturelles les qualités que nous voudrions voir en nous, et cette œuvre est, elle aussi, entièrement entre nos mains.

Kusa lassa upasampadâ

Parfois la manière la plus facile d'obéir au premier commandement : "Cessez de faire le mal", est de commencer par essayer d'obéir au second : "Apprenez à faire le bien." Si nous voulons maîtrise une mauvaise habitude, il est quelquefois plus facile et préférable pour nous de faire des efforts sérieux pour développer en nous la vertu opposée. Quelles sont les qualités qui nous sont les plus nécessaires ? Si nous examinons les choses sans parti pris, nous verrons que beaucoup de celles qu'il faut à l'homme parfait nous manquent.

Prenons d'abord la qualité très importante de l'empire sur soi-même. La majorité d'entre nous en manquent totalement, et cela se voit de mille manières. L'irritabilité dont j'ai parlé est une des formes les plus communes de ce défaut d'empire sur soi-même. Il y a des passions plus grossières, comme l'ivrognerie ou la sensualité, que la plupart d'entre nous ont déjà appris à maîtrise, ou ont peut-être éliminées de leur nature dans des vies antérieures. Mais s'il nous en reste quelques traces, sous forme de gourmandise par exemple, il nous faut aussitôt les assujettir à notre volonté.

Dans des cas de ce genre, nous voyons facilement qu'il est utile de faire intervenir notre volonté ; mais il y a d'autres manifestations du défaut d'empire sur soi-même que nous ne reconnaissons pas aussi aisément. Quand un ennui, une peine, une souffrance nous arrive, nous nous laissons souvent aller à une agitation excessive ou à un abattement profond. Au lieu de garder une attitude calme et sereine, nous nous identifions avec notre véhicule inférieur, et nous laissons dominer par lui. Il nous faut apprendre à résister en nous disant : "Ces forces du dehors agissent sur mes véhicules inférieurs, mais le Moi, l'Âme, l'Homme véritable, est au-dessus de tout cela ; il reste impassible et ne veut pas en être affecté ni troublé."

Il est puéril de se vexer

La façon dont nous nous irritons de ce que disent ou font les gens offre, de ce défaut, un autre exemple malheureusement trop fréquent. En y réfléchissant nous voyons que c'est là non seulement un manque d'empire sur soi-même, mais aussi de bon sens. Si l'on dit quelque chose qui vous blesse, vous pouvez être sûr que, neuf fois sur dix, la personne n'a pas l'intention de vous offenser ; pourquoi donc vous laisseriez-vous troubler ? Et même dans les rares cas où une remarque est intentionnellement malhonnête ou méchante, où l'on dit quelque chose dans le but de nous blesser, il est bien sot de s'en affecter. Si la personne a eu une intention malveillante, elle n'en est que plus à plaindre, puisque nous savons que, grâce à la loi de justice divine, il lui faudra souffrir de sa sottise. Nous n'avons pas besoin de nous offenser de ce qu'elle a dit. Si on nous donne un coup sur le plan physique, il nous faut bien nous défendre, car il s'agit là d'un mal réel ; mais dans le cas d'une parole blessante, aucun effet n'est réellement produit. Un coup qui frappe notre corps physique est un choc perceptible de l'extérieur ; la parole blessante, au contraire, ne nous fait de mal que si nous y prêtons attention, si nous nous y appesantissons, et si nous lui permettons de vous blesser. Que sont les paroles pour que nous les laissions troubler notre sérénité ? De simples vibrations de l'air.

Et si nous ne les avions pas entendues, si nous n'en avions pas eu connaissance, nous auraient-elles troublés ? Il est donc bien évident que ce ne sont pas les paroles elles-mêmes qui nous ont fait mal, mais le fait de les avoir entendues. Si donc vous vous souciez de ce que dit un homme, c'est vous seuls qui êtes responsables du trouble causé dans notre corps astral. L'homme n'a rien fait, ne peut rien faire qui vous blesse. Si vous vous sentez blessés, et si vous vous causez ainsi beaucoup de trouble, vous ne devez vous en prendre qu'à vous-mêmes. Si votre corps astral est bouleversé de ce fait, c'est tout simplement que vous n'avez pas encore appris à le maîtriser.

Vous n'avez pas encore développé le calme qui vous permettra de regarder tout cela au point de vue de l'âme, de continuer votre route, et de faire votre besogne, sans prêter la moindre attention aux remarques sottes ou méchantes des autres hommes.

Quand une fois vous aurez atteint le calme et la sérénité, vous verrez que votre vie sera beaucoup plus heureuse qu'auparavant. Je ne vous donne pas cela comme une raison de rechercher ce développement; c'est une bonne raison sans doute, mais il y en a une autre, beaucoup plus noble, qui est que nous devons travailler pour les autres, et que nous ne le pourrons pas si nous ne sommes ni calmes ni sereins. Il est toujours bon d'avoir présente à l'esprit cette raison supérieure de nous développer, et, à moins de nous perfectionner, nous ne saurions être un canal parfait de la force et de la puissance divines. C'est là ce qui doit être notre motif d'action ; toutefois, il n'en demeure pas moins vrai que le résultat de nos efforts sera une joie plus grande à accomplir notre tâche. L'homme qui cultive le calme et la sérénité s'aperçoit bientôt que la joie de la vie divine se répand dans toute son existence. Pour le clairvoyant qui observe les corps supérieurs, le changement qui se produit alors chez cet homme est remarquable et tout à fait beau à contempler.

L'AGITATION INUTILE EST MAUVAISE

L'homme moyen est généralement un centre vibratoire; il est toujours, ou bien à se tourmenter au sujet de quelque chose, ou bien dans un état de dépression profonde, ou bien il s'excite outre mesure dans l'effort qu'il fait pour se procurer quelque gain. D'une façon ou d'une autre il est perpétuellement dans une agitation inutile, et cela en général, pour des vétilles. Bien qu'il n'y songe pas, il n'en influence pas moins constamment, par l'état de son corps astral, les gens qui l'entourent. Il leur communique ces vibrations et ces agitations, et c'est parce que des milliers de gens sont ainsi agités sans raison, par toutes sortes de vains désirs et de sentiments, qu'il est difficile à une personne sensitive d'habiter une grande ville, ou d'aller au milieu de la foule.

Une étude des illustrations de "*l'homme visible et invisible*" nous fera tout de suite comprendre qu'un homme, dans un pareil état d'agitation, troublera la matière astrale qui l'entoure, et que tous ceux qui se trouvent dans son voisinage ne peuvent manquer d'être influencés par lui. L'homme qui cède à la colère propage des ondes de colère; l'homme qui se laisse aller à un abattement profond, rayonne, dans toutes les directions, des ondes d'abattement, si bien que tous deux rendent la vie plus difficile à ceux qui ont le malheur de se trouver auprès d'eux.

Dans la vie moderne chacun de nous a de petites occasions d'être ennuyé, occasions qui tendent à réveiller son irritabilité; chacun de nous a tôt ou tard des causes d'abattement et d'anxiété; quand nous y cédons, les vibrations que nous rayonnons tendent assurément à accroître les difficultés de nos voisins. Ces vibrations rendent la résistance plus difficile à ceux qui nous entourent, lorsqu'ils se trouvent en présence d'un nouvel assaut de dépression ou d'irritabilité. S'il y a en eux les germes de ces sentiments, les vibrations que nous envoyons ainsi les éveillent, alors que, sans nous, ils seraient restés endormis. Personne n'a le droit de commettre le crime de semer les obstacles sur la route de ses semblables ; personne n'a le droit de se laisser aller à l'abattement ou à la colère, non seulement parce que ce sont de mauvais sentiments, mais parce qu'ils font du mal aux autres.

Il n'est pas étonnant que ce soit là une tâche difficile, car en se débarrassant de son égoïsme, l'homme triomphe d'une habitude qu'il a mis des âges à contracter, et qui avait son utilité et sa place dans les stades inférieurs. Comme l'a dit une fois un maître de la Sagesse : "La loi de la survivance du plus apte est la loi de l'évolution animale, mais la loi du sacrifice intelligent est celle du développement humain." C'est ainsi que l'homme a besoin de dépasser ce qui lui était autrefois naturel, et de faire entrer en lui le désintéressement et l'amour, de façon à ce qu'il puisse apprendre à sacrifier joyeusement ce qui lui semble son intérêt personnel, au bien de l'humanité en général.

Or il importe ici de ne pas commettre d'erreur. Il ne s'agit pas en effet de développer un sentimentalisme bon marché. Ceux qui commencent seulement ces études s'imaginent parfois qu'on leur demande d'arriver à un niveau où ils aimeront tous leurs semblables de la même façon. C'est là une chose impossible, quand bien même elle serait désirable, et pour le comprendre nous n'avons qu'à regarder quel exemple nous ont donné les plus grands d'entre les hommes. Rappelez-vous qu'on nous dit que Jésus avait son disciple préféré saint Jean, et que le Bouddha était plus attaché à son disciple Ananda, qu'à beaucoup d'autres doués cependant de plus grands pouvoirs, et plus avancés. On ne nous demande pas d'avoir la même affection pour tous les hommes ; sans doute l'affection que nous ressentons aujourd'hui pour nos proches nous la ressentirons pour tous nos semblables : mais alors nous aurons pour ceux qui nous touchent de plus près et que nous chérissons le plus, une affection beaucoup plus grande que celle que nous éprouvons aujourd'hui. Notre pouvoir d'aimer sera devenu beaucoup plus grand, mais il ne cessera pas pour cela d'être plus fort dans un cas que dans l'autre, et le monde entier ne nous inspirera pas le même amour.

Ce qu'il importe aujourd'hui, c'est que nous n'ayons plus, pour l'humanité en général, des sentiments hostiles, mais que nous adoptions vis-à-vis d'elle cette attitude bienveillante qui attend l'occasion de servir. Quand nous éprouvons une affection profonde, une vive gratitude pour une personne, nous recherchons constamment les occasions de faire quelque chose pour elle, afin de lui témoigner notre gratitude, notre respect ou notre affection. Essayons d'adopter vis-à-vis de l'humanité cette attitude qui consiste à être toujours prêt à aider ; soyons toujours disposés à faire ce qui se présente, recherchons même les occasions de venir en aide à nos semblables et que chaque rencontre avec un être humain soit pour nous une occasion de lui être utile d'une façon ou d'une autre. Nous apprendrons de cette manière à faire entrer dans notre caractère ces vertus importantes qui sont l'amour et le désintéressement.

Unité de but

Il nous faut enfin apprendre à n'avoir qu'un seul objet en vue. Rappelons-nous que le but principal de notre vie est de nous préparer à devenir des canaux par lesquels la force divine se déversera. Ce but devra donc toujours être le facteur dominant dans toutes les décisions que nous aurons à prendre. Quand deux voies se présentent à nous, au lieu de nous arrêter à chercher laquelle des deux vaut mieux pour nous personnellement, demandons-nous plutôt quelle est la plus noble, la plus utile, et laquelle fera le plus de bien aux autres. Dans les affaires, dans la vie sociale, quand nous prenons une décision qui nous parait avantageuse pour nous-mêmes, demandons-nous en toute sincérité ; "Est-ce que cette chose qui semble devoir être bonne pour moi, fera du tort à quelqu'un d'autre : Est-ce que je me procure un gain aux dépens d'un autre homme ? S'il en est ainsi je n'en veux pas ; je n'agirai pas dans ce sens. Car ce qui doit faire du tort à mes frères ne saurait être bon pour moi ; je ne dois jamais m'élever en me faisant un marchepied de mes semblables." Nous apprendrons ainsi à adopter toujours le critérium le plus élevé et à devenir vertueux. Il se peut que nous y mettions du temps, mais nous y arriverons sûrement

Sachitta Pariyo Dapanam

N'oublions pas non plus le troisième vers de la strophe de Bouddha : "Purifiez votre propre cœur." Commençons par les pensées ; qu'elles soient nobles et désintéressées et nos actions leur ressembleront. Ce qu'il faut, c'est nous conformer d'une façon intelligente aux conditions de la vie véritable. Ici, sur le plan physique, il nous faut vivre en accord avec les lois de ce plan. Par exemple, il y a les lois de l'hygiène, et l'homme intelligent s'y conforme avec soin, sachant que s'il ne le fait pas, sa vie sera imparfaite et pleine de souffrances physiques. Tout homme cultivé sait bien que le simple bon sens l'exige, et cependant nous voyons chaque jour combien il est difficile de persuader aux ignorants qu'il est nécessaire d'obéir à ces lois naturelles. Nous qui avons appris ces lois, nous nous y conformons tout naturellement, et comprenons qu'en ne le faisant pas, nous agirions sottement, et ne pourrions-nous en prendre qu'à nous-mêmes s'il en résultait quelque souffrance.

Nous qui étudions l'occultisme, avons, dans nos études, appris beaucoup de choses sur les conditions de la vie supérieure. Nous avons appris que, tout comme il y a des lois physiques auxquelles il faut obéir pour que la vie physique soit saine et heureuse, il y a aussi des lois morales concernant cette vie plus élevée, auxquelles il est également nécessaire si nous voulons la rendre plus heureuse et plus utile. Ayant appris ces lois il faut nous servir de notre intelligence et de notre bon sens pour y conformer notre vie. C'est dans le but de nous y soumettre que nous essayons d'acquérir les qualités dont nous venons de parler. Le sage les choisit une à une, puis s'examine afin de voir ce qui lui manque à ce point de vue. Il pense d'avance aux occasions de la mettre en pratique, tout en étant toujours prêt à saisir les occasions inattendues. Il a toujours cette qualité présente à l'esprit, et chaque jour, à chaque heure du jour, il s'efforce d'y conformer sa vie. S'il a ainsi toujours devant les yeux la vertu qu'il veut acquérir, il verra bientôt en lui un grand changement ; puis quand il sentira qu'il la possède définitivement, et que la pratique lui en est devenue une habitude, une sorte d'instinct, il en prendra une autre qu'il traitera de la même manière.

Aucune introspection morbide

Telle est la façon de procéder, mais il faut avoir bien soin en l'adoptant de ne pas tomber dans une erreur très commune. Vous vous rappelez peut-être que le Bouddha conseillait à ses disciples de suivre en toutes choses la Voie moyenne, les avertissant que les deux voies extrêmes sont également dangereuses. Cela s'applique aussi au cas présent. L'homme du monde ordinaire n'est nullement éveillé à cette idée de la construction du caractère ; il n'en a pas encore compris la nécessité, et il l'ignore même totalement ; c'est là un extrême, et le pire certainement. L'autre extrême se rencontre chez les braves gens qui se livrent constamment à une sorte d'introspection morbide. Ils se lamentent sans cesse sur leurs fautes et leurs défauts, si bien qu'il ne leur reste aucun temps pour se rendre utiles aux autres. Ils se donnent ainsi beaucoup de peine inutile et gaspillent beaucoup de forces et d'efforts tout en faisant très peu de progrès. Un petit enfant qui a son jardin à lui, est quelquefois si anxieux de voir croître les graines, qu'il les déterre avant qu'elles aient vraiment germé, afin de les examiner, ce qui les empêche tout à fait de pousser. Quelques braves gens paraissent aussi impatients que cet enfant, ils sont constamment occupés à se regarder croître spirituellement, empêchant ainsi tout développement réel.

L'examen de soi-même, la connaissance de soi-même sont évidemment nécessaires, mais cette introspection morbide doit être évitée par-dessus tout. Elle a souvent sa source dans une forme subtile de la fatuité, car elle n'est qu'une opinion exagérée de sa propre importance. Il faut regarder dans la bonne direction, noter ses fautes, et s'efforcer de s'en délivrer ; il faut noter les qualités qui nous manquent, et essayer de les acquérir. Mais quand une fois nous avons pris de fermes résolutions, et faisons de notre mieux pour les tenir, il faut nous oublier et ne penser qu'à servir nos semblables. Si nous nous donnons tout entier à un travail désintéressé, nous développerons, en accomplissant notre tâche, bien des qualités utiles.

Une fois que nous aurons maîtrisé nos sens et notre mental, pensons souvent à l'idéal le plus élevé que nous connaissions. Pensons aux Maîtres, au Christ, au Bouddha, et efforçons-nous de modeler notre vie sur la leur ; travaillons, ayant toujours ce but en vue, et efforçons-nous de nous élever "à la mesure de la stature parfaite du Christ". Rappelons-nous que le Christ nous a dit "Soyez parfaits, comme votre Père céleste est parfait" Mais rappelons-nous aussi qu'il n'aurait jamais prononcé ces mots s'il n'avait pas été possible à l'homme de suivre ce commandement. La perfection est possible pour nous parce que l'immortalité est un fait ; nous avons toute l'éternité pour y travailler, et cependant nous n'avons pas de temps à perdre, car, plus tôt nous commençons à vivre la vie du Christ, plus tôt nous serons à même d'accomplir l'œuvre du Christ, et de prendre place parmi les aides et les Sauveurs du Monde.

CHAPITRE XII

L'AVENIR DE L'HUMANITÉ

C e sujet peut être traité de différentes manières ; la division la plus simple que l'on puisse adopter est je crois de parler d'abord de l'avenir immédiat ; puis de l'avenir éloigné, et en dernier lieu du but final. L'avenir immédiat, ainsi que celui qui est plus éloigné de nous, semble pouvoir être l'objet de nos spéculations, voire même de nos calculs, tandis que le but final nous est pleinement connu, et c'est après tout, la seule chose qui nous importe. Il est bon cependant d'essayer de voir un peu devant nous, afin que nous qui formons les unités de cette grande masse humaine, puissions prendre part, d'une façon intelligente, à l'évolution que nous voyons s'effectuer devant nous.

Les conditions de l'avenir le plus proche découleront naturellement de celles dans lesquelles nous nous trouvons aujourd'hui ; or je crois qu'en regardant autour de nous, à moins d'être aveuglés par le parti pris, il nous faut bien admettre que, dans cette civilisation dont nous sommes si fiers, beaucoup de choses laissent à désirer. L'Europe, l'Amérique et quelques-unes des colonies anglaises, représentent le niveau supérieur atteint par notre civilisation, et cependant nous ne pouvons guère, sans mentir, prétendre que dans aucun pays, la situation soit la moins du monde ce que nous voudrions qu'elle fût. Nous constatons de tous côtés de lamentables échecs, bien qu'il y ait peut-être progrès en certaines choses.

ÉTAT DE LA RELIGION

Considérons, dans n'importe lequel de ces pays, l'état d'un des facteurs les plus importants de la vie humaine, la religion. Quelle que soit la partie du monde sur laquelle nous portions les regards, nous y trouverons la religion dans un état peu satisfaisant. Cela pourra paraître une assertion hardie et très générale, et cependant je crois qu'en étudiant la question vous la trouverez juste. Dans tous ces pays que nous considérons comme les plus avancés, la religion n'a plus que peu de prise sur les masses. Dans quelques pays orientaux, elle a encore son pouvoir, mais même là-bas, elle s'est largement teintée de superstition, à moins que les gens ne soient devenus athées et ne se soucient plus de rien de semblable. En Europe, dans les pays catholiques, la foi a beaucoup dégénéré, et dans quelques-uns il n'en reste plus qu'une grossière superstition. Dans les pays qui se vantent d'appartenir
aux diverses sectes réformées, la masse des gens ne s'occupe pas du tout de religion, et si nous examinons les classes cultivées de ces pays, catholiques ou dissidentes, nous verrons que chez la plupart, la pensée incline vers le scepticisme. Parfois ce scepticisme se fait jour dans leurs paroles, quoique le plus souvent elles pratiquent leur religion parce que c'est l'habitude et que c'est bien porté, mais elles ne la 'considèrent nullement comme un facteur véritable et important de leur vie quotidienne.

Ce n'est donc pas là un état de choses satisfaisant, car s'il n'y a dans un pays ni religion, ni philosophie, pour arracher les pensées des hommes au monde inférieur, et les tourner vers quelque chose de meilleur, de plus noble et de plus durable, ce pays ne peut jamais être ce qu'il devrait être ; or puisqu'il en est ainsi, il nous faut admettre que sous ce rapport du moins, le monde entier laisse beaucoup à désirer. La religion nous a donné trop de dogmes, et pas assez de science, elle nous a donné l'espérance peut-être, mais non la certitude ; elle nous a présenté des doctrines, des affirmations absolues, mais peu de raisonnement, peu de choses que l'on puisse comprendre d'une façon satisfaisante, et voilà pourquoi la plupart des gens cultivés n'y croient qu'à moitié ou n'y croient pas du tout.

ÉTAT DE LA SOCIÉTÉ

Passons maintenant aux conditions sociales de notre monde ; il nous faudra ici encore admettre que l'état de choses est loin d'être satisfaisant, car s'il y a des hommes qui font leur chemin et s'enrichissent prodigieusement, il y a aussi une multitude de gens plongés dans la misère et dans l'ignorance. Cela est vrai non seulement des pays arriérés, mais aussi en grande partie de ceux que l'on considère comme les plus avancés, si bien que les hommes qui voudraient essayer d'aider et de réformer sont épouvantés du spectacle, et ne savent par où commencer. Dans tous les pays, nous voyons la société plus ou moins en guerre avec elle-même : race contre race, là où il y a des races différentes ; classe contre classe, travail contre capital, et même parfois sexe contre sexe. Il semble que partout se heurtent des intérêts en lutte, et les hommes se rangent dans l'un ou l'autre parti.

Les gouvernements non plus ne sont guère dans un état satisfaisant, car je pense que tout le monde conviendra qu'aucun pays au monde n'est actuellement gouverné comme tous devraient l'être, c'est-à-dire purement en vue de l'intérêt et du progrès des peuples.

Nous trouvons au contraire partout des considérations de partis ou des intérêts personnels, et les choses en sont
arrivées à ce point que, même les plus sages et les meilleurs de nos hommes politiques, ne peuvent faire ce qu'ils veulent, et sont parfois obligés de faire ce qu'à la vérité, ils n'approuvent pas.

Toutes ces difficultés proviennent de l'ignorance et de l'égoïsme. Si les hommes comprenaient le plan de l'évolution, au lieu de travailler chacun dans un but égoïste, ils s'uniraient et travailleraient ensemble, harmonieusement au bien de tous, avec une tolérance, une indulgence réciproques. Il est évident que si l'on agissait ainsi, tous les maux cesseraient immédiatement, ou du moins disparaîtraient en peu de temps. Il y a aujourd'hui, de par le monde, un mouvement assez fort dans cette direction, parce que, de jour en jour, un plus grand nombre de gens commencent à voir clair et à travailler à rendre l'état de choses meilleur et plus rationnel. Il y a beaucoup de sociétés qui ont pour but l'amélioration de la condition des humains. Les uns commencent par un bout, les autres par un autre, chacune traitant la question à son point de vue et apportant ses remèdes, mais toutes du moins s'efforcent de développer cet altruisme qui est la seule solution véritable de toutes nos difficultés.

L'ŒUVRE DE LA THÉOSOPHIE

Notre société théosophique est une organisation de ce genre, car elle s'efforce d'aider l'humanité. Elle ne se rattache à aucune politique spéciale, elle n'essaie pas d'agir directement en ce qui regarde la question sociale, elle essaie plutôt, de dissiper l'ignorance, de faire connaître aux hommes la vérité sur la vie et sur la mort, de leur montrer pourquoi ils sont ici-bas, et quelles leçons il leur faut apprendre, et de les amener ainsi à comprendre et à réaliser que la fraternité des hommes est un fait. On a déjà fait beaucoup dans cette voie, bien qu'on ne s'en doute guère en Amérique, la plus grande partie du travail n'ayant pas été fait dans cet hémisphère. Bien qu'il y ait dans ce pays des gens de races différentes, ils se fondent peu à peu en une seule race, de sorte que l'on peut à peine dire qu'il y ait antagonisme de races, si ce n'est dans le sud, entre blancs et noirs.

En Europe pourtant le sentiment national est très fort, et il y a malheureusement beaucoup de malentendus entre les différentes nations. Mais c'est une chose tout à fait remarquable et intéressante d'assister à un Congrès européen de la Société théosophique, dans lequel se trouvent réunis des hommes de toutes ces races qui si souvent, partout ailleurs, se regardent avec douter et méfiance. Il est agréable et encourageant de voir les théosophes se traiter comme des frères, oubliant leurs différences, leurs antagonismes de races, franchement heureux de se trouver ensemble. Il est impossible de ne pas en conclure que du jour où la théosophie se répandra dans tous ces pays divers, et où la majorité, ou même une forte minorité, comprendra et acceptera les idées théosophiques, la guerre entre ces pays deviendra impossible. Car les nations comprendront alors que les choses du plan physique sont de peu d'importance, et que tous les points qui s'y rattachent peuvent aisément s'arranger, si chacun y met de la bonne volonté et essaie de trouver ce qui est juste et de l'accomplir.

Il suffit que les hommes arrivent à se connaître et à se comprendre pour qu'ils arrivent aussi à s'aimer. Un homme d'une nationalité quelconque peut avoir des préjugés théoriques contre les hommes d'une autre nationalité, et il garde ses préjugés tant qu'il n'en connaît aucun individuellement. Du jour où il entre en relations amicales avec quelques-uns d'entre eux, il s'aperçoit que ce sont des êtres humains comme lui, avec les mêmes qualités et les mêmes défauts que ses compatriotes, et cette découverte change inévitablement son point de vue. Il garde son patriotisme, l'amour de son pays, ses idées sur beaucoup de points, mais il voit que les autres hommes sont aussi ses frères, et que, s'il y a des sujets sur lesquels leurs opinions diffèrent, il y en a beaucoup plus encore sur lesquels ils sont d'accord, étant membres de la même fraternité humaine. Et voilà comment, à mesure que l'ignorance se dissipe et que la connaissance se répand, la fraternité humaine est mieux comprise, et beaucoup de dangers, de difficultés sont aussitôt écartés.

Son œuvre en Orient

En Orient, les résultats de l'œuvre de la Société théosophique sont encore bien plus frappants. J'ai assisté à plusieurs assemblées générales, à notre quartier général, aux Indes, et il est beau de voir, ainsi réunies, une vingtaine de races représentant parfois des religions séparées depuis des milliers d'années. Les membres de la Société appartiennent parfois à des races héréditairement ennemies, ou à des religions qui se regardent mutuellement comme hérétiques, mais à la réunion générale, tous se tiennent côte à côte, chacun reconnaissant le droit des autres à la tolérance et aux égards fraternels, chacun admettant que les autres lui sont égaux en tous points.

Je me rappelle que le jour où la bibliothèque sanscrite fut inaugurée à Adyar, le président-fondateur invita les représentants de toutes les religions à se réunir, et à prendre part à une sorte de cérémonie de consécration ou de bénédiction. Ce fut à ma connaissance la première fois que l'on vit dans l'histoire, des prêtres et des prédicateurs de ces religions différentes assemblés de cette façon, se considérant tous comme des égaux et coopérant aux cérémonies des autres religions. Nous avions là un Pujari Indou appartenant à l'un des principaux temples, deux moines bouddhistes de Ceylan, très connus, des Mobeds parsis des environs de Bombay, des Mahométans très en vue de l'Inde centrale ; et tous ces hommes se réunirent dans un accord fraternel. La seule grande religion qui n'était pas représentée était le Christianisme ; mais ce ne fut pas la faute de notre président, car il avait invité les principaux chrétiens du pays à se joindre à la cérémonie, mais tous répondirent qu'ils regrettaient vivement de ne pouvoir accepter, dès lors qu'on leur demandait d'officier avec des païens et de paraître avec eux sur une même estrade.

Les deux grandes Églises bouddhistes

Un autre résultat remarquable de l'œuvre de la Société théosophique, et dont il faut reporter tout le crédit sur notre infatigable président-fondateur, fut d'établir des relations plus étroites entre les Églises bouddhistes du Nord et du Sud. Il y avait deux sections de la religion bouddhiste, qui avaient entre elles à peu près les mêmes rapports que l'Église catholique romaine et l'Église grecque, qui étaient séparées depuis des siècles, et qui s'étaient de plus en plus éloignées l'une de l'autre, au point de vue de la doctrine et du culte. Le président de la Société théosophique eut alors l'idée de dresser un document contenant certaines grandes idées communes, au sujet desquelles il demanda l'assentiment des chefs des deux Églises il se rendit ensuite dans différents pays où ces religions étaient répandues, obtint la signature des grands dignitaires de chacune d'elles, et établit ainsi des rapports entre des gens qui s'étaient regardés jusque-là avec passablement de doute et de méfiance. Grâce à ses efforts aussi, de jeunes étudiants de l'Église du Nord allèrent étudier auprès des principaux moines de l'Église du Sud, et de cette façon, il y eut dans chaque Église un nombre de plus en plus grand d'hommes ayant une connaissance directe et réelle de membres de l'autre Église.

Cela paraîtra peu de chose à beaucoup d'entre vous, parce que vous ne vous rendez pas compte de l'importance des intérêts en jeu, et du nombre des gens intéressés. Il serait absolument merveilleux de réunir le Pape de Rome et l'Archevêque de Cantorbéry, et de les amener chacun à reconnaître l'autre comme son égal, et comme un représentant aussi réel du Christianisme primitif. Cependant, ce que fit le président de notre Société avait encore plus d'importance, car le nombre des fidèles de ces deux Églises dépasse de beaucoup celui des chrétiens de toutes les dénominations réunies. On peut donc dire que notre Société a déjà fait quelque chose pour atteindre le premier de ses buts, la "fraternité universelle".

Leçons à apprendre

Il n'y a aucun pays au monde où l'œuvre de la Société théosophique ne soit pas nécessaire, car dans tous les pays on peut faire beaucoup en apprenant aux hommes à mieux se connaître, en mettant l'harmonie entre les différentes sections de la communauté, en faisant admettre à tous l'idée de la fraternité éternelle, en les amenant à la poursuite d'un idéal élevé, en leur apprenant à discerner le réel de l'irréel, et en leur montrant quels objets valent la peine d'être recherchés, et lesquels sont au contraire de moindre importance. L'étude de ces grandes vérités ne s'étendra pas seulement à l'intérieur de la Société théosophique, mais au dehors. Le nom importe peu, si l'étude de la vérité et l'effort pour comprendre cet idéal sublime se répandent dans tout le pays, nous verrons qu'ils amèneront après eux la paix, l'intelligence et la bonté et bientôt surgira une religion nouvelle et plus large que tous pourront accepter avec une égale liberté.

L'histoire nous donne beaucoup de leçons. Les premiers pays du monde pensent qu'ils personnifient une civilisation avancée ; et nous sommes enclins à croire qu'il n'y a jamais eu, dans le monde, rien qui puisse se comparer à la connaissance que nous possédons aujourd'hui. Cela peut être vrai à un certain point de vue ; mais il y a eu cependant d'autres civilisations puissantes qui, tour à tour, sont nées, se sont épanouies, puis ont disparu. Leur histoire est une image de la nôtre, et leur sort sera un jour le nôtre, si incroyable que cela puisse nous paraître. La civilisation atlantéenne atteignit un niveau de prospérité universelle dont nous sommes encore certainement très éloignés, et cette prospérité dura des milliers d'années. Mais cette grande race connut l'épreuve que connaissent toutes les nations, lorsqu'une vérité plus complète commence à leur apparaître, et qu'elles arrivent à connaître les pouvoirs autres que ceux du plan physique. Les Atlantéens se servirent mal de ces pouvoirs ; le plus grand nombre d'entre eux choisirent le sentier de l'égoïsme et non du désintéressement, et l'Atlantide périt.

Nous répétons aujourd'hui la première partie de leur histoire ; notre richesse, notre prospérité augmentent, nous arrivons peu à peu à cette domination du monde que connut l'Atlantide. Beaucoup d'entre nous commencent à obtenir au moins un aperçu des pouvoirs psychiques, et la connaissance, ainsi que la possession de ces pouvoirs se répandront parmi nous. Nous répétons donc à peu près l'histoire de l'Atlantide ; la question qui se pose est de savoir si, l'ayant répétée dans sa première partie, nous allons suivre son exemple jusqu'à la fin, et, si, après avoir reproduit la gloire et l'expansion de son empire, nous allons aussi imiter sa disgrâce et sa chute. Ce destin sera-t-il ou ne sera-t-il pas celui de la civilisation actuelle ? Cela dépendra largement des hommes d'aujourd'hui, des hommes qui assistent à l'aurore du nouvel ordre de choses.

Préparation de l'avenir

En Amérique surtout les germes de développement psychique sont assez fréquents, et ils constitueront sans doute un des caractères de la nouvelle race qui sortira du mélange de nations qui s'y produit actuellement. Nous assistons à vrai dire à la naissance d'une nation, et cette naissance, nous le savons, ressemble en beaucoup de points, à celle d'un enfant. Nous savons que l'avenir d'un enfant dépend en grande partie des pensées et du caractère de ceux qui l'entourent de ses premières années, avant et après sa naissance. De même les hommes d'aujourd'hui ont un rôle à jouer dans la formation de cette nouvelle race, dans la préparation de l'avenir qui nous attend.

Dans cette préparation, nous qui étudions les vérités de la Théosophie, avons aussi un rôle à jouer. Si nous réalisons quelques-unes de ces grandes vérités, si nous comprenons la nécessité d'un idéal élevé de spiritualité, voici le moment d'essayer, de répandre notre connaissance de la vérité, et d'imposer nos idées d'une façon pratique, toutes les fois que l'occasion s'en présente, devant ceux qui peuvent les comprendre. Il faut leur présenter cette croyance élevée, basée non sur des dogmes ou des livres sacrés, mais sur la saine raison et sur le bon sens, en avançant pas à pas, et en conduisant le raisonnement des choses clairement connues et admises par la science, pour arriver à celles qui ne sont encore connues que du petit nombre. Si nous réussissons dans nos efforts, nous aiderons à assurer le développement du bien et non du mal pour l'avenir immédiat. Rappelons-nous aussi que le pouvoir de nos pensées, et le pouvoir de nos actions, produiront leur effet en ces matières, aussi bien que le pouvoir de nos paroles.

Le besoin de répandre le savoir ne s'est jamais fait plus sentir qu'aujourd'hui, car l'ignorance actuelle des hommes présente un danger réel et imminent. Nous avons dans un avenir immédiat, la possibilité d'une lutte sérieuse; nous avons tous les éléments d'un bouleversement social possible, et aucune religion n'a assez de prise sur le peuple pour enrayer ce qui pourrait dégénérer en un mouvement dangereux. Jusqu'à présent, seul un petit nombre étudie la philosophie; et la science, qui a tant fait pour nous, et a remporté tant de victoires, ne peut arrêter le danger qui nous menace. Le seule chose qui puisse le prévenir, c'est la diffusion de la connaissance, de façon à ce que les hommes comprennent ce qui est vraiment bon pour eux, et que rien de ce qui est contraire aux intérêts de la masse ne peut être bon pour un seul.

L'ÉVOLUTION EST CERTAINE

Il est certain qu'il se produira un changement, qu'une évolution se fera ; la seule question est de savoir comment elle se fera, comment le nouvel ordre de choses remplacera l'ancien, en entraînant le moins de frottement et de souffrance possible. La science matérielle, la philosophie se perfectionneront jusqu'à ce que toutes les forces naturelles soient au service de l'homme ; la connaissance grandira et déchirera le voile qui recouvre les secrets innombrables de champs encore inexplorés ; un état social idéal suivra le progrès individuel, si bien qu'il ne restera plus rien à réclamer, et presque rien à désirer. La souffrance, la peine et la mort inutiles auront disparu du monde entier. Le spectre terrifiant de la maladie répugnante sera à jamais terrassé par le pouvoir, aujourd'hui latent, des sciences physiologiques, et les hommes ne mourront plus que dans la plénitude de leurs jours, et pourront en une seule incarnation, condenser le développement qui s'étend actuellement sur deux ou trois existences. Le monstre effrayant de la guerre sans merci sera frappé par le glaive de feu de la Puissance intellectuelle ; le démon sordide du labeur opprimant et stérile, ainsi que tous ses satellites, la misère, l'avilissement, la mort morale, seront enchaînés par le bras puissant de la responsabilité morale, et les êtres humains ne seront plus traités comme les bêtes des champs. L'instruction pénètrera dans les abîmes fangeux de la pauvreté, et élèvera même les plus humbles au rang d'hommes qui savent, et qui, par conséquent, se respectent et peuvent se contenir.

Tout cela viendra sûrement ; à mesure que le sentiment du devoir se répandra parmi les hommes, il tirera le riche de son isolement égoïste, et lui fera employer les talents qui lui ont été donnés pour aider et relever ses semblables ; la richesse et la pauvreté extrêmes seront également impossibles, car une vie plus simple et plus pure remplacera toutes les inutiles complications actuelles. Voilà ce que sera l'avenir, et j'espère que cet avenir est proche, mais sa préparation dépend en grande partie de la mesure dans laquelle on pourra répandre, de nos jours, la lumière de la vérité. Il n'y a pas de temps à perdre, car les forces du mécontentement et le danger s'accroissent chaque jour, et à tout moment, une étincelle peut allumer un incendie dont nul ne saurait prévoir l'étendue.

L'AVENIR PLUS ÉLOIGNÉ

Nous pouvons parler avec plus de certitude de l'avenir éloigné. L'étude des premiers tiges de l'humanité, et une comparaison de leur condition avec l'état de choses actuel, nous montrent la direction dans laquelle avance l'évolution, et il n'est pas douteux qu'après un laps de temps assez considérable, les qualités, qui, aujourd'hui commencent seulement à poindre, seront pleinement développées, ce qui changera radicalement l'état de la société. Il ne peut y avoir le moindre doute à ce sujet ; mais les étapes intermédiaires qu'il nous faudra franchir ne sont pas aussi nettement définies. J'ai souvent eu l'occasion de parler du corps astral et du corps mental que nous possédons, et du développement des sens spéciaux à ces corps, chez quelques individus qui sont ainsi devenus ce que l'on appelle communément des clairvoyants. Ceux qui possèdent actuellement ces facultés sont ceux qui s'en sont spécialement occupés, soit dans cette vie, soit dans une autre ; mais les facultés elles-mêmes sont l'héritage de chaque être humain, et la race marche d'une façon continue vers leur plein développement.

Dans le dernier chapitre de *The other side of Death*, j'ai expliqué comment celui-ci qui désire posséder ces facultés peut se mettre à les développer en lui. Le processus n'est toutefois qu'une accélération de ce que la nature fait graduellement pour nous tous, et le temps n'est pas très éloigné où une portion considérable des races supérieures de l'humanité les possèdera naturellement et sans aucun effort spécial. En Amérique nous

avons la preuve palpable que ce n'est pas là une vaine assertion ; car la proportion d'hommes et de femmes partiellement psychiques y est beaucoup plus grande que dans aucune des nations plus anciennes, à l'exception peut-être de quelques-unes des races moins importantes et nettement celtiques, comme les Highlanders d'Écosse. Il doit y avoir beaucoup de mes auditeurs ou de mes lecteurs qui savent par expérience que je dis la vérité, et il y en a beaucoup plus encore qui le savent d'après le témoignage de parents ou d'amis qui possèdent déjà ces facultés plus ou moins développées. Bien que ces pouvoirs ne doivent venir que graduellement à la majorité des hommes, ils viendront cependant de plus en plus rapidement, parce que plus ils seront connus, plus ils seront "dans l'air", plus il sera facile à ceux qui les possèdent déjà en germe de les développer.

Imaginons donc le moment où la majorité des hommes des races avancées possèdera ces dons, et voyons quel changement cela apportera dans leur vie. Le développement de la vue astrale viendra naturellement en premier lieu. Pour le clairvoyant avancé et entraîné, la possession de la vue astrale est de peu d'importance, car il peut aller plus loin, ayant à sa disposition des facultés beaucoup plus étendues. Mais, pour la plupart des gens, la possession de celte seule faculté changerait l'aspect de la vie. Je me rappelle avoir entendu une fois Mme Besant parler sur ce sujet. Elle expliqua qu'il y a trois grandes routes parallèles, pour ainsi dire, que les hommes peuvent suivre pour avancer : les sentiers de la Puissance, de la Sagesse et de l'Amour. Elle disait que si on examine ces trois routes, on peut facilement se rendre compte du changement qui résultera sur chacune d'elles lorsque les facultés supérieures auront été développées par l'homme [16].

Sous ces trois titres elle groupait les diverses activités par lesquelles les pouvoirs de l'homme se manifestent. Dans le groupe "Amour" par exemple, nous pouvons mettre tout ce qui appartient à l'aspect religion de notre vie : notre dévotion à ceux qui sont au-dessus de nous, aux Grands Êtres, à la Divinité, et aussi d'autre part, notre amour, notre sympathie, notre bienveillance pour ceux qui sont avec nous ou après nous sur le chemin de l'évolution. À *l'aspect sagesse* de l'évolution humaine se rattache le développement de l'homme au moyen de la science, de la philosophie ou de l'art, développement encore rudimentaire peut-être, mais qui deviendra, avec le temps, une connaissance plus pleine et plus parfaite. À *l'aspect puissance* se rattachent toutes les questions de gouvernement et d'organisation sous toutes leurs formes.

En toutes ces voies nous ne sommes encore qu'au début de notre développement, et cependant, bien que nous ne soyons pas encore parvenus très loin, il semble que nous arrivions sur chacune d'elles à des murs épais au-delà desquels nous ne parvenons pas à apercevoir la route. Même en science où les victoires de l'homme ont été si éclatantes, il semble qu'en maintes directions nous arrivions à la limite du possible. La science commence par l'étude du monde matériel, elle tend donc tout naturellement au matérialisme ; cependant, elle se trouve à chaque instant dépassant le monde matériel. Comme M. Fullerton le fait remarquer si justement : "Nous avons à peine commencé à examiner un phénomène quelconque que nous arrivons aux frontières de l'invisible. Nous essayons d'étudier la force expansive de la vapeur, mais la vapeur est un gaz qui ne devient visible que lorsqu'il est refroidi par l'atmosphère. Nous essayons de découvrir ce qu'est l'électricité, d'apprendre sa vraie nature, de savoir si c'est un courant ou une

---

16   V. *Les Trois Sentiers*, par A. Besant.

vibration. Mais dans sa réalité elle échappe à l'œil le plus perçant, et nous ne pouvons qu'étudier ses effets quand ils se montrent dans le champ de la manifestation. La lumière, la chaleur, la gravitation, les affinités chimiques, que savons-nous de l'essence de ces choses, comment les connaissons-nous si ce n'est lorsqu'elles sortent du monde caché pour produire quelque effet dans le monde de la matière ? La vie elle-même, nous ne la percevons que dans ses activités ; ce qu'est cette force invisible qui enveloppe le monde entier et pénètre toutes choses, nous ne pouvons le dire ; nous ne sommes avertis de sa présence que quand ses conséquences palpables se dévoilent à nous. Il en est de même de tous les objets perceptibles aux sens. À peine en avons-nous commencé l'examen que les sens sont dépassés, les frontières de l'invisible atteintes, et notre impuissance met fin à la recherche." (*Proofs of theosophy*, p. 2.)

Résultat du développement astral

Voyons donc comment le développement de la conscience astrale affecterait l'humanité dans les divers aspects de son évolution. À l'heure actuelle un grand nombre de gens ne sont pas encore certains qu'il existe autre chose que le monde matériel ; un plus grand nombre encore ne croient nullement qu'il y ait quoi que ce soit, bien qu'ils feignent parfois le contraire. Cette incertitude, ce scepticisme disparaîtraient forcément, aussitôt qu'une assez grande partie des hommes possèderait les facultés astrales. La question de la survivance après la mort, et tout ce qu'elle entraîne, ne serait plus discutable, puisque des hommes vivants verraient constamment autour d'eux ce que nous appelons les morts. Il ne pourrait plus y avoir de doute sur l'existence d'un pouvoir divin dont l'action serait désormais perceptible aux hommes de beaucoup de manières. Aucun clairvoyant, ayant développé sérieusement la vue des plans supérieurs ne peut être athée. Non pas qu'il puisse voir Dieu lui môme, car comme le dit l'Écriture :"Personne ne vit jamais Dieu" ; mais il a de toutes parts des preuves si évidentes de l'existence d'un plan, d'un pouvoir immense exercé par une intelligence transcendante, qu'il lui est impossible de nier l'existence d'une Direction divine. Beaucoup de choses qui sont aujourd'hui de simples hypothèses, seront alors des faits, mais il y aura encore, sans aucun doute, largement place à la spéculation, qui s'exerce sur des sujets différents et plus élevés.

En ce qui concerne l'aspect amour de l'évolution, le changement sera grand aussi. D'un côté nos rapports avec les intelligences supérieures, et nos obligations vis-à-vis de ces grands Êtres, ainsi que vis-à-vis des grands Instructeurs du passé et du présent, ne seront plus mis en doute, car nous verrons, nous comprendrons leur pouvoir et leur influence. Si nous nous tournons maintenant du côté opposé et si nous pensons à l'influence que nous pouvons avoir sur nos égaux et nos inférieurs, nous verrons aussi qu'un changement sera inévitable lorsque nous deviendrons capables de déployer plus d'activité et de donner une aide plus intelligente, quand tous ceux qui auront la vue supérieure pourront s'en servir vis-à-vis de leurs semblables, cherchant à connaître leurs pensées et leurs sentiments de façon à ne plus travailler à l'aveuglette. Le médecin saura exactement ce qu'a son malade, sans avoir besoin de tâtonner, et pourra prescrire immédiatement ce qui est nécessaire à la guérison. Les hommes travailleront d'une façon intelligente à aider leurs semblables, et leurs efforts seront beaucoup mieux dirigés qu'ils ne sauraient l'être à présent.

Passons à ce que sera l'éducation de nos enfants quand les maîtres verront et comprendront. Nous appliquons aujourd'hui, d'une façon peu précise, nos méthodes d'éducation, car nous ne réalisons pas encore les différences énormes qui existent entre les âmes qui nous arrivent dans ces jeunes corps. Avec la vue supérieure, nous acquerrons l'intelligence et le discernement, de sorte qu'il nous sera impossible de ne pas mettre chaque enfant à sa vraie place, à la place qui lui convient, car ceux qui seront responsables de l'instruction et de la direction des enfants sauront ce qu'il faut à chacun d'eux, et ce que chacun d'eux peut faire. L'éducateur de l'avenir surveillera l'éclosion des germes chez ses élèves, et s'efforcera d'étouffer les mauvais et de développer les bons. Il est aisé de voir le progrès qui se ferait de cette manière, en une seule génération, si l'on réfléchit à ce que seraient des gens que nous connaissons si on avait fortifié en eux les qualités qu'ils possèdent, et éliminé leurs défauts. Une société idéale serait formée en deux ou trois générations, si seulement maîtres et parents pouvaient voir et agir d'une façon intelligente. Même aujourd'hui, sans le développement de la vue astrale, un grand progrès s'effectuerait si seulement parents, tuteurs et éducateurs étudiaient ces choses.

En ce qui concerne l'aspect sagesse de l'évolution humaine, cette nouvelle vue apporterait aussi un changement merveilleux. Comme je l'ai dit, l'homme de science se trouve limité de tous côtés. Il a amélioré, adapté ses instruments, et les a amenés à une perfection extraordinaire; et cependant, si loin qu'il aille, il demeure bien loin de ce qu'il aurait besoin de savoir. Il parle d'atomes et de molécules, il base sur eux ses recherches, et cependant aucun d'eux n'a jamais vu ni un atome ni une molécule au moyen d'un instrument scientifique. Or le clairvoyant peut les voir; je ne veux pas dire le clairvoyant qui fait fréquemment des réclames dans les journaux, mais le clairvoyant qui a subi un entraînement, ou plutôt qui applique sa clairvoyance à ce but spécial. Il semble que cette puissance d'agrandissement ait toujours été connue en Orient; nous la trouvons toujours tout au moins mentionnée dans quelques-uns des livres indous les plus anciens. Grâce à elle, on s'aperçoit, bientôt que les atomes et les molécules postulés par la science ne sont pas de simples hypothèses mais des faits.

Voilà donc une possibilité offerte au chimiste de l'avenir. Il n'édifiera plus seulement des théories, mais en mélangeant ses substances, il surveillera les combinaisons et les changements, et comprendra beaucoup mieux ce qu'il fait. Comme nous l'avons déjà dit, le docteur diagnostiquera par la vision directe et non par des déductions tirées de symptômes extérieurs. Aujourd'hui, dans la plupart des cas, il administre ses médicaments pour enrayer seulement ces symptômes extérieurs ; et il espère que les résultats d'au moins quelques-uns d'entre eux seront satisfaisants. Mais plus tard il verra l'effet de chaque médicament, dans chaque cas spécial, et il pourra l'observer et l'éprouver pleinement.

Une autre branche qui aura beaucoup à gagner c'est la psychologie. Aujourd'hui on spécule sur le degré de Conscience des animaux, et sur la conscience humaine aux différents stades de l'évolution. Il n'y aura plus besoin de spéculer, car on pourra voir comment la conscience fonctionne ; on pourra s'identifier avec la conscience de l'animal, voir ce qu'elle est, et quelles sont ses étranges limites. Ce progrès de la connaissance sera certainement merveilleux, et cependant il viendra sûrement, car il est la suite naturelle du développement auquel nous sommes parvenus, les facultés qui le rendront possible étant déjà développées chez quelques-uns d'entre nous. Il y en a beaucoup parmi nous qui ont vu des hommes hautement évolués, ceux que nous appelons les Maîtres de Sagesse. Ceux-là savent que ces hommes possèdent toutes les qualités dont nous parlons. Ce qu'ils sont aujourd'hui, nous le serons tous ; nous ne faisons donc pas de suppositions ou de spéculations quand nous parlons de cet avenir éloigné, mais nous décrivons exactement le progrès inévitable de la race humaine.

En philosophie aussi, les faits les plus évidents remplaceront nombre des théories actuelles. Sans aucun doute, nos métaphysiciens continueront à faire des hypothèses sur des choses beaucoup plus élevées qui dépassent même la portée de cette vue supérieure ; mais ils auront du moins une base définie, un fondement sur lequel s'appuieront leurs théories, ce qui apportera certainement un grand changement. Une autre branche de connaissance sera également bouleversée, nous voulons dire l'histoire ; car une des facultés de

XII. — L'AVENIR DE L'HUMANITÉ

ces plans supérieurs est le pouvoir d'étudier les archives du passé. À présent, il nous faut nous fier à l'historien qui peut être ignorant ou qui peut se tromper, et qui est presque toujours plus ou moins partial. Mais alors nous pourrons examiner à volonté ces archives de la mémoire divine qui nous révèlent tout ce qui a été fait, dit ou pensé dans le monde entier de sorte qu'au lieu d'écouter seulement un récit imparfait et partial, nous pourrons à volonté vivre parmi les civilisations vieilles de plusieurs centaines de milliers d'années, et voir leur action aussi clairement, aussi nettement que nous voyons ce qui se passe autour de nous. La psychométrie nous montre déjà que cela est possible, et il est certain que l'histoire de l'avenir sera écrite de cette manière, si bien que nous saurons réellement au lieu de deviner vaguement.

Les gens dévots parlent beaucoup du ciel et de l'enfer, et ont fort peur de ce dernier; on dirait même que parfois ils ont aussi peur du ciel, à voir la façon dont ils s'agitent pour ne pas y aller. À l'avenir les discussions sur ce sujet ne seront plus possibles, parce que l'homme verra par lui-même qu'il n'y a pas d'enfer; mais il verra aussi que ceux qui mènent une vie mauvaise, s'attirent de ce fait des conséquences très désagréables qu'ils récolteront en partie pendant leur vie astrale. Les splendeurs du monde céleste seront également visibles, et nous comprendrons que l'homme n'a qu'à développer ses facultés pour atteindre ce monde dès maintenant, et jouir de toute la félicité que peut procurer cette vue merveilleuse. Il en sera de même de beaucoup de points de doctrine aujourd'hui discutés, comme par exemple, la véracité de l'évangile et autres parties de ce qu'on appelle l'histoire sainte. Comme les faits seront connus, il n'y aura plus à les discuter.

Quel changement subiront aussi nos conceptions artistiques et musicales ! L'artiste de cette époque verra beaucoup plus de couleurs et de nuances variées que celles qui sont aujourd'hui connues ; car un des premiers résultats de la connaissance des plans supérieurs, c'est la faculté de pouvoir apprécier tous les tons. La musique sera elle aussi accompagnée de couleurs, tout comme l'étude des couleurs sera accompagnée de sons harmonieux, car le son et la couleur sont les deux aspects de tout mouvement rythmique. Un beau morceau d'orgue sera donc accompagné de couleurs brillantes et splendides, ce qui donnera un attrait plus puissant aux joies de la musique, dont profiteront également les étudiants de l'art.

Un grand changement surviendra en ce qui concerne l'aspect puissance du développement humain : le gouvernement, l'organisation de la société reposeront sur des bases différentes. Les hommes verront alors l'effet de beaucoup de leurs actions sur le plan astral, si bien que bien des actes commis aujourd'hui étourdiment ne seront plus possibles. On ne pensera plus par exemple à tuer les animaux pour s'en nourrir, quand on verra les conséquences astrales de ce massacre. Ce crime qui s'appelle la chasse ne sera pas possible quand on saura vraiment ce que l'on fait. Il faut un si faible progrès pour changer toute la face de ce que nous appelons notre civilisation, et pour la changer grandement à son avantage.

La faculté du plan mental

Et cependant tout ce dont je viens de parler n'est qu'une étape de progrès futur, et la première. La plupart de ces progrès, ainsi que beaucoup d'autres, suivraient l'éclosion chez l'homme de la seule vue astrale. Mais il y a encore au-dessus le plan mental. J'ai essayé déjà de vous en donner une faible idée quand je vous ai parlé du Ciel ; mais je sais bien que les mots physiques ne peuvent rendre les splendeurs de ce plan, et aujourd'hui, comme il y a deux mille ans, on peut dire que : "L'œil n'a point vu, l'oreille n'a point entendu, et il n'a point été donné au cœur de l'homme de concevoir les choses que Dieu a préparées pour ceux qui l'aiment". Et rappelez-vous que ces choses sont pour tous les hommes, car tous aimeront Dieu quand ils le connaîtront. C'est simplement parce qu'ils sont ignorants, parce qu'ils ne peuvent pas voir, que quelques-uns travaillent à ce qu'ils croient à tort être leurs intérêts séparés, au lieu de suivre la voie de la volonté divine. Quand ils la verront, quand ils la connaîtront, ils la suivront et coopèreront à son œuvre.

Rappelons-nous aussi que dans cet avenir éloigné la vie sur le plan mental sera une partie, et la principale de notre vie quotidienne. À l'heure actuelle, la plupart de ceux qui ont le bonheur de voir le ciel ne peuvent atteindre à cette vision que quand leur corps physique est en transe. Ce n'est pas là la seule manière d'y atteindre, mais nous sommes si préoccupés des sens physiques et des impressions qu'ils nous transmettent que, tant qu'ils s'imposent à notre attention, nous ne sommes pas libres d'écouter les murmures qui nous viennent des mondes supérieurs. Mais il arrive, dans l'évolution de chaque homme, un moment où il possède les facultés astrales simultanément avec les facultés physiques, et les a constamment à sa disposition. Toutes les fois que cet homme rencontre un ami, par exemple il voit le corps astral de celui-ci en même temps que son corps physique, et quand il aura fait encore un pas dans l'évolution, il verra le corps mental également.

Quand une fois l'homme possède ce pouvoir, le plan mental lui est ouvert, de sorte que, tout en étant sur terre et en s'occupant de ses affaires journalières, il est vraiment au ciel, car il en a les facultés, la science, la félicité. Il en sera ainsi de nous tous, pas en même temps toutefois, car tous ne seront pas plus égaux alors en développement qu'ils ne le sont aujourd'hui. Il y a des âmes jeunes et des âmes plus vieilles, et ceux qui sont aujourd'hui des sauvages, seront probablement parvenus alors à notre degré actuel ; mais comme nous ne serons pas restés stationnaires pendant ce temps-là, nous aurons, nous aussi, atteint un niveau bien plus élevé. Ces pouvoirs ne sont actuellement à la portée que de ceux qui ont étudié dans le but de les développer, mais ils seront alors le partage de la majorité des hommes cultivés des races les plus avancées.

Les quelques rares individus qui possèdent aujourd'hui ces pouvoirs sont, pour ainsi dire, les yeux de la race, et emploient leurs facultés au service de leurs frères, et jamais pour leur avantage personnel. Celui qui est d'ailleurs arrivé à ce degré d'évolution sait bien que rien de ce qui ne profite pas à l'avancement de tous, ne peut être un gain. Il sait qu'un véritable profit personnel ne peut être obtenu qu'au détriment des autres. Il commence donc à voir que le seul profit réel est celui qu'il partage avec tous, que tout le progrès qu'il fait en spiritualité n'est pas un gain pour lui seul, mais pour les autres aussi. S'il acquiert la connaissance et l'empire sur soi, il gagne certainement beaucoup pour lui-même, mais il n'enlève rien aux autres de ce fait. Il peut partager sa connaissance sans en rien perdre ; au contraire, plus il la fait partager, plus il gagne pour lui-même. Si un homme laisse ouvert le canal de son esprit, et permet à la connaissance de s'écouler pour le bénéfice des autres, le canal demeure libre pour recevoir les connaissances nouvelles qui lui viennent constamment d'en haut : de même que l'eau qui coule à travers un conduit ouvert, reste claire et pure. Mais si la connaissance arrive à l'homme et n'est pas transmise, cet homme devient bientôt comme l'extrémité d'un tuyau qui n'a pas d'issue, dans lequel l'eau devient stagnante, et qui est bientôt bouché par toutes sortes d'impuretés. Plus nous partageons ces richesses véritables, plus nous en possédons, et ce sont là les seules richesses qui valent la peine d'être acquises.

POSSIBILITÉS ENCORE PLUS ÉLEVÉES

Nous voyons maintenant comment l'évolution se fera. Le théosophe sait qu'au delà et au-dessus du plan mental, se trouve un royaume plus élevé encore, que nous appelons le plan bouddhique, et sur lequel on se rend compte de la parfaite unité de l'humanité. Là, l'homme peut savoir, non par le raisonnement, mais par l'expérience précise, que l'humanité est une fraternité, grâce à l'unité spirituelle qui en est le fondement. Là, bien qu'il soit encore lui-même et qu'il ait sa conscience à lui, cette conscience s'est tellement élargie qu'elle est en parfaite sympathie avec la conscience des autres, et l'homme comprend qu'il fait réellement partie d'un seul grand tout. Il voit que l'évolution de ce tout s'effectue d'une façon continue, et qu'il lui faut y travailler et ne plus se considérer comme une entité séparée, parce que c'est là une illusion appartenant aux plans inférieurs. Quand nous comprenons cela, nous savons aussi quelle évolution splendide sera celle de l'homme, car nous voyons qu'elle conduit au but final où l'homme sera un Dieu, où la conscience de l'homme sera devenue aussi vaste que la conscience divine, et sera à son tour un centre d'amour, de lumière et de gloire, capable d'organiser, de gouverner et de vivifier un système, de créer les évolutions à venir.

Tel est l'avenir qui s'étend devant nous, et ce n'est pas encore le but final. C'est celui qui nous attend à la fin de cette période de notre évolution, mais le progrès ne s'arrêtera pas là. Ce qui se passe au-delà, dans les royaumes supérieurs de la Divinité, nous ne le savons pas maintenant, mais nous le saurons un jour.

Les mots ne sauraient le décrire, la pensée ne saurait l'imaginer, et cependant cet avenir est certain. La seule chose qui ne soit pas déterminée est le temps que nous mettrons à l'atteindre, mais nous sommes actuellement sur la voie, et il dépend des hommes d'aujourd'hui de hâter le progrès. Car nous appartenons à cette humanité en progrès, nous n'en sommes qu'une petite partie, mais non sans pouvoir, non sans responsabilité, et si nous accomplissons intelligemment notre tâche d'aujourd'hui, nous hâterons l'approche de cette gloire qui dépasse tellement ce que peut exprimer la parole humaine.

Nous pouvons au moins faire cela ; chacun de nous peut devenir un centre et nous pouvons essayer de répandre de notre mieux, autour de nous, la connaissance de la vérité, par nos pensées, nos paroles et nos actions; nous pouvons rester fermes, calmes et sereins; avoir présent à l'esprit l'idéal le plus élevé, et ne jamais nous laisser emporter par des vagues de passion ou par des pensées d'égoïsme. Nous pouvons nous consacrer sérieusement à l'étude de ces hautes vérités, afin de bien comprendre comment nous pouvons agir d'après elles. Essayons tous de faire ce que l'on fait dans la Société théosophique; essayons de faire avancer le monde et de l'aider en lui présentant ces vérités, hâtant ainsi le moment où tous les hommes se comprendront parce qu'ils comprendront le système grandiose auquel ils appartiennent.

Cet avenir glorieux dont nous venons de parler n'est pas un rêve de poète, ou de mystique, c'est une certitude absolue; c'est une certitude parce que cette évolution est ce que Dieu a voulu pour l'homme, et il faut que Son règne arrive, et que Sa volonté soit faite sur la terre comme au ciel.

CHAPITRE XIII

LA THÉOSOPHIE DANS LA VIE QUOTIDIENNE

Nous avons, dans cette série de conférences, traité différents sujets au point de vue théosophique ; dans quelques cas, nous avons expliqué, au moyen de la théosophie, des choses qui, sans elle, paraissaient enveloppées d'obscurité ; dans d'autres, nous avons vu quel aspect revêtent divers sujets intéressant la religion, quand on les regarde à travers le prisme théosophique, et avec les connaissances nouvelles que la théosophie nous procure. Il nous reste maintenant à étudier comment ces mêmes connaissances théosophiques affectent notre vie de tous les jours.

Ainsi que vous l'avez vu dans les conférences précédentes, la théosophie nous offre un point de vue précis duquel toutes choses peuvent être considérées. La théosophie est en effet une théorie de la vie claire et cohérente, un système philosophique qui nous permet d'étudier les différents problèmes qui se présentent à nous avec l'espoir de les résoudre, de comprendre leur sens, et leurs rapports avec notre vie. Il est donc évident qu'elle va nous être d'un grand secours dans l'étude des sujets les plus élevés ; mais en quoi nous servira-t-elle dans la routine un peu terne de l'existence journalière ?

Nous allons voir cependant que la théosophie va apporter ici aussi un grand changement ; elle modifie même de tant de façons notre attitude vis-à-vis du monde, vis-à-vis de nos semblables, et vis-à-vis de notre propre évolution, le sujet est tellement vaste enfin, et le changement produit en ceux qui s'imprègnent de ces enseignements est si profond, que je peux seulement vous en indiquer les points principaux, dans une conférence d'une soirée.

Si vous voulez cependant réfléchir sérieusement, vous verrez que, de chacun de ces points, découle une suite de pensées présentant chacune de nombreuses ramifications.

Le sentiment de la proportion

La difficulté est de savoir par où commencer, et jusqu'où il convient de nous étendre. Je crois cependant que le premier point important est la manière de voir, plus calme et plus large, que cette connaissance nous fait adopter. L'homme qui a vraiment compris les principes fondamentaux de la théosophie, commence à attribuer à toutes choses des proportions différentes, et apprend nécessairement à regarder le monde d'un point de vue beaucoup moins personnel. Adhérer aux croyances théosophiques d'une façon aussi vague qu'on a coutume d'adhérer à la plupart des dogmes théologiques modernes, serait relativement peu utile. Mais si l'homme saisit véritablement la portée de cet enseignement, s'il le sent vivant et bien réel, son attitude en sera nécessairement modifiée. Il s'apercevra qu'il n'est presque rien dans sa vie qui ne se soit de ce fait profondément transformé et grandement élargi, et que, dans toutes les directions, les bases mêmes de sa pensée et de sa vie, ont été métamorphosées par l'enseignement théosophique.

L'homme ordinaire voit en général les choses d'un point de vue étroit et personnel. Je ne parle pas ici de l'homme franchement égoïste, de celui qui poursuit son but sans scrupule, et recherche son intérêt personnel, sans s'occuper du tort évident qu'il fait à autrui. Mais l'homme ordinaire est aujourd'hui plutôt centré en lui-même que positivement égoïste; c'est-à-dire qu'il considère les choses au point de vue de leurs rapports avec lui, et que, en général, il ne lui est pas naturel ni instinctif de regarder au delà de lui-même, pour voir comment ces choses affectent la collectivité. Lorsque cette idée lui vient, elle ne lui vient qu'en second lieu, et tous les problèmes se présentent à lui d'abord et surtout à un point de vue personnel. Cette attitude ne peut que se modifier chez l'étudiant en théosophie. Celui-ci comprend réellement la fraternité humaine, il voit clairement que nous sommes tous un spirituellement sur les plans supérieurs, et que, par conséquent, même sur ce plan physique, nos véritables intérêts doivent au fond être identiques.

Nous avons déjà vu dans d'autres conférences que le seul gain véritable pour l'homme est celui qu'il peut partager avec tous ses frères, sans que ce partage lui fasse rien perdre; nous avons vu aussi que le rayonnement de ses pensées et de ses sentiments affecte les pensées et les sentiments de ses semblables. Nous pouvons donc en conclure que si un homme réussit à vaincre un défaut et à développer en lui la vertu opposée, il aide nécessairement ceux qui l'entourent à suivre le même sentier. Lorsqu'il se laissait aller à des pensées mauvaises ou à des sentiments mauvais, les vibrations qui émanaient de lui se transformaient constamment en tentations pour les autres, et leur rendaient plus difficile la lutte intérieure contre ces mêmes sentiments. Mais lorsqu'il en a triomphe des vibrations qu'il rayonne étant maintenant d'une nature opposée, aident l'homme aux prises avec les mêmes difficultés, et accroissent les forces qu'il déploie pour essayer de s'en rendre maître Ce n'est donc pas une simple figure poétique mais une vérité absolue de dire que toute victoire remportée sur soi-même, est un avantage qui profite à tous nos frères. En nous élevant nous élevons les autres, bien peu il est vrai, mais d'une façon perceptible.

L'homme qui a en lui ce sentiment de la fraternité, qui sait qu'il fait partie d'une collectivité, ne l'oublie jamais plus. Aussi, avant de s'engager dans une ligne de conduite, considère-t-il l'influence qu'elle aura sur ceux qui l'entourent. Il comprend nettement que ses habitudes, ses pensées, ses sentiments, ne sont pas sa propriété exclusive, comme la plupart des gens le croient, mais qu'ils affectent son prochain en bien ou en mal, et il se reconnaît, de ce fait, une responsabilité dont la plupart des gens ne se doutent même pas. Nous verrons plus tard que cela introduit un facteur nouveau dans sa vie qu'il ne peut plus désormais ne pas juger sérieusement.

Je ne veux pas dire que sa vie en sera assombrie ; au contraire, il sera plus calme, plus serein, plus joyeux. Mais sa sérénité, sa joie ne seront pas entachées de frivolité. Il sentira nettement que la vie où nous sommes engagés est une chose grave, qu'elle contient des possibilités qu'il est en notre pouvoir de réaliser, et qu'elle a plusieurs buts bien définis que nous n'avons pas le droit d'ignorer. Nous voyons trop souvent les hommes gaspiller leur vie, et se demander ce qu'ils pourraient bien faire pour tuer le temps. Demandons-nous plutôt si nous aurons assez de temps pour faire tout le travail qui reste à faire ; car nous n'avons pas fait notre devoir, tant qu'il y a à notre portée, un seul être qui manque de secours et auquel l'aide fait défaut pour progresser. Tout autour de nous des occasions de toutes sortes se présentent ; celui qui voit cela, qui comprend ce qu'est réellement la vie, ne peut s'empêcher de la prendre aux sérieux. Il voit qu'il ne saurait impunément gaspiller son temps, car il pense constamment, et les pensées auxquelles il donne naissance non seulement réagissent sur lui-même, mais influencent sans cesse les autres. Quand l'homme aura compris cela, il sera bien plus heureux que quand il consacrait sa vie à la poursuite du plaisir ; car les choses prendront à ses yeux leurs véritables proportions ; il se sentira plus calme au milieu de la douleur ou des épreuves, car sa vision plus étendue lui fera comprendre parfaitement que toutes choses sont entre les mains d'un Pouvoir éternel et bienfaisant.

Justice et perspective

Le point de vue personnel auquel se place l'homme ordinaire entraîne nécessairement un manque de perspective en ce qui concerne ses difficultés et ses chagrins propres. Une légère épreuve, simplement parce qu'elle le touche de très près, s'agrandit au point d'obscurcir tout l'horizon, de sorte qu'il ne peut plus voir que, malgré le sombre nuage qui s'est abattu sur lui, le soleil de l'Amour divin jette encore sur le monde des flots de lumière. Parce qu'il souffre, tout lui paraît changer, la vie entière prend un aspect lugubre, et il se croit victime d'une calamité particulière, le jouet spécial d'influences mauvaises. En réalité l'épreuve peut être très légère, mais elle le touche de si près qu'elle lui paraît plus pénible que les autres.

Une telle manière de voir n'est plus possible pour celui qui a étudié la théosophie, et se considère comme faisant partie d'un tout. Il sait que grâce aux lois de la justice divine infaillible, si la souffrance l'atteint, c'est qu'il l'a méritée, qu'elle est nécessaire à son évolution, qu'elle est le résultat des actions qu'il a commises, des paroles qu'il a proférées, des pensées qu'il a entretenues, autrefois et pendant ses existences antérieures. Aussi l'idée que la souffrance est injuste ne lui vient-elle plus jamais à l'esprit.

Ce sentiment d'injustice entre souvent pour beaucoup dans les souffrances des hommes. Beaucoup de gens se comparent instinctivement aux autres, et quand la tristesse ou la souffrance s'abat sur eux, ils sont disposés à se plaindre et à s'écrier : "Pourquoi tous ces malheurs m'arrivent-ils ? Je vois autour de moi des gens qui, je le sais, ne sont pas meilleurs que moi, et qui cependant sont heureux ;

ils ne perdent pas leurs amis, ou leur fortune ; ils ne sont pas affligés d'une mauvaise santé ; ils n'ont aucun des chagrins qui m'accablent." Ces gens se sentent injustement traités, ils en éprouvent du ressentiment, et ce ressentiment se reflétant dans leurs pensées habituelles, ils deviennent mécontents, s'aigrissent et, au lieu de supporter patiemment leurs maux, ils sont constamment irrités, remplis d'amertume, et ne savent pas tirer parti des circonstances. Tous ces sentiments, malheureusement si répandus dans le monde, disparaissent sous l'influence de l'enseignement théosophique ; car celui qui étudie cet enseignement comprend que si ses amis et connaissances se trouvent dans des circonstances plus favorables, c'est parce qu'ils l'ont mérité, ou parce qu'il n'est ni nécessaire, ni utile à leur évolution actuelle qu'ils subissent immédiatement les chagrins et les épreuves qu'ils se sont eux-mêmes réservés. Il supporte donc ses épreuves avec philosophie, il les estime à leur juste valeur, et prend la résolution de tirer de ces fruits des mauvaises actions d'autrefois, l'occasion de faire le bien aujourd'hui, en les supportant noblement et sans se plaindre, et en développant sous leur influence, le courage, la résolution et l'endurance.

Une sombre maxime

La théosophie nous présente encore une autre considération qui nous aide à mieux supporter les chagrins. Vous vous rappelez sans doute ce texte étrange qui dit que "le Seigneur châtie ceux qu'il aime". Il est difficile sans l'explication théosophique, d'accepter ce texte, ou même de lui trouver un sens. On s'efforce en général de l'expliquer en y attachant une vague idée de profit à tirer de la souffrance en elle-même. On dit qu'il est bon de souffrir, et que quand Dieu aime particulièrement une de ses créatures, il lui envoie de grandes douleurs afin qu'elle développe plus rapidement de grandes vertus. Il est évident que le courage et l'endurance peuvent se développer par la souffrance, comme nous l'avons déjà montré ; mais il n'est pas vrai que Dieu agisse capricieusement en ces matières, imposant ces souffrances aux uns et pas aux autres, par une sorte de favoritisme. Aucune souffrance ne peut nous atteindre si ce n'est celle que nous nous sommes attirée ; mais il y a cependant dans cette singulière maxime, une vérité cachée que je veux essayer de vous expliquer.

Ceux qui ont étudié les Écritures orientales se rappellent que la loi de cause et d'effet y est appelée Karma. Ce mot sanscrit est un substantif verbal qui signifie littéralement agir ; mais, dans la philosophie orientale, il a trois sens différents qu'il importe de bien comprendre si l'on veut se faire une idée nette des enseignements de l'Orient.

1° Il signifie tout simplement l'action ;
2° Il veut dire le résultat de l'action, sa réaction inévitable et fatale sur son auteur, réaction qui se produit tôt ou tard ;
3° Il désigne enfin la loi naturelle qui préside à cette réaction, la loi de cause et d'effet, ou le rétablissement de l'équilibre qui se produit dans les mondes mental et moral tout comme en mécanique.

On nous dit qu'il y a trois sortes de Karma :
1° Le *Samchita* ou Karma accumulé c'est-à-dire la masse de Karma qui est encore à liquider, le bilan total du doit et avoir de nos existences passées.
2° Le Prarabdha ou Karma commençant : c'est la quantité de Karma de l'homme au début de chaque existence, et qui constitue pour ainsi dire sa destinée.
3° Le *Kryamanâ Karma*, celui que nous générons pour l'avenir par les actes de notre vie actuelle.

Cette classification orientale nous aidera dans nos efforts pour comprendre le sujet. La première sorte de Karma est évidemment le résultat de toutes les pensées, de toutes les actions passées, bonnes ou mauvaises, qui attendent autour de nous l'occasion de se manifester. C'est la destinée que l'homme s'est imposée et qui a déterminé sa vie et son entourage actuels, d'après ses vies et ses actions passées. En ce sens, ce Karma peut être considéré comme une dette à payer ; mais c'est une dette beaucoup trop considérable pour qu'elle puisse être acquittée en une seule vie, car dans nos existences antérieures il est certain que nous avons dû faire, somme toute, beaucoup plus de mal que de bien. Notre évolution a présenté une période de sauvagerie, durant laquelle nous avons nécessairement été ignorants, et avons dû commettre des actes empreints de violence et d'égoïsme qui ont certainement produit des résultats très fâcheux.

C'est là ce qui rend nécessaire la disposition indiquée par la seconde espèce de Karma. La dette étant beaucoup trop lourde pour être liquidée en une seule fois, une certaine fraction en est répartie sur chacune de nos vies, fraction raisonnable, équilibrant assez bien le bon et le mauvais, de façon à ce que nous ne soyons pas écrasés sous un poids trop lourd, mais que nous puissions, tout en luttant, avancer dans la vie, et nous élever constamment d'un stade inférieur à un stade supérieur. N'oublions jamais en effet que le but du plan tout entier étant l'évolution de l'homme, toutes les combinaisons sont faites pour favoriser cette évolution.

Nul n'a jamais plus d'épreuves qu'il n'en peut supporter, bien que nous puissions parfois être tentés de le croire ; car s'il en était autrement, l'évolution se retournerait contre elle-même, ce qu'on ne saurait imaginer.

ÉQUILIBRE DU BIEN ET DU MAL

Puisque l'homme paie sans interruption une fraction plus ou moins grande de sa dette passée, il arrive un temps où la majeure partie de ses souffrances est subie et où il approche du moment où les bons et les mauvais résultats de ses vies passées vont s'équilibrer. La majorité des hommes n'a pas encore atteint ce point; cependant quelques-uns en sont plus proches que nous ne le pensons, bien que la vie de la moyenne de l'humanité soit encore loin d'être parfaitement pure, parfaitement noble et désintéressée. Cela paraîtra sans doute étrange à beaucoup d'entre vous; mais il nous faut ici tenir compte d'un fait qui, heureusement pour nous, tient une place importante dans notre évolution, à savoir que, toutes choses étant égales d'ailleurs, le bien est toujours une force plus puissante que le mal, et une énergie comparativement faible, dirigée vers le bien, contrebalance souvent une énergie beaucoup plus forte tournée vers les bas-fonds de l'égoïsme et du mal. La raison en est évidente à ceux qui comprennent la physique des plans supérieurs. Tout ce qui appartient au bien, tout ce qui est pur, noble, élevé, s'exprime au moyen de vibrations supérieures et plus rapides. Prenons par exemple le corps astral de l'homme, véhicule de ses passions et de ses émotions. Ce corps astral est une chose complexe, car il est construit de beaucoup d'espèces différentes de matière astrale. Si un homme n'a que des émotions des désirs élevés, désintéressés, il fait vibrer surtout la matière subtile de son corps astral. Si au contraire ses aspirations, ses émotions et ses passions sont grossières et égoïstes, elles s'expriment à peu près toutes au moyen des parties inférieures, plus grossières et plus denses de ce véhicule astral.

Notons la conséquence de tout cela. Supposons qu'un homme ait autant de désirs bons que de désirs mauvais; les bons seront de beaucoup les plus puissants, parce qu'ils s'expriment dans cette matière subtile dont les vibrations sont beaucoup plus rapides, où la force est plus pénétrante et a des effets plus durables, parce que la matière qu'elle traverse est beaucoup moins grossière. La vie de l'homme ordinaire renferme beaucoup d'éléments grossiers et égoïstes que nous ne saurions approuver. Et cependant je crois qu'il y a en elle de bonnes choses, des sentiments vraiment nobles et sincères, et, si faibles qu'ils soient, ces sentiments mettent en activité, sur les plans supérieurs, une force si considérable, qu'elle suffit à contrebalancer amplement la grossièreté et l'égoïsme ; de sorte qu'une telle vie n'est pas, comme on pourrait le croire, une régression, mais amène au contraire un certain progrès. La vie ordinaire de l'homme ordinaire, de celui qui n'a rien

de spirituel mais qui présente quelques bons côtés, le conduira presque sûrement un peu plus loin qu'il n'était auparavant ; de sorte que chaque existence nouvelle amène un progrès, même pour l'homme relativement peu développé au point de vue spirituel. Il s'ensuit donc que, du jour où l'homme commence véritablement à se développer, et à entretenir de fortes pensées profondément spirituelles, le bien l'emporte considérablement sur le mal, et il commence à faire de rapides progrès.

Une véritable compréhension de ces choses change, pour nous tous, l'aspect de la vie. Nous ne pouvons plus désespérer du monde et de son évolution, une fois que nous comprenons comment cette évolution s'opère. Nous y voyons agir une force colossale, nous comprenons que la loi divine qui nous pousse constamment vers le bien est irrésistible, et ce n'est pas seulement par le raisonnement que nous arrivons à cette conclusion, mais en constatant que, même aujourd'hui où l'homme est encore si peu développé spirituellement, un progrès continu, quoique très lent, est nettement visible. Il est clair que lorsque les hommes commenceront à comprendre ces choses, ce progrès lent se transformera bien vite et facilement en un avancement rapide, que l'humanité sera emportée par un courant irrésistible vers une haute spiritualité et qu'elle dépassera bien vite les niveaux intellectuels que nous considérons aujourd'hui comme très élevés. Quand nous comprendrons tout cela, nous verrons aussitôt qu'afin de coopérer à ce progrès rapide, il nous faut éliminer le plus tôt possible tout ce qui reste de mauvais en nous, et qui est le fruit de nos actions antérieures. Si nous avons une dette à payer comme résultat de nos mauvaises actions passées, plus tôt nous la paierons, plus tôt nous serons libres de progresser rapidement et de nous consacrer à aider les autres.

Explication du texte

Maintenant nous serons peut-être à même de comprendre l'explication du texte bizarre que nous citions tout à l'heure. Supposons une personne assez avancée pour qu'il ne lui reste plus, de son mauvais Karma, que ce qu'elle en pourrait épuiser dans cette vie et dans la suivante. La meilleure chose qui puisse lui arriver sera évidemment de subir en cette vie le reste des souffrances et des maux qui devaient appartenir à l'existence suivante, de façon à ce que, les ayant traversés, elle soit prête à débuter dans l'existence suivante, sans être entravée par un entourage et des conditions défavorables. Il arrive parfois qu'un homme d'un haut développement spirituel, menant une vie pure et désintéressée se voit accablé de souffrances qui ne lui paraissent nullement en rapport avec ce qu'il pense avoir mérité, et nullement proportionnées à celles de ses voisins. Lorsqu'il en est ainsi, cet homme peut avec raison se consoler en se disant que, parce qu'il menait une vie plus pure que les autres, parce qu'il avait dépassé ses semblables, les seigneurs du Karma l'ont jugé capable de supporter un Karma plus lourd que celui qui devait lui échoir. En effet, ils lui avaient peut-être assigné à l'origine, la part que tout homme peut acquitter dans une seule vie, sans ployer ni succomber sous l'effort. Le trouvant maintenant au dessus du commun des mortels, plus fort, plus sage, meilleur qu'ils ne s'attendaient à le voir devenir, ils se disent: "Voici un être à la veille de devenir un canal qui pourra transmettre parfaitement la force divine; il ne lui reste plus à payer qu'une faible partie de sa dette; donnons-lui l'occasion de la payer sur-le-champ. Dans sa prochaine existence il aura ainsi l'immense avantage de ne plus être gêné par des circonstances défavorables. Nous pourrons lui fournir les conditions les meilleures pour utiliser de la façon la plus élevée, toutes les forces et toutes les énergies bienfaisantes qu'il est en train de développer dans sa vie actuelle."

Tel est le sens véritable de cette idée que "le Seigneur châtie ceux qu'il aime". Mais cela ne peut arriver qu'à un homme déjà assez développé, qui a définitivement choisi le bien, à un homme qui a fixé ses désirs sur les choses spirituelles et non plus sur les biens de ce monde. Quand une fois nous reconnaissons cette vérité, nos épreuves nous paraissent bien peu de chose. Nous sommes heureux de les supporter, nous les considérons comme des leçons, des occasions, parce que nous comprenons pourquoi elles nous sont envoyées ; et si nous en avons plus que notre part, cela est à notre avantage et non pas contre nous. Voilà encore un exemple du profit que nous retirons immédiatement d'une véritable compréhension du point de vue théosophique.

Suppression de la crainte

Un autre résultat très précieux que nous procure l'étude de la Théosophie, c'est l'absence de toute crainte. Bien des gens se tracassent sans cesse pour une chose ou pour une autre, craignant que ceci ou cela ne leur arrive, que telle ou telle combinaison n'échoue, de sorte qu'ils passent leur vie dans une perpétuelle agitation. Le plus souvent, leurs craintes sont chimériques, car la plupart des choses qu'ils redoutaient n'arrivent pas. Mais il n'en est pas moins vrai que nombre de personnes s'imposent constamment, en agissant ainsi, une souffrance bien inutile. Ce que la majorité des hommes redoute le plus, c'est la mort. On ne se figure pas, je crois, jusqu'à quel point cette crainte est répandue. Pour beaucoup de gens c'est là une épouvante de tous les instants, qu'ils n'arrivent pas à chasser de leur esprit, une épée de Damoclès suspendue sur leur tête et prête à tomber sur eux à tout moment.

Ce sentiment disparaît chez celui qui comprend les enseignements théosophiques. Quand nous avons admis la grande vérité de la Réincarnation, quand nous savons que, bien des fois déjà nous avons dû quitter notre corps physique, nous voyons que la mort n'est pas plus terrible que le sommeil, et que, tout comme le sommeil survient entre deux journées de labeur, pour nous donner le repos et le délassement, entre ces journées de labeur que sont les vies terrestres, la longue nuit astrale et céleste nous donne le repos et le délassement nécessaires pour continuer notre route. Pour le théosophe, mourir c'est simplement quitter pour un temps son vêtement de chair. Il sait que c'est son devoir de conserver cette enveloppe le plus longtemps possible, afin de faire avec elle le plus d'expériences possible ; mais quand vient le moment de la quitter, il le fait avec joie, sachant que la période suivante est beaucoup plus agréable que celle-ci. Il ne craint donc aucunement la mort, tout en sachant qu'il doit vivre jusqu'au terme fixé, parce qu'il est ici-bas pour progresser, et que le progrès est la seule chose importante.

Vous voyez combien cela change notre conception de la vie. Et quand nous la comprenons ainsi, l'essentiel n'est plus de gagner de l'argent, d'obtenir telle ou telle position, la seule chose importante est d'exécuter les intentions divines. C'est pour cela que nous sommes ici-bas, et tout le reste doit lui être subordonné. Il suffit de comprendre les faits pour que toute crainte disparaisse immédiatement.

L'APOTHÉOSE DU BON SENS

La théosophie est avant tout, et par-dessus tout, la doctrine du bon sens. Elle nous présente, dans la mesure où nous pouvons les connaître, les faits qui concernent la Divinité, l'homme, et leurs rapports mutuels; puis elle nous apprend à tenir compte de ces faits, et à nous comporter vis-à-vis d'eux selon la raison et le simple bon sens. C'est tout ce qu'elle exige de l'homme en ce qui concerne la vie. Elle lui suggère de régler cette vie conformément aux lois de l'évolution qu'elle lui a enseignées, rien de plus. Mais c'est déjà beaucoup, car elle offre ainsi à l'homme un point de vue très différent, et une pierre de touche qu'il peut appliquer à tout, à ses pensées, à ses sentiments, et à ses actions d'abord, puis aux choses qui se présentent à lui dans le monde extérieur.

Il aura constamment recours à ce critérium : cette action est-elle bonne ou mauvaise ? Aide-t-elle ou retarde-t-elle l'évolution ? Quand une pensée, un sentiment naissent en lui, l'homme sait, d'après ce critérium, s'il doit les encourager ou non. S'ils peuvent contribuer au plus grand bien du plus grand nombre, il les accueille ; s'ils doivent nuire au progrès d'un être quelconque, ou simplement l'entraver, il les repousse. Le même raisonnement peut s'appliquer également à tout ce qui lui vient du dehors. Il peut en conscience soutenir toutes choses qui, considérées de ce point de vue, lui paraissent bonnes ; quant aux autres, il les éloigne.

Pour l'homme qui voit ainsi la vérité, l'intérêt personnel ne compte plus du tout, car il ne songe plus qu'au bien de l'évolution en général. Il a ainsi un soutien inébranlable, un critérium infaillible qui lui ôte toute indécision, toute hésitation pénible. La volonté de Dieu c'est que l'homme évolue. Par conséquent tout ce qui aide cette évolution doit être bon, tout ce qui l'entrave et la retarde doit être mauvais, quand bien même l'opinion générale et la tradition immémoriale pèseraient en sa faveur. Il est vrai que nous voyons autour de nous de perpétuelles infractions à la loi divine, mais nous savons que cette loi est beaucoup plus puissante que les chétives volontés de ceux qui lui désobéissent par ignorance ; nous savons qu'en travaillant avec la loi, nous travaillons pour l'avenir ; et si, dans le présent éphémère nos efforts ne sont pas appréciés, l'avenir nous rendra justice. Aussi ne nous soucions guère des jugements de ceux qui ne comprennent pas encore, puisque notre connaissance des lois qui nous gouvernent nous permet de travailler dans la bonne direction.

Non seulement cette doctrine nous ôte toute crainte de la mort, mais notre conception de la vie dans son ensemble, en deçà comme au-delà du tombeau, en est transformée, et devient plus claire, plus rationnelle. Nous comprenons que cette vie terrestre n'est qu'une faible portion d'une vie plus vaste, et que, s'il est vrai qu'elle ait son importance spéciale (puisqu'elle représente le temps des semailles, tout comme la vie de l'au-delà représente l'époque de la mission), elle n'en est pas moins très courte, si on la compare à la vie céleste. Il s'ensuit donc que ses peines ne sont que des peines passagères ; ses plus terribles luttes n'ont qu'un temps, tandis que le fruit que nous en tirerons, s'il n'est pas éternel, aura du moins une durée relativement immense.

Ceux qui connaissent l'enseignement théosophique au sujet de la mort, ne se méprennent plus sur le sens de cette expression conventionnelle : "la vie terrestre". J'ai expliqué dans *The other side of Death*, que les morts ne sont nullement partis par delà les étoiles, mais qu'ils nous entourent constamment. De sorte que quand nous parlons de la vie terrestre, nous nous servons d'un terme de convention qui veut dire tout simplement la vie dans le corps physique ; car nous sommes aussi bien dans le voisinage, dans l'atmosphère de la terre après la mort. La seule différence est que nous n'y sommes pas cachai-nés, que nous ne sommes pas liés à la terre par nos pensées, nos sentiments, nos aspirations. Nous avons rejeté le corps physique ; nous pouvons par conséquent, nous élever vers des régions plus élevées et plus subtiles ; c'est dans ce sens qu'on peut dire symboliquement que nous nous sommes éloignés de la terre, alors même qu'en réalité nous n'avons fait aucun mouvement dans l'espace.

La conception orthodoxe ordinaire de la vie *post mortem* n'est pas très rationnelle, tandis que, d'après l'enseignement théosophique, nous voyons une ascension suivie et graduelle de l'homme. Celui-ci résolue d'abord dans son corps physique, puis dans son corps astral, enfin dans son corps mental pour arriver ensuite à l'Égo, le moi véritable. Cette théorie a du moins le mérite d'être rationnelle, car elle suppose que les mêmes lois gouvernent ce qui est en haut et ce qui est en bas; or cela est évidemment plus logique que d'imaginer un passage soudain d'un monde connu, régi par des lois que nous comprenons dans une certaine mesure, à un autre monde où rien de nous est familier, et dans lequel ne semble agir aucune des lois que nous nommons ici-bas les lois de la natures La théosophie apporte un évangile plus élevé, prêche une doctrine plus sainte; avec elle, la nature forme un seul tout grandiose, aussi bien sur les plans spirituels plus élevés, que sur le plan physique inférieur; la Volonté divine s'exprime toujours au moyen d'une même loi inflexible, juste, noble, et partout secourable, après comme avant la mort.

Plus d'anxiété au sujet de la religion

Notre enseignement théosophique nous permet encore d'atteindre un autre résultat : la fin de toutes nos craintes, de tous nos tourments d'origine religieuse. On pensera peut-être que la majorité des hommes n'est guère accessible à cette anxiété, et cependant, quand on arrive à connaître quelque peu la vie intérieure des personnes vraiment pieuses, on voit que la tristesse et le trouble y occupent une grande place. Beaucoup d'hommes les plus nobles et les meilleurs s'inquiètent sans cesse, s'étudient d'une façon morbide, craignant constamment de n'être pas, à la fin, parmi les élus, craignant de ne pas remplir toutes les conditions requises par leur religion, sans qu'ils sachent exactement pourquoi.

Tous ces sentiments disparaissent quand nous comprenons que la volonté divine veut que nous atteignions la plus haute évolution, que tout ce qui nous arrive, tout ce qui se trouve sur notre route a pour but de nous aider dans cette voie, et que nous seuls pouvons retarder notre avancement. Combien l'aspect de la vie change pour nous lorsque nous savons que tout cela est un fait ! Nous cessons absolument de craindre pour nous-mêmes ; nous continuons notre route, accomplissant le mieux possible les devoirs qui se présentent, surs que si nous agissons ainsi, tout ira bien, sans que nous ayons besoin de nous examiner constamment, ni de nous inquiéter le moins du monde.

Il est vrai que le sage proverbe grec nous dit : "Connais-toi toi-même !" Il est vrai qu'il faut se connaître, savoir quels sont ses points faibles, mais il nous faut agir avec raison et bon sens, et, comme nous l'avons déjà dit, ne pas faire comme ces petits enfants qui, en plantant un jardin, arrachent sans cesse leurs plantes pour voir de combien elles ont grandi. C'est précisément ce que font beaucoup de braves gens. Ils sont constamment occupés à se regarder croître, au lieu de se contenter de faire leur devoir, d'essayer d'aider leurs semblables à avancer, et de songer que la puissance divine les pousse en avant d'une façon lente mais continue, et fait pour eux tout ce qu'il est possible de faire, quand eux-mêmes se tournent constamment dans la bonne direction et font véritablement de leur mieux.

Une autre question est celle qui se rattache au sort des êtres aimés que la mort a dérobés à notre vue. Que de gens ont enduré de terribles et inutiles souffrances pour s'être demandé avec anxiété ce que devenaient leurs parents, leurs enfants, tous ceux qu'ils aimaient, ne sachant pas au juste ce qu'on peut exiger, quelles obscures conditions doivent être remplies pour obtenir ce salut fuyant, et être bien sûr de le posséder. Beaucoup de chrétiens pensent que celui qui se croit ou se sent sauvé, l'est réellement. C'est pour ainsi dire le salut par suggestion ; l'homme qui se croit ou qui se sent sauvé, le sera ; idée singulière en vérité !

Certitude de l'évolution

Grâce à la théosophie nous sommes exempts pour nous-mêmes, et ce qui est plus important encore, pour ceux que nous aimons, de toute cette anxiété au sujet du salut. Nous savons que l'ignorance et l'erreur sont les seules choses dont il faille être sauvé, qu'il n'y a pas de courroux divin (l'expression même est impie), auquel il faille essayer d'échapper. Le monde n'est pas gouverné par quelque démon omnipotent, épiant sans cesse l'occasion de s'emparer de ses pauvres créatures, pour les précipiter dans des tourments éternels, parce qu'elles ont désobéi à des lois auxquelles, dans leurs conditions actuelles et à leur degré d'évolution, elles sont pratiquement incapables d'obéir. Nous comprenons que tout cela n'est qu'une fable enfantine, une fable perverse et blasphématoire ; nous savons qu'au contraire, le monde est gouverné par un Pouvoir auguste et bienfaisant, qui veut l'évolution de l'homme, qui l'entraîne sans cesse en avant vers les sommets qu'il lui faudra franchir tôt ou tard, le plus tôt sera le mieux puisque telle est la volonté divine. Qu'est donc notre faible vouloir pour qu'il puisse jamais prévaloir contre elle ?

Il nous faut donc évoluer, et nous améliorer sans cesse. La seule question qui se pose est de savoir si nous nous associerons de plein gré au plan divin, et ai nous travaillerons avec la Bonne Loi qui nous a placés ici-bas. Si nous le faisons, non seulement le progrès nous sera facile, mais nous aiderons puissamment nos semblables à gravir le même sentier, concourant ainsi à l'évolution au lieu de l'entraver.

Par contre, si nous entreprenons une lutte vaine et stérile contre cette divine volonté, nous n'en serons pas moins entraînés, mais au prix de bien des souffrances, et loin d'aider nos compagnons de route, nous entraverons le progrès de ceux qui auront le malheur de tomber sous notre influence mauvaise. Le méchant devra, tout comme le bon, passer du stade humain actuel à un stade que abus ne pouvons encore concevoir. Il rend seulement sa route plus pénible ; sa volonté, qu'il oppose à la volonté divine, devra être brisée, maintes et maintes fois, avant qu'il comprenne la nécessité de coopérer à la grande œuvre dont l'homme bénéficie.

Il ne s'agit donc pas de salut ; il s'agit seulement d'expliquer à l'homme le plan divin, de l'amener à le comprendre, pour qu'il se mette intelligemment à l'œuvre, et qu'il travaille avec la force divine et non contre elle. On comprend aisément combien une telle conception doit modifier la vie journalière.

Beaucoup d'hommes, et des meilleurs, se sentent accablés par le sentiment des souffrances et des chagrins du monde. Voyant tant de perversité parmi les hommes qui luttent et combattent en tous sens contre le bien et la vérité, ils craignent qu'il n'y ait aucun moyen d'améliorer le monde, et désespèrent presque du Pouvoir divin. Peut-être est-ce ce sentiment qui donna naissance à cet affreux blasphème que le Christ, Sauveur de l'humanité, ne réussit à sauver qu'une poignée d'âmes, et, en confessant sa défaite, se voit contraint d'en abandonner neuf cent quatre-vingt-dix-neuf sur mille à son soi-disant ennemi ! C'est la une idée singulière et indigne, mais les gens ne s'en rendent pas compte ; certains se réjouissent même à la pensée que seul un petit nombre sera sauvé, pourvu bien entendu qu'ils soient de ce nombre.

La vérité est toujours plus haute que la conception que l'homme s'en forme ; nous avons raison de dire que le Christ en nous est le Sauveur de tous, mais il l'est de tous absolument et non de quelques-uns. Ce n'est pas la doctrine du salut fortuit, ou partiel, ni même de "l'éternelle espérance", comme l'a écrit le chanoine Farrar, mais bien celle de la certitude éternelle.

Nous savons que tous les hommes, au dernier jour, auront leur place auprès du Très-Haut, tous sans exception, parce que telle est sa volonté. Or, cela chasse aussitôt de notre horizon l'incertitude qui accompagne la religion. Nous théosophes, n'espérons plus en un salut possible, mais nous savons que chacun aura sa part du progrès et du bonheur éternel, que le progrès est une nécessité, qu'il constitue l'immuable loi de l'univers, et qu'en agissant le mieux possible, dans les conditions où nous sommes placés, nous concourons ait peu que ce soit, à ce progrès éternel de l'humanité dans son ensemble. Tous ceux d'entre nous qui saisissent bien cela sont beaucoup plus heureux et plus satisfaits que ceux qui tâtonnent encore dans cette condition ordinaire d'incertitude que l'on peut qualifier d'irréligieuse.

Nous voyons clairement notre vie. Comme les autres hommes, nous partageons la fragilité humaine; nous ne nous élevons pas toujours à la hauteur de nos connaissances; nous tombons sur la route, nous nous trompons souvent comme les autres. Mais un avantage au moins nous reste, c'est de savoir ce que nous devons faire. Nous voyons clair devant nous, et nous ne succombons pas au désespoir s'il nous arrive, comme aux autres, de nous égarer.

Quand l'homme s'est proposé un but, lui arrivât-il mille fois de tomber sur la route, il serait pour lui non seulement inutile, mais aussi déraisonnable et coupable de désespérer; car chacun doit toujours avancer du point où il se trouve, et c'est en vain qu'il tenterait d'occuper la place d'un autre. S'il tombe encore, il se relève et se remet en route. Peu importe le nombre de ses chutes, il doit se relever et repartir à nouveau, parce qu'il faut absolument qu'il parcoure cette route du progrès. Ainsi il est inutile de s'asseoir en disant: "Je ne peux pas." Il faudra que nous fassions la route un jour ou l'autre; par conséquent, plus tôt nous commencerons, mieux cela vaudra; d'abord parce que l'effort nous sera beaucoup plus facile maintenant que si nous le remettons à plus tard, puis, surtout, parce qu'en essayant dès maintenant, si nous réussissons à faire quelques progrès, si nous nous élevons à un niveau supérieur, nous serons en mesure de tendre une main secourable à ceux qui n'ont pas atteint le même barreau de l'échelle que nous. C'est ainsi que nous prendrons part à l'œuvre divine de l'évolution, chacun de nous, parce que chacun a sa position et ses occasions d'agir. Peu importe l'infériorité de notre position actuelle, nous trouverions toujours quelqu'un au-dessous de nous, quelqu'un à qui nous pourrons tendre une main secourable, quelqu'un à qui nous pourrons être utile. Ces considérations multiples montrent bien l'avantage que nous trouverons à envisager la vie du point de vue théosophique.

Il arrive aussi qu'un homme se voit en proie à une pensée persistante, qui lui revient sans cesse à l'esprit. La théosophie lui apprend que cette répétition construit autour de lui une forme-pensée qui réagira constamment sur lui, tendant à provoquer dans son corps mental des vibrations analogues, et ainsi à se représenter sans cesse à lui, à s'intensifier, et à lui devenir tellement habituelle qu'il ne pourra plus l'écarter ni s'en débarrasser par la suite. Cet homme comprendra donc l'immense avantage du contrôle de la pensée ; il ne cherchera à s'entourer que de formes-pensées d'un caractère élevé, qui l'aideront à progresser, rejetant les mauvaises pensées qui entraveraient son progrès ou le feraient retourner en arrière. Il s'ensuit qu'à ses yeux, plus rien n'est insignifiant. Il apprend à être exact et soigneux dans les petites choses comme dans les grandes. L'homme du monde peut se permettre de négliger les choses qu'il juge peu importantes, en se disant : "Ce travail est mal fait, mais peu importe, cela peut aller, nous nous en contenterons." Mais l'étudiant en occultisme comprend qu'il ne peut adopter cette façon de voir ; quoi qu'il fasse, il doit l'accomplir consciencieusement, selon l'expression des chrétiens, "comme pour le Seigneur et non pour les hommes". En effet, il ne travaille pas pour que les autres voient son œuvre, mais pour que cette œuvre soit parfaite, ou aussi prêt que possible de la perfection. Il ne doit pas se permettre de négliger les petits détails de la vie ; s'il s'en occupe il faut que ce soit avec exactitude, avec soin, avec attention. Nous voyons ainsi que sa vie entière est influencée par ses connaissances théosophiques.

Notre attitude envers l'Humanité

Considérons maintenant l'attitude que le théosophe sera contraint d'adopter envers les autres hommes. Il sait que tous sont un, en réalité ; que sur le plan supérieur où l'espace, le temps et la forme, tels que nous les connaissons ici-bas, n'existent pas, il règne une réelle fraternité spirituelle, il y a même plus qu'une fraternité, il y a Unité. En sorte que tous étant un, sur ces plans supérieurs de la spiritualité, nous sommes véritablement tous frères ici-bas, si peu qu'il y paraisse, si difficile qu'il soit de le croire, en voyant les guerres de races, les haines qui divisent les religions, les luttes acharnées entre les diverses conditions sociales, les basses rivalités, les agissements malhonnêtes qui trop souvent remplacent la loyauté en affaires. Celui qui a réalisé cette Unité spirituelle des plans supérieurs sait que, dans ce monde aussi, l'intérêt véritable d'un seul ne peut être opposé à l'intérêt de tous, qu'aucun profit réel n'est acquis par un seul homme, si celui-ci n'a en vue le bien de l'humanité entière, et que le progrès d'un seul allège toujours un peu le fardeau des autres. L'avancement spirituel d'un seul amène un progrès léger, mais cependant sensible, pour toute la race, et l'homme qui souffre noblement dans sa lutte pour atteindre la lumière, soulève un peu aussi le fardeau de douleur et de misère qui pèse sur ses frères.

Lorsque l'homme reconnaîtra cette fraternité comme un fait, non pas comme un simple espoir cher aux désespérés, mais comme un fait positif, dérivant scientifiquement d'une série d'autres faits, il changera complètement d'attitude envers ceux qui l'entourent : il leur prodiguera sans cesse sa sympathie et son assistance, comprenant que rien de ce qui est nuisible à leur intérêt supérieur ne peut profiter au sien, et ne doit être entrepris par lui. Tout cela contribuera à élargir ses idées, et les problèmes de la vie lui sembleront moins compliqués, et beaucoup plus clairs, beaucoup moins insolubles qu'à l'homme ordinaire.

Son attitude vis-à-vis de ses semblables sera donc une attitude de large tolérance et de charité. De tolérance, parce que sa philosophie lui montre que ce qu'un homme croit n'importe guère, du moment que cet homme est vertueux et sincère. De charité, parce que sa connaissance plus étendue lui permet de faire la part de choses que l'homme ordinaire ne comprend pas. Son idéal est beaucoup plus élevé que celui de l'homme moins instruit, mais il est cependant beaucoup plus indulgent pour le pécheur, parce qu'il comprend mieux la nature humaine. Il comprend quel aspect le péché avait aux yeux du pécheur qui l'a commis, aussi est-il plus indulgent que celui qui ignore ces choses.

Il va même plus loin que la tolérance, la charité, la sympathie ; il a pour l'humanité un véritable amour, ce qui fait qu'il est toujours en éveil pour aider ses frères. L'enfant qui aime tendrement sa mère épie constamment l'occasion de lui rendre quelque léger service, de lui faire un plaisir ou de lui épargner une peine. Telle est aussi l'attitude qu'adopte l'occultiste vis-à-vis de ses compagnons d'évolution ; Il comprend que tout contact avec eux lui fournit une occasion de leur venir en aide. S'il contracte une amitié nouvelle, si un enfant naît au sein de sa famille ou qu'un nouveau domestique s'ajoute à sa maison, il cherche aussitôt ce qu'il pourrait faire pour eux, et comment il pourrait exercer dans leur vie une influence utile. La théosophie a tellement étendu ses connaissances qu'il y a peu de cas où son aide et ses avis ne soient profitables. Non qu'il soit sage d'imposer à tout propos ses opinions aux autres. C'est là un précédé mesquin et peu politique, et c'est cependant une des erreurs les plus communes que commettent les ignorants.

Si un homme ordinaire a une opinion bien arrêtée, soit sur des sujets religieux, politiques ou sociaux, soit sur un des nombreux sujets généralement discutés dans le monde, il s'efforce perpétuellement de l'imposer aux autres qu'il veut absolument amener à penser comme lui. Le théosophe sait bien que c'est là un gaspillage d'énergie ; il se refuse donc à discuter. Si quelqu'un désire obtenir de lui des explications ou des conseils, il est tout disposé à les donner ; mais il ne désire nullement convertir les autres à sa propre manière de voir. Il y a bien des cas où il ne peut rien dire de façon profitable, mais sa vie du moins témoignera en faveur de ses croyances, ce qui est bien la meilleure manière de rendre témoignage à la vérité théosophique. Car alors les hommes se disent : "Voilà un être qui reste calme, serein, au milieu de toutes les épreuves, qui est toujours prêt à aider, qui ne pense jamais à lui mais toujours aux autres. Quelle peut donc être la croyance qui lui fait adopter cette ligne de conduite ? Assurément elle est digne d'examen, de considération." Ainsi, par l'exemple d'une vie élevée, nous pouvons conduire les autres vers le port paisible et sûr que nous avons déjà atteint nous-mêmes.

Même ceux qu'un tel homme rencontre par hasard ne sont pas dédaignés. Comme je l'ai déjà dit dans une conférence précédente, même dans un wagon de chemin de fer ou dans un omnibus, il peut trouver des occasions de faire du bien. Il peut voir un homme ennuyé ou triste, et peut lui envoyer des pensées secourables et encourageantes, et il s'apercevra peut-être que sous son influence, la tristesse de son voisin se dissipe. Il est vrai que le résultat n'est pas toujours immédiatement visible, mais la pensée secourable a fait son œuvre, et il ne faut pas oublier que cette œuvre est parfois beaucoup plus considérable que nous ne pensons. Ce malheureux étranger était peut-être désespéré, et il a peut-être suffi de cette pensée consolante pour le sauver de la folie ou du suicide.

Combien la vie changerait à nos yeux si nous l'envisagions sous ce jour, et si nous cherchions sans cesse l'occasion d'être utiles, ne nous demandant pas : "Que puis-je gagner ?" mais : "Quel bien puis-je faire ?" L'existence ainsi comprise est beaucoup plus intéressante, infiniment plus pleine et plus large que celle de l'infortuné constamment enfermé dans ses idées étroites de perte et de gain personnels, resserré dans l'horizon restreint de ses peines et de ses soucis mesquins.

Le contrôle de la pensée

Passons encore à un autre point. L'occultiste, dans ses rapports avec ses semblables, a toujours présent à l'esprit ce contrôle de la pensée dont j'ai déjà parlé. Il sait que chaque pensée à laquelle il donne naissance, non seulement influe sur lui, mais influe également sur un grand nombre d'êtres ; que les vibrations générées dans son propre corps mental, se reproduisent dans le corps mental des autres hommes, et que lui-même devient ainsi une source de santé ou de maladie mentale pour tous ceux qui l'approchent. Examinons donc la condition de l'homme qui est une source de mauvaises pensées. Prenons un cas très simple supposons un homme émettant sans cesse des pensées basses et sensuelles. Cet homme sait bien qu'il ne peut pas exprimer tout haut ces pensées grossières, qu'il ne doit laisser voir ni à ses amis, ni aux hommes en général, ses sentiments intérieurs. Mais ce qu'il ne comprend pas, c'est que sa pensée est elle-même un foyer de contagion morale qu'il promène de par le monde. Il commet en somme le même crime que celui qui, atteint d'une maladie contagieuse, la dissimulerait et continuerait à se mêler aux hommes, propageant ainsi les germes infectieux de tous côtés. Cela constituerait un délit, nous le savons tous, et l'auteur de ce délit, s'il était découvert, serait sévèrement puni par nos lois. L'homme qui sème le poison et la contagion morale est plus coupable encore, parce que ce genre de mal est plus insidieux, que ses ravages sont plus étendus et plus difficiles à faire disparaître que ceux d'une maladie physique.

Cette pensée doit surtout rester présente à l'esprit de ceux que leur destinée met en rapport avec les enfants. Parents, éducateurs et tuteurs ont, pour devoir le plus strict, de veiller, non seulement sur leurs paroles et sur leurs actes, mais aussi sur leurs pensées. Nous réprouverions tous l'homme qui se laisserait aller à des paroles de colère, à des actes de violence devant un enfant, car l'enfance doit imposer la retenue. Mais ce à quoi nous ne prenons pas garde, c'est que nos pensées ont un pouvoir non moins grand sur les enfants, parce que les jeunes corps extrêmement plastiques subissent facilement toutes les empreintes. Un acrobate peut faire faire à l'enfant dont les membres sont encore souples toutes sortes de tours, que les grandes personnes ne pourraient exécuter, même en s'y exerçant longtemps. Cette souplesse, cette plasticité qui caractérisent le corps physique de l'enfant, existent aussi dans son corps astral (siège des passions, des émotions et des sentiments), et dans son corps mental (siège de la pensée). Et lorsqu'un flot de colère ou de sensualité envahit une personne adulte, grande en est la réaction dans le corps astral si plastique des enfants qui ont le malheur d'être près d'elle. Ces vibrations excitent en ces enfants des vibrations analogues qui les prédisposent à la colère, à la sensualité ou à tout autre défaut. Ces passions-là ne s'éveilleront peut-être pas immédiatement en eux, mais elles produisent une vibration correspondante dans le véhicule astral des enfants de façon que, lorsque la même cause agira à nouveau, la vibration se reproduira plus facilement.

De la même manière l'homme dont les pensées sont ambitieuses, égoïstes ou mondaines est aussi une source de mauvaise influence, et s'il a des enfants près de lui, le corps mental de ces enfants est certainement impressionné, et s'imprègne de ces sentiments, de même que l'éponge s'imbibe d'eau. S'ils sont trop jeunes encore pour reproduire ces sentiments, la semence répandue portera son fruit en temps voulu. Il en est heureusement de même pour les bonnes pensées. Les personnes qui entourent les enfants d'une atmosphère d'amour, développent chez eux ce sentiment. Le père de famille dont les pensées sont nobles et altruistes, qui prend soin qu'aucune pensée égoïste ou impure n'approche son enfant, fait tout ce qu'il dépend de lui pour faire naître dans l'esprit de cet enfant des pensées nobles et élevées, aussitôt que son mental sera capable de vibrer en réponse à de telles pensées.

C'est un spectacle bien douloureux pour le clairvoyant qui a vu ces belles âmes d'enfants, si blanches encore, ces auras si pures, de les retrouver après quelques années, souillées, obscurcies et ternies par les pensées égoïstes, impures et profanes des adultes qui les entourent. Seul le clairvoyant sait avec quelle rapidité, et dans quelle énorme proportion les caractères d'enfants s'amélioreraient si les adultes valaient mieux.

Nous touchons là à un sujet bien important, que j'ai déjà traité ailleurs : celui de nos relations avec les enfants, de nos devoirs envers eux, et de la façon dont nous réagissons sur eux, que nous le voulions ou non. Mais cela sort de notre sujet actuel. Remarquons cependant, une fois de plus, le changement fondamental que l'enseignement théosophique apporte chez l'homme, combien il comprend ses responsabilités, combien il doit s'observer dans ses sentiments, dans ses pensées les plus intimes, non seulement dans son propre intérêt, mais dans celui de ses semblables.

Cette idée d'assistance se retrouve dans toutes les relations de la vie. Autour de nous c'était le vaste règne animal, dont les individus entrent souvent en rapports étroits avec nous. Pourquoi ces rapports ? Pour nous donner l'occasion de leur faire du bien. Car rappelons-nous que les animaux sont aussi nos frères, bien que des frères beaucoup plus jeunes : la même vie divine les anime, provenant il est vrai d'une vague plus récente que la nôtre, d'une émanation moins développée, mais ils n'en sont pas moins des frères, envers lesquels nous sommes tenus au devoir fraternel, et nous devons penser et agir de façon à ce que ces rapports engendrent toujours pour eux du bien et non du mal.

Je ne sais pourquoi le cheval et d'autres animaux ne travailleraient pas pour l'homme, puisque ce travail éveille en eux l'intelligence et le dévouement ; mais on ne doit jamais les soumettre à aucun mauvais traitement, à aucun surmenage, à rien qui puisse retarder leur évolution qu'il est de notre devoir de favoriser. Nous pouvons demander à l'animal de travailler, et même de bien travailler, mais nous devons toujours le traiter avec douceur, l'aider à développer son intelligence, son amour, et son dévouement pour son maître

Nombreux sont les cas où l'homme a abusé de sa supériorité dans ses rapports avec le règne animal qu'il a dominé, non par l'amour, mais par la crainte.

Il a martyrisé nombre de créatures qui le servaient, il leur a fait contracter des habitudes funestes afin de satisfaire ses propres passions, ses instincts cruels. C'est ainsi que par lui, le chien, ce noble animal, est descendu à un niveau inférieur à celui de son ancêtre le loup qu'il avait dépassé. Il l'a dressé à la chasse, non pour apaiser sa faim, mais pour le seul plaisir de tuer, ce que ne fait jamais l'animal à l'état sauvage. Par-là, l'homme a créé chez le chien, un instinct de destruction qui, pour disparaître, nécessitera de longs âges et de grandes souffrances. Il ne faut jamais développer chez l'animal la cruauté, la peur et la haine, mais au contraire l'intelligence, l'amour et le dévouement. Partout et vis-à-vis de toutes les formes vivantes, notre devoir est d'aider, d'essayer de hâter la venue de l'âge d'or, où tous les êtres se comprendront et coopèreront à l'œuvre glorieuse de l'avenir.

En résumé, il faut considérer toutes choses sous l'aspect le plus élevé. Lorsque surgit en nous une lutte, "la loi des membres s'élevant contre la loi de l'esprit", comme le dit saint Paul, rappelons-nous que nous sommes ce qu'il y a de meilleur en nous ; et ce qui est inférieur n'est pas le vrai moi, mais simplement une partie indisciplinée de l'un de ses véhicules. Il faut nous identifier, non pas avec ce qui est inférieur, mais avec ce qui est supérieur, nous ranger de son côté, comprenant que c'est l'âme qui est l'homme véritable, au lien d'adopter l'attitude à rebours que nous manifestons dans une locution usuelle, en disant : "mon âme", comme si l'âme appartenait au corps et que celui-ci fût nous-mêmes. Les Indous sont bien plus près de la vérité, en disant : "Mon corps a faim, mon corps est fatigué." Cette formule, si étrange qu'elle nous paraisse, exprime la vérité, tandis que la nôtre est erronée. Tout cela nous montre que nous nous sommes aujourd'hui beaucoup éloignés de la connaissance véritable, puisque nous parlons de l'âme comme d'une possession du corps, alors que le corps n'est qu'une expression partielle de l'âme, un instrument qu'elle doit gouverner, contrôler, et qui ne doit pas, tel un cheval rétif, emporter son maître

Voilà quelques-unes des différentes manières dont notre croyance théosophique affecte notre vie journalière, et voilà une partie des avantages que nous procure la théosophie. Elle nous apprend que nous pouvons, nous aussi, apporter notre humble collaboration à la grande loi de l'évolution, qui

est l'expression de la Volonté de la Vie, de l'Existence divines, que chacun de nous peut servir de canal à sa puissance, que tous, sans exception, nous pouvons contribuer au grand œuvre qui est devant nous. Nous apprenons ainsi à rechercher sans cesse les occasions d'aider, à être toujours prêts à rendre même service, même aux gens auxquels nous pensions le moins et dans les occasions les plus inattendues ; car nous comprenons qu'en contribuant à cette œuvre grandiose, nous devenons les collaborateurs de Dieu, nous nous associons aux desseins du Logos, ce qui est pour nous l'honneur suprême, le plus grand privilège qui puisse échoir en partage à l'homme.

CHAPITRE XIV

L'ÉVANGILE DE LA SAGESSE

On a coutume de rattacher le mot évangile à une seule profession de foi, à un récit spécial, d'un intérêt toujours aussi puissant ; son emploi dans l'enseignement théosophique pourra donc vous paraître étrange. Cependant, si vous vous rappelez la signification exacte de ce mot, vous comprendrez qu'il ne doit pas être monopolisé, car, somme toute, le mot évangile signifie simplement "bonne nouvelle".

La théosophie a aussi sa bonne nouvelle à apporter au monde ; non pas la bonne nouvelle du salut, assurément, mais l'annonce meilleure encore que nous n'avons à nous sauver de rien, sinon de notre erreur et de notre ignorance, qu'il n'y a pas de colère divine à éviter, que l'univers entier évolue par une organisation puissante et sublime vers un but tellement élevé qu'il surpasse toute conception humaine. Ce n'est pas là un rêve de poète, une simple envolée de l'imagination, mais bien une certitude qui peut être contrôlée et confirmée, qui peut être examinée scientifiquement par tous ceux qui veulent bien prendre la peine de se préparer à une telle investigation. Voilà une forme de la bonne nouvelle, de l'évangile que la théosophie vous apporte.

Ce mot de théosophie que nous employons veut dire Sagesse divine, et cette sagesse divine nous apporte à tous un évangile, au vrai sens du mot. Ceux d'entre nous qui, depuis de longues années, étudient cette philosophie merveilleuse, savent jusqu'à quel point elle fut pour eux un évangile, car elle a changé toute leur vie. Elle leur a enseigné comment on doit vivre et comment on doit mourir ; elle leur a fait comprendre le système grandiose dont notre humanité ne forme qu'une faible partie. Le monde tout entier a changé pour eux avec cette connaissance nouvelle, cette compréhension plus vaste.

Nous savons tous que le péché, le chagrin, la souffrance existent dans le monde ; ce monde nous apparaît si misérable, si triste, et le mal si universel que beaucoup de ceux dont le cœur est rempli d'amour, de pitié, du désir d'aider, sentent le désespoir naître en eux, lorsque, regardant autour d'eux, ils voient quelle est aujourd'hui la condition du monde. Si nous n'avions pas la clef de toutes ces difficultés, il semblerait en effet que tout est désespéré, qu'il n'y a rien à tenter. Mais dès que nous possédons cette clef, nous commençons à comprendre, et tout nous apparaît sous un aspect nouveau. Les grands Maîtres de sagesse et de compassion, dont le plus cher désir est de servir l'humanité orpheline, nous donnent un véritable évangile, la bonne nouvelle venue des cieux, car ils nous disent : "Élevez-vous au-dessus de tout cela, considérez l'ensemble et alors vous comprendrez. Ne considérez pas d'en bas l'aspect inférieur de la vie, mais élevez-vous jusqu'aux plans de la pensée et de la conscience supérieures, et de là regardez et comprenez. Vous verrez alors qu'il y a vraiment une bonne nouvelle, une bonne nouvelle pour tous."

Avez-vous jamais vu les chutes du Niagara ? Imaginez la position d'un minuscule insecte entraîné, au milieu des fétus et des épaves, par ce torrent écumeux. Voyez les sauts, les bouillonnements de l'eau, et imaginez ce que penserait le pauvre insecte au milieu de tout cela. Pour lui, ce monde de lutte et d'efforts représenterait tout ce qui existe, tout ce qui peut exister, et l'eau avançant et reculant tour à tour, il se sentirait parfois irrésistiblement soulevé et détourné de sa route naturelle, comme s'il remontait le courant. Cependant si, placé sur les bords de cette gorge splendide, vous contempliez d'en haut la merveilleuse chute d'eau, vous verriez qu'un courant majestueux entraîne sans interruption la masse entière dans une même direction, et que, malgré les tourbillons où une partie de l'eau semble pour un temps retourner en arrière, en réalité tourbillons, pailles, insecte, tout est sans interruption emporté en avant par le torrent colossal.

Telles apparaissent les luttes, les chagrins et les soucis de ce monde à l'homme qui élève sa conscience à un niveau supérieur. Il voit que ce que nous appelons le mal s'efforce en apparence de remonter le grand courant du progrès ; mais il constate aussi que l'évolution, dirigée par la loi divine, ressemble à ce torrent irrésistible, et que, en comparaison, tous les petits courants inverses de nos luttes et de nos efforts, sont comme les minuscules tourbillons à la surface du fleuve immense, et que, même lorsqu'ils semblent retourner en arrière, ils sont en réalité emportés en avant sans interruption. Mais pour voir cela, il nous faut la vue supérieure, il faut nous élever au-dessus du tourbillon du monde inférieur, et dépasser l'ignorance du mental toujours agité. Pour y parvenir, la sagesse qui procède du Divin nous est nécessaire : c'est pourquoi c'est la divine Sagesse de la Théosophie qui nous annonce la bonne nouvelle que tout est pour le mieux ; que non seulement tout ira bien dans un avenir très éloigné, mais que, même actuellement, au milieu de toutes les luttes, le courant puissant nous emporte, et qu'ainsi tout est bien, car tout progresse avec certitude et dans un ordre parfait.

Le péché, la douleur, le chagrin existent, et je ne veux pas vous dire que ce sont des illusions, bien que j'en connaisse beaucoup qui soutiennent cette théorie. Évidemment si nous les considérons au plan de l'esprit, le tout nous parait bien insignifiant, comparé à la vie supérieure; pourtant sur le plan physique, tout cela est réel, et tant que cela dure c'est bien de la souffrance, de la douleur; et l'homme qui voit le plus clairement la grande vérité cachée sous ses apparences, est aussi celui dont la sympathie est la plus profonde, et qui a de son frère plus faible la compréhension la plus claire, la plus complète, la plus indulgente, la plus compatissante. Comme l'a si bien dit un écrivain français: "Tout comprendre, c'est tout pardonner." L'homme qui comprend est celui qui sympathise le plus complètement; mais il sait quel évangile sublime cette sagesse lui a apporté, et ce qu'elle apportera aussi aux malheureux lorsqu'ils pourront s'élever jusqu'à sa compréhension.

Il n'est pas une forme de notre activité dans laquelle cette bonne nouvelle ne nous soit utile, pas un moment de notre existence où elle ne nous enseigne quelque chose. Nous pouvons façonner notre propre vie si nous comprenons les lois qui la gouvernent. Même s'il n'y avait en jeu que notre propre intérêt, il nous serait nécessaire de connaître ces lois; mais lorsque nous comprenons le merveilleux plan du monde, lorsque enfin la réalité, la vérité en apparaissent clairement à notre vue, nous oublions et nous-mêmes, et nos intérêts mesquins, et nos chagrins, et nos souffrances. Nous nous élevons tout à fait au-dessus de toute pensée personnelle, car nous voyons la vie grandiose et sublime qui pénètre tout, qui comprend tout, qui suffit à tout, qui soutient tout, et nous sommes fascinés par tout ce que nous sentons en elle de puissant et de divin. Après une telle vision, il ne nous est plus jamais possible de penser à nous-mêmes, car notre pensée s'est alors élevée jusqu'à un niveau supérieur, et toute notre énergie est employée au service de nos semblables.

Mais nous devons auparavant voir par nous-mêmes, nous devons avoir en nous la divine sagesse de la théosophie, et il faut que son évangile ait pénétré nos cœurs. Alors nous deviendrons véritablement les prédicateurs de cet évangile, que nous le voulions ou non. Car, lorsque nous savons ces choses, si même nous n'en disons pas un mot à personne, notre vie manifeste l'évangile auquel nous croyons, car sa joie et sa gloire rayonnent à travers notre être, et notre vie devient une félicité parfaite pour nous-mêmes, et un centre de lumière et de bénédiction pour les autres.

Souvenez-vous que vous avez déjà vécu, et que, dans ces vies passées, il y eut beaucoup de mal, comme aussi, espérons-le, beaucoup de bien. Ayant généré ces causes dans le passé, il vous faut maintenant en subir les effets, car la cause et l'effet ne sont que les pôles positif et négatif, les deux aspects d'une même chose, et forment partie intégrante l'un de l'autre. Non seulement l'effet suit la cause, mais il fait en réalité partie de cette cause, en sorte que, si la souffrance ou l'infortune nous accable, nous savons que nous nous sommes nous-mêmes créé cette destinée. Voyez quelle différence cela apportera dans la façon dont nous l'accepterons. Nous souffrirons encore, mais nous saurons que c'est une dette qu'il faut payer. Aussi prendrons-nous la résolution de solder au plus tôt notre compte, et de ne plus retomber à l'avenir dans les mêmes erreurs. Nous savons que notre vie est entre nos mains, que nous sommes, non plus les esclaves des circonstances, mais des hommes libres, heureux et joyeux dans la certitude du plan divin. Les infortunes d'autrui nous affecteront encore, mais tout en ressentant pour elles une profonde sympathie, nous sentons la joie et la puissance que donne la certitude de pouvoir aider, et nous ne sommes plus écrasés devant les grands problèmes de la vie. Lorsque nous rencontrons nos semblables, nous avons quelque chose de nouveau à leur apprendre, nous pouvons leur expliquer les choses, aplanir leurs difficultés, et partager avec eux notre Évangile de la Sagesse. Pour eux, comme pour nous, la connaissance aplanira Toutes les difficultés, et leur montrera que toute souffrance qui survient n'est pas seulement le paiement d'une dette d'autrefois, mais aussi une occasion qui nous est offerte maintenant : du mal passé nous pouvons retirer un bien actuel, car nous pouvons accepter les luttes, les épreuves et les souffrances de façon à en faire des échelons nous conduisant à une vie supérieure. Nous pouvons, en les supportant vaillamment, développer beaucoup des qualités qui préparent l'homme de l'avenir, avenir bien éloigné encore, mais que peuvent cependant entrevoir ceux d'entre nous qui ont commencé à comprendre.

Laissez-moi vous redire qu'en vous parlant de ce grand système d'évolution nous ne nous en rapportons pas à une foi aveugle, nous ne vous demandons pas d'accepter quoi que ce soit comme article de foi. Nous vous apportons simplement les résultats de certaines recherches, résultats dont beaucoup d'entre nous ont reconnu l'exactitude, grâce à leurs investigations personnelles. Peut-être penserez-vous : "Comment l'homme peut-il connaître les desseins divins ? Comment peut-il entrer dans les conseils de Dieu et pénétrer sa volonté ?" Il est certain qu'entre cette vie divine transcendante et n'importe quelle conscience humaine, la distance est incommensurable ; néanmoins nous sommes nous-mêmes des étincelles de cette flamme divine. L'intelligence de l'homme actuel, même le plus avancé, se trouve bien loin, à une distance incalculable, de cette puissante intelligence ; et cependant, sur chaque degré de l'échelle qui monte de nous à Elle se trouvent des hommes (des hommes comme nous, mais beaucoup plus évolués), jusqu'aux grands Maîtres, et même au-dessus d'eux, quelque incroyable que cela puisse paraître à nos esprits limités. L'homme est à tous les degrés ; nous voyons donc que ceux qui sont aujourd'hui aux pieds mêmes du Seigneur, furent autrefois des hommes comme nous, et nous qui les contemplons du pied de cette échelle glorieuse, nous atteindrons un jour à leur niveau.

Ces choses-là nous les voyons, et pour les voir, point n'est besoin d'une longue étude, ni d'un développement anormal. Une grande partie des choses que nous enseigne la théosophie est basée sur ce que l'on peut voir au moyen de facultés supérieures à celles du corps physique ; pour vous, par conséquent, ces choses reposent sur les investigations de quelques hommes qui ont développé en eux cette vision supérieure. Mais cette vérité supérieure à toutes les autres, la certitude glorieuse de l'universelle évolution a à peine besoin de l'abondance des témoignages que la clairvoyance se hâte de déposer sur ses autels. À la vérité, ceux qui peuvent voir sur les plans supérieurs confirmeront certainement ce que j'ai avancé en disant qu'ils peuvent discerner la marche de ce courant. Ce n'est pas qu'ils puissent voir le Dieu qui agit dans tout, mais, au cours de leurs investigations, ils retrouvent à chaque pas les signes de son activité et de sa force; de sorte que cette conviction s'impose à leur esprit, qu'il existe une force, et qu'une Intelligence puissante se cache derrière toute manifestation.

Le témoignage des investigateurs qualifiés proclame d'une façon décisive cette suprême certitude, cet Évangile de la Sagesse ; mais en vérité ce témoignage n'est guère nécessaire, car même sur le plan physique, nous pouvons constater différents degrés dans l'humanité? Nous y voyons des instructeurs, des hommes avancés qui se rapprochent des grands initiés, puis au-delà, les Christ, les Bouddha et ainsi de suite, à perte de vue. Ceux mêmes qui ne possèdent pas encore la clairvoyance comprennent qu'il doit exister, qu'il existe certainement plus haut, une hiérarchie d'êtres plus évolués encore. Nous savons qu'il existe une évolution, car nous la voyons s'élever pas à pas des règnes inférieurs à l'homme, et, par suite, nous comprenons que l'homme que nous connaissons, l'homme ordinaire ne saurait représenter le terme de cette évolution. L'histoire nous a appris qu'il y eut autrefois des hommes beaucoup plus grands et évidemment beaucoup plus évolués que l'homme actuel, et ces hommes n'ont pas seulement existé dans le passé, ils existent encore aujourd'hui. Ces hommes représentent-ils à leur tour la fin de l'évolution? Non, il en est de plus sublimes encore. Le simple raisonnement nous convainc donc que l'échelle dont j'ai parlé doit exister.

Pour ceux qui peuvent voir un peu plus loin, il est évident que les anneaux supérieurs de cette grande chaîne existent, on peut les voir, les connaître, et les aimer. C'est pourquoi nous n'hésitons pas à présenter à nos semblables ce sublime évangile, en leur montrant, en leur prouvant ce qu'il a fait pour nous. Espérons que pour eux, comme pour nous, cette philosophie sera le salut, en les sauvant non de quelque démon extérieur et imaginaire, mais de l'ignorance intérieure; car c'est là le seul obstacle que rencontre l'homme, la limite dont il s'est lui-même entouré comme d'une carapace. Mais cette carapace est redoutable et jusqu'à ce qu'il l'ait brisée pour se frayer un chemin, jusqu'à ce qu'il commence à comprendre, il souffrira beaucoup. Cependant l'épaisseur de cette carapace est uniquement l'œuvre de l'homme, et dès l'instant qu'il le reconnaît, il s'attache intelligemment à la détruire, et à empêcher de nouvelles murailles de s'élever autour de lui. L'œuvre est entre ses mains, il en est le maître Devant lui s'ouvre un avenir magnifique, une évolution immense dont la gloire sans fin dépasse la vision du clairvoyant le plus puissant. C'est là en vérité une bonne nouvelle, un véritable évangile, et non une simple interprétation de quelque chose qui pourrait admettre un autre sens. Ce n'est pas une simple hypothèse, mais une certitude parfaite et divine, qui peut supporter l'examen, et que vous pouvez vous mettre à étudier vous-mêmes. Plus vous étudierez profondément la théosophie, et plus vous acquerrez la certitude que ses données sont vraies, que nous faisons bien réellement partie de ce système si vaste et si bien coordonné.

Il y a beaucoup de manières dont cette bonne nouvelle nous affecte, notre vie est modifiée par elle de beaucoup de façons que je ne puis aborder ici. Car immense est le changement qu'apporte la théosophie dans l'existence de celui qui la comprend et la vit. Je ne dis pas, remarquez bien, que ce changement survient parce qu'un homme entre dans la société, ou parce qu'il a lu deux ou trois ouvrages théosophiques. Mais je dis que l'homme qui, ayant compris ce grand enseignement, essaie de vivre la vie qu'il prescrit, reconnaîtra la vérité de ce que je dis. Il est certain, aujourd'hui comme autrefois, que ceux-là seuls qui accompliront la volonté du Père qui est dans le ciel, sauront si la doctrine est véridique. Il est toujours vrai que l'homme qui veut savoir la vérité doit mener la vie spirituelle. Ce n'est pas en regardant la théosophie de l'extérieur qu'on peut connaître son évangile. L'homme doit obéir à cet évangile, et alors cet évangile deviendra partie de lui-même, il répandra sa lumière sur lui et sur ceux qui l'entourent. Alors il verra qu'il est de son devoir d'être heureux, et il ne se laissera abattre par aucun des chagrins ou aucune des épreuves qui pourraient survenir, parce qu'il saura où trouver un appui.

Ainsi, en dehors de notre activité dans le monde extérieur, nous pouvons inconsciemment exercer au point de vue théosophique, une influence qui augmentera à mesure que notre pouvoir et notre connaissance s'accroîtront. Si nous sommes remplis de joie et de paix à cause de nos études et de nos lectures, inconsciemment nous répandons autour de nous ces vibrations de joie, de bonheur et de confiance. Des millions d'êtres humains nous entourent, avides de comprendre la vie dont ils sentent qu'ils font partie. Vous pouvez les aider, vous qui savez; vous pouvez partager avec eux votre évangile, et soyez assurés que lorsque vous l'aurez ainsi partagé, cet évangile vous deviendra plus précieux encore qu'auparavant. Réalisez-le d'abord pour vous-mêmes, car c'est une condition indispensable, mais n'oubliez pas que c'est seulement lorsque vous l'aurez passé aux autres, qu'il pourra porter son fruit véritable le plus élevé. Si vous connaissez ces choses, ce n'est pas seulement pour vous, mais pour en faire profiter ceux qui vous entourent. C'est pour cela que la lumière supérieure est venue à vous, et si vous avez trouvé en vous-mêmes le pouvoir d'y répondre et de vous l'assimiler, cela vous a été donné pour que vous puissiez aider, non afin que vous accumuliez la lumière pour vous-mêmes, mais afin que vous deveniez des centres à travers lesquels elle puisse illuminer le monde, pour que vous soyez des soleils en miniature, réfléchissant la splendeur du grand soleil divin. Par sa réflexion en vous, la lumière de la vie divine peut agir sur votre propre niveau, comme elle n'aurait pu le faire sans vous. Vous savez comment un miroir renvoie la lumière du soleil dans un coin obscur où les rayons ne peuvent pénétrer directement. De même il y a beaucoup d'hommes qui, par leur ignorance et leur égoïsme, se sont retiré, pour un certain temps, le pouvoir d'apprécier la glorieuse lumière des plans supérieurs. Bien que cette lumière ineffable ne cesse pas de se répandre, il est possible à l'homme de s'enfermer dans sa maison et d'échapper à cette clarté divine. Mais vous qui la recevez et qui vivez en elle, vous pouvez la réfléchir et la renvoyer dans les coins obscurs où ses rayons directs ne pénétreraient pas, et apporter ainsi cette splendeur et cette félicité dans des foyers qui sans votre assistance auraient été privés de chaleur et de lumière.

Toutes ces choses constituent vraiment un évangile nous recommandant de ne jamais oublier que, si triste, si pénible que nous paraisse l'aspect extérieur de la vie, une flamme divine brûle sans cesse en elle, de nous rappeler .que : "Douce est l'âme des choses ; au cœur de l'être est le repos céleste ; la volonté est plus forte que la douleur, ce qui est bon devient meilleur, puis parfait." Ce bonheur céleste qui se cache derrière le chagrin et la souffrance, deviendra pour vous une réalité toujours présente, jusqu'à ce que vous appreniez à regarder à travers la souffrance et à en voir la cause. Et non seulement à en voir la cause, mais à apercevoir bien au-delà, la fin du mal, grâce à cette souffrance temporaire, la gloire future, et les qualités sublimes qui se développent ainsi en l'homme. C'est ainsi que l'évangile de la sagesse deviendra pour vous un réalité vivante, que, tout en sympathisant de plus en plus profondément avec tous, vous sentirez que vous avez en vous-mêmes le pouvoir d'aider, de consoler et de sauver, parce que vous savez, parce que vous avez cet évangile en vos cœurs, et qu'ainsi vous pouvez communiquer sa lumière aux autres. Vous leur direz donc, une fois de plus, empruntant les mots d'un des plus grands instructeurs Indous : "Ne vous plaignez pas, ne priez pas en versant des pleurs, mais ouvrez les yeux et voyez : la lumière vous entoure de toutes parts, vous n'avez qu'à ôter le bandeau de vos yeux et à regarder. Cette lumière est toujours avec vous, merveilleuse, pleine de gloire, et surpassant tout ce que l'homme a jamais rêvé, et demandé dans ses prières. Et il en sera ainsi, à jamais".

Table des matières

ANCIEN ET MODERNE

CHAP. I. — INTRODUCTION 7

ANTIQUITÉ

CHAP. II. — THÉOSOPHIE ET CHRISTIANISME 13
   Les trois grandes vérités 15
   Y a-t-il des contradictions ? 18
   Comment les divergences se produisent 19
   Réincarnation 21
   Les trois hypothèses 25
   Loi de Cause et d'Effet 29
   L'enseignement intérieur 31
   Allusions à cet enseignement 33
   Le Royaume du Ciel 35
   Le chemin qui mène à la vie 37
   Difficultés des riches 39
   Saint Paul l'initié 40
   Les trois degrés dans l'Église 42
   Saint Clément d'Alexandrie 43
   Ce que dit Origène 45
   La théosophie explique 47
   L'évangile théosophique 49

CHAP. III. — LES MYSTÈRES ANTIQUES 53
   Les mystères d'Éleusis 55

Les procédés des moines 57
Ce qu'étaient les Mystères 59
Les Mystères mineurs 62
Les Mystères majeurs 64
Les symboles usités 67
L'école pythagoricienne 69
Les Mystères d'Égypte. 70

CHAP. IV. — LE BOUDDHISME. 75
Vie du Fondateur 76
Sa doctrine. 82
Les quatre nobles vérités 84
L'ordre des moines à robe jaune 87
La vie des moines 89
Le Nirvâna. 90
Résultat pratique 92
Le bouddhisme en Birmanie. 94
L'offrande au temple. 95
Les trois guides 97
Les cinq préceptes 98
Le chant des Bénédictions 100
Les deux Églises 106
Tendances matérialistes 107
L'Égo permanent 108
La théosophie et les religions 110
Le point de vue théosophique 112
Le Dhammapada. 113

ACTUELLEMENT

CHAP. V. — LE MONDE INVISIBLE 119
Les différents états de matière 121

L'atome ultime. 123
Les plans de matière subtile 125
Les sens subtils. 127
La gamme des vibrations. 128
Extension de nos facultés 131
Expériences du Docteur Baraduc 133
La vérité sur l'invisible. 136
La vie céleste. 137
Chacun a sa récompense. 139
Interpénétration 141
La raison et le bon sens 143

CHAP. VI. — EXPLICATION RAISONNÉE DU MESMÉRISME . . . 147
Expériences de Reichenbach. 149
L'ignorance 150
Nature de la sensibilité mesmérique 153
Circulation nerveuse 155
Ce que donne le magnétisme 156
Sympathie magnétique. 159
Les Phénomènes 160
Un mot d'avertissement 163

CHAP. VII. — LA TÉLÉPATHIE ET LA "MIND CURE" 165
Comment nous pensons 166
Trois sortes de télépathie. 169
Mind Cure 172
Pouvoirs de la pensée. 176
Comment on guérit 179
Différentes sortes de maladies 181
Le grand principe guérisseur. 183

CHAP. VIII. — MAGIE BLANCHE ET MAGIE NOIRE 185
Les forces inconnues de la nature 187

    Les esprits de la nature 189
    Magie évocatrice 192
    Quatre sortes de magiciens. 193
    Trois espèces de forces 196
    La magie dans la religion. 197
    Talismans 201
    Les charmes ou mantrams 203
    Magie invocatrice 204
    Mauvaises invocations 206
    La Magie noire. 207
    Les à-côtés de la magie 208
    Comment on résiste au mal 212

CHAP. IX. — USAGE ET ABUS DES POUVOIRS PSYCHIQUES . . . 215
    Importance de entraînement psychique 216
    Pouvoirs psychiques conscients. 220
    Le mesmérisme et la "mind cure" 223
    La clairvoyance. 224
    Abus scandaleux de la clairvoyance 226
    Pouvoirs psychiques inconscients 227
    Formes-pensées 230
    Effets des formes-pensées 232
    Les pensées qui aident 233
    Sensibilité psychique 235
    Vibrations discordantes 238

CHAP. X. — VÉGÉTARISME ET OCCULTISME 241
    Raisons égoïstes en faveur d'une nourriture convenable . 242
    Nous voulons ce qu'il y a de mieux. 243
    Le régime est plus nutritif 245
    Il engendre moins de maladies. 249
    Il est plus naturel à l'homme 253
    Il donne plus de force 254

Il développe moins les passions animales 257
Il est plus économique 259
Tuer les animaux est coupable 260
Le métier de boucher avilit l'homme 261
Raisons occultes 263
Véhicules impurs 265
Devoir de l'homme vis-à-vis de la nature 267
Effrayantes conséquences invisibles 268
Les temps meilleurs à venir 271

CHAP. XI. — CONSTRUCTION DU CARACTÈRE 273
Inconscience et nullité de l'homme ordinaire 276
La conversion 278
Le Puritanisme 280
Sabba pâpassa akaranam 285
Troubles astraux 286
La fatuité et les préjugés 288
Kusa lassa upasampadâ 290
Il est puéril de se vexer 291
L'agitation inutile est mauvaise 293
Unité de but 295
Sachitta pariyo dapanam 296
Aucune introspection morbide 297

CHAP. XII. — L'AVENIR DE L'HUMANITÉ 299
État de la religion 300
État de la société 301
L'œuvre de la théosophie 302
Son œuvre en Orient 304
Les deux grandes Églises bouddhistes 305
Leçons à apprendre 306
Préparation de l'avenir 307
L'évolution est certaine 309

L'avenir plus éloigné 310
Résultat du développement astral 313
La faculté du plan mental 318
Possibilités encore plus élevées. 320

CHAP. XIII. — LA THÉOSOPHIE DANS LA VIE QUOTIDIENNE. . 323
   Le sentiment de la proportion 324
   Justice et perspective 327
   Une sombre maxime 328
   Équilibre du bien et du mal 330
   Explication du texte 333
   Suppression de la crainte. 334
   L'apothéose du bon sens 335
   Plus d'anxiété au sujet de la religion 338
   Certitude de l'évolution 340
   Notre attitude envers l'Humanité 344
   Le contrôle de la pensée 347

CHAP. XIV. — L'ÉVANGILE DE LA SAGESSE. 353

Charles Webster Leadbeater
(16 février 1854 - 1er mars 1934)

Charles Webster Leadbeater était un membre influent de la Société Théosophique, auteur de sujets occultes et co-initiateur de l'Église Catholique Libérale. À l'origine un prêtre de l'Église d'Angleterre, son intérêt pour le spiritualisme l'a amené à mettre fin à son affiliation à l'Anglicanisme en faveur de la Société Théosophique où il s'associa à Annie Besant. Leadbeater a écrit plus de 69 livres et brochures. Ses efforts en faveur de la société lui ont assuré son statut d'un de ses principaux membres jusqu'à sa mort en 1934.

www.ingramcontent.com/pod-product-compliance
Lightning Source LLC
Chambersburg PA
CBHW071649160426
43195CB00012B/1406